POCHES ODILE JACOB

PETIT GUIDE
DE L'AMOUR HEUREUX

DR STÉPHANIE HAHUSSEAU

PETIT GUIDE
DE L'AMOUR HEUREUX

à l'usage des gens (un peu) compliqués

Odile Jacob

poches

© Odile Jacob, 2009, mai 2010
15, rue Soufflot, 75005 Paris

www.odilejacob.fr

ISBN : 978-2-7381-2434-0
ISSN : 1621-0654

À tous les hommes
merveilleux de ce monde.

Introduction

« L'amour est une joie et une souffrance. »

François Truffaut

« J'étais tranquillement installée dans mon couple depuis des années quand j'ai rencontré Paul. Il ne m'avait pas paru particulièrement sympathique la première fois que je l'avais rencontré. Placés l'un à côté de l'autre dans une soirée, nous avions discuté. Il était pris, moi aussi. La question de séduire ne se posait même pas. Je suis partie de cette soirée très heureuse. Mes pensées, ce soir-là, étaient : « J'adore les surprises. Je pensais m'ennuyer et j'ai passé une soirée très agréable », des pensées positives, rien de plus. La nuit qui suivit, je rêvai de Paul. Habituellement, je ne me souviens pas de mes rêves. Celui-ci était sans équivoque possible sur le sentiment « amoureux ». Au réveil, mon esprit était complètement captif, obsédé, possédé (et ce pour des mois). Je n'ai pas pu m'empêcher de lui envoyer un petit mail dès le matin. Nous avons commencé à correspondre. Au départ, la teneur des mails était assez anodine. Je ne m'attendais à rien. De son côté, le ton s'est réchauffé et progressivement nos mails sont devenus des messages d'amoureux. J'étais devenue accro. Mon humeur s'altérait au fur et à mesure que des jours me séparaient d'une réponse. Je tapais fiévreusement sur ma touche « Réception », pleurant parfois de n'avoir que des messages professionnels. Je passais mon temps à faire des explications de textes de ses derniers messages, y cherchant des signes qu'il m'aimait et n'y voyant, le temps passant, que des signes qu'il ne m'aimait pas.

Nous nous sommes vus, enfin !

Comment ça s'est passé ? J'étais à côté de moi-même, je ne sais plus ce que j'ai dit, je n'avais aucune conscience de moi.

Après ? Je me suis repassé le film deux mille et une fois, interprétant chaque fois chaque scène différemment. J'étais follement amoureuse de lui. Lui m'a dit, plus tard, qu'il avait pleuré après que nous nous étions séparés ce jour-là. Mon cœur était comme dilaté. Je l'ai appelé, je lui ai écrit, enflammée, passionnée, je ne contrôlais plus rien. J'étais aussi très angoissée, persuadée qu'il allait me quitter, qu'il ne tenait pas vraiment à moi.

Et puis, il m'a dit que cette histoire devait s'achever.

Je m'y attendais et pourtant, cela m'a brisée. Pendant des mois. Plus rien n'a été pareil. Je ne supportais plus rien de ma vie. Il m'a dit très rapidement qu'il ne souhaitait pas me suivre dans cette aventure amoureuse. Il a été très clair, dans ses mots. Ses actes, devrais-je dire plutôt ses non-actes, ses silences, ses non-réponses à mes mails étaient aussi très clairs. Il ne m'aimait pas. Point barre. Seulement, lorsque nous étions amenés à nous revoir, à nous croiser, s'il m'évitait la plupart du temps, il lui arrivait aussi de me regarder à la dérobée. Et je tournais ces contradictions dans ma tête, des heures, jusqu'à m'en rendre folle. Mes pensées étaient incontrôlables, incoercibles. Chaque toute petite chose me faisait penser à lui alors que nous avions passé moins de vingt-quatre heures ensemble. La vie n'avait plus de sens. Chaque seconde durait des heures. Je me sentais vide, sans espoir. Toutes les activités de la vie quotidienne me demandaient un effort énorme. »

J'ai mis plusieurs années à m'en remettre. Je me sentais tellement ridicule d'être si malheureuse.

Je ne me sens pas guérie de lui. Récemment, je l'ai revu par surprise. Quand j'ai vu qu'il était là, mon cœur s'est mis à battre si fort que j'ai eu l'impression que les personnes assises à côté de moi l'entendaient.

Ce jour-là, d'ailleurs, j'avais rendez-vous avec un collègue, Hugues, dont j'avais entendu parler, mais que je ne connaissais pas. Nous avons pris un café. Je passai un moment plutôt agréable. Mes pensées en le quittant étaient les mêmes que quand j'avais rencontré Paul : « Moment agréable, chouette surprise. » Comme avec Paul, nous avons correspondu. Physiquement ? Il ne me plaisait ni plus ni moins que Paul la première fois que je l'ai rencontré. Sauf que là, c'est Hugues qui est tombé amoureux. Il m'a déclaré sa flamme. Pourquoi ne suis-je pas tombée amoureuse aussi ? Hugues m'« agaçait », pour des raisons aussi peu claires que celles qui m'attachaient à Paul. Physiquement, sa présence m'oppressait, ses attentes m'envahissaient, sa conversation, pourtant intéressante, générait en moi des soupirs contenus.

Qu'est-ce qui a fait que je suis tombée amoureuse de Paul comme ça ? Comment faire pour revenir à la raison et à la vie quand on a perdu la tête pour quelqu'un ? Est-ce que tout le monde vit les choses comme moi ou suis-je folle ? Qu'ai-je fait de mal ? Pourquoi a-t-il d'abord été attiré et m'a-t-il évitée ensuite ? Suis-je censée me raisonner ? Est-ce que, passionnée de passion, je suis condamnée à ne jamais être heureuse en amour ? Est-ce que j'ai aimé vraiment Paul ? On dit que c'est mal, la passion, car on aime qu'on nous aime. Mais dans ce cas, pourquoi ne suis-je pas tombée amoureuse d'Hugues ? Cette expérience va-t-elle au moins me servir à quelque chose ? Peut-on faire des progrès dans le domaine amoureux ? Comment rester moi-même quand je suis amoureuse ? Quand on est amoureux, comment résister à appeler toutes les minutes ? Peut-on vraiment être bien seul ? C'est quoi d'abord l'amour ?

Devant cette avalanche de questionnements, j'étais assez perplexe. C'est vrai, c'est quoi l'amour ? Voici ce que je trouve sur Internet :

« L'amour est un sentiment envers un être ou une chose qui consiste en une affection positive profonde poussant les personnes qui le ressentent à adopter un comportement, plus ou moins rationnel, les entraînant principalement à rechercher une proximité tendre, physique, intellectuelle, voire même passionnée ou imaginaire vis-à-vis de l'être aimé. L'amour est un sentiment, une valeur, ou une pulsion. »

Et voici ce que je trouve dans de vrais livres[1] : l'amour, c'est à la fois :
• L'*éros*, c'est-à-dire la volonté de fusion, la passion avec son cortège de désir et de manque. On s'aimerait soi. Trop physique, pas assez d'esprit. L'*éros*, si on lit entre les lignes, ce ne serait pas bien.
• La *philia*, pas loin de l'amitié, dans laquelle on veut avant tout que l'autre soit bien, même sans nous. La *philia*, visiblement, a le vent en poupe.
• Et l'*agapè*, où on aime même quand on ne connaît pas. Amour universel ? Charité ? Empathie ? L'*agapè*, ce serait le must.

Bon…

Il y aurait donc l'« amour universel », l'amour de la nature, le « vrai » amour, en opposition à la passion qui serait le « faux » amour.

En lisant cela, j'ai le sentiment d'être une adolescente égocentrique ! Car, non, ce n'est ni l'amitié, ni l'altruisme désincarné, ni l'amour universel pour les canaris ou les arbustes qui m'intéressent, moi, c'est l'amour pour un homme et pour ses bras autour de moi, l'amour qui fait que l'on se sent vivant, que l'on se dépasse, l'amour qui décoiffe, qui fait palpiter, qui prend la tête et le corps.

Et le « chagrin d'amour » ? Le terme est presque péjoratif. Il suscite plus une forme de condescendance qu'une compassion véritable, comme si l'amour n'était qu'une vague contingence dans l'existence. Bien sûr, aucun cours en psy ni en médecine là-dessus.

« Mais, Mademoiselle, l'amour n'est pas une maladie. »

« Non, Monsieur, au contraire ! L'amour est même très bon pour la santé. Il diminue le stress, il régule le système nerveux autonome. La sécurité affective est associée à une meilleure immunité[2]. L'amour a des effets protecteurs, même sur le cerveau, il diminue l'angoisse[3]... » Alors justement. *Quid* du manque d'amour et des problèmes amoureux qui retentissent gravement sur la santé physique et psychologique[4] ?

Les trois quarts de mes consultations de psychiatre sont initiés par des problèmes amoureux. Dois-je renvoyer mes patients chez eux en leur disant que cela va passer, que franchement, ils se torturent avec des choses sans importance, que d'autres sont passés par là sans en faire une montagne et qu'il n'y a aucune raison de s'inquiéter ? À l'inverse, dois-je soulager la douleur en donnant des médicaments ? Quelle est la limite ? Ces blessures peuvent-elles servir à quelque chose ?

En tant que femme, je n'ai échappé ni aux souffrances, ni aux interrogations que suscite l'amour. Mes chagrins d'amour m'ont fait bien plus mal que mes deux accouchements réunis ! En tant que psychiatre, je me suis intéressée à l'impact de l'amour et de son absence en me passionnant pour toutes les études scientifiques possibles sur le sujet. (Elles concernent majoritairement des hétérosexuels, mais du point de vue psychologique, les choses ne sont pas très différentes pour des partenaires de même sexe.)

Chez certaines personnes, l'amour n'est pas un problème, et tant mieux, elles ont beaucoup à nous apprendre et n'auront pas besoin de lire ce qui suit. Mais pour beaucoup, l'amour est, malheureusement ou heureusement, compliqué. Alors... j'ai d'abord eu envie de mieux en comprendre les méandres, les invariants, les détails, les surprises, les problèmes, d'y apporter des éclaircissements et des explications (première partie).

Et ensuite, de dégager des pistes concrètement et scientifiquement pertinentes, pour être plus heureux en amour (deuxième partie).

AIMER,
C'EST COMPLIQUÉ !

CHAPITRE PREMIER

Tomber amoureux

Beaucoup de chercheurs en psychologie ne considèrent pas l'amour comme une émotion essentielle. Il bénéficie moins de leur attention que sa place dans notre vie le justifierait. Cela pour la raison que l'amour ne serait qu'une combinaison d'autres émotions, notamment de la joie, de l'anxiété et de la jalousie. Ces chercheurs considèrent aussi que l'amour serait davantage un sentiment (défini comme une disposition à répondre émotionnellement à un certain objet) ou une attitude qu'une émotion, et enfin, qu'à l'inverse du bonheur, de l'irritabilité ou de la tristesse, l'amour ne peut apparaître sans « objet ». Toutefois, ils reconnaissent que nos plus grandes frustrations, nos plus grandes colères et nos plus grands désespoirs sont généralement dus à l'amour[1].

Si des spécialistes des émotions excluent ce thème de leur champ d'études, de par sa complexité, comment voulez-vous que nous nous y retrouvions ?

Pourquoi autant de personnes se plaignent de tomber amoureuses beaucoup trop facilement ? Pourquoi certains ont la sensation de ne jamais tomber amoureux ? Pourquoi certains, alors qu'ils sont amoureux, ne s'en rendent même pas compte ? Ce sont les autres qui leur ouvrent les yeux. Comment reconnaître l'amour ? Chez soi ? Chez l'autre ?

Je ne sais pas bien reconnaître l'amour

Notre niveau de conscience de l'état amoureux varie sur un continuum de tous les possibles. Nous n'avons pas tous la même lucidité émotionnelle, la même attention aux ressentis, la même profondeur de perception. Il arrive ainsi qu'on ne parvienne ni à identifier ni à nommer l'amour ou le désir que l'on ressent[2].

Qui ça ? Les hommes ?

Non. Enfin, pas tous…

Les personnes qui souffrent de ce qu'on appelle, dans le jargon médical, l'alexithymie[3], éprouvent de grandes difficultés à reconnaître leurs ressentis. Des choses se passent dans leur corps qui ne sont pas décryptées comme des signaux traduisant des émotions et des sentiments. Elles ressentent, par exemple, une sensation de chaleur, une accélération du rythme cardiaque, mais ne font pas la connexion avec le mot désir ou l'état amoureux. L'amour étant une émotion très complexe, ces personnes peuvent totalement ignorer la teneur de leurs sentiments.

Il arrive aussi que l'on souffre de dissociation, 10 % de la population, plus souvent des femmes, sont concernées par cela, généralement à la suite de traumatismes ou d'expériences émotionnelles intenses qui n'ont pas pu être métabolisées, « digérées ». Elles sont dans l'impossibilité de ressentir leur corps. Elles ne peuvent donc pas rattacher des sensations à l'amour ou au désir.

Il arrive aussi parfois que l'on ne puisse pas accepter le fait d'être amoureux ; on est, par exemple, déjà engagé avec quelqu'un ou bien on a peur de perdre le contrôle si l'on se laisse aller à éprouver l'amour[4]. Accepter de reconnaître ce qui se passe en soi pourrait porter à conséquence : on préfère rester dans l'ignorance de ce que l'on ressent. On peut ne pas accepter d'être amoureux parce qu'on a honte de soi et de ses sentiments, parce qu'on est en colère contre soi d'éprouver cela, parce que cela nous stresse. Ces émotions négatives concernant l'émotion positive compliquent beaucoup les choses. Il devient difficile d'extraire quelque chose de clair de ce maelström.

Savoir que quelqu'un est amoureux de nous paraît encore plus compliqué à reconnaître. Cela d'autant plus que, face à soi, on a quelqu'un qui n'a pas conscience de ses ressentis ou ne les accepte pas pour les raisons que l'on vient de voir, ou bien quelqu'un qui en a conscience, mais ne les exprime pas : par timidité, par désir de manipulation, par peur que cela engage…

À l'inverse on peut aussi croire, à tort, que quelqu'un est amoureux.

Alors comment décrypter, comment savoir ?

➤ *Regardez bien le corps*

La place de l'amour, de l'émoi érotique[5] parmi les émotions est contestée[6] alors qu'il en a toutes les caractéristiques[7] : c'est un phénomène spontané, universel, de déclenchement rapide, de durée limitée, qui surgit indépendamment de la volonté ou du raisonnement. Par ailleurs, il s'accompagne de manifestations corporelles, y compris végétatives. Enfin, il active des comportements visant à faire évoluer la relation entre soi et l'autre. Être amoureux pousse souvent à l'approche. Cette « tendance à l'action[8] » se manifeste par une réduction de la distance avec l'autre ; on se rapproche, on hoche la tête, on se penche en avant[9].

Quand on est amoureux, le corps s'anime, le visage aussi. On arbore le sourire de Duchenne, vrai sourire spontané qui s'oppose aux sourires feints et volontaires. La différence est visible grâce à la contraction d'un petit muscle situé autour des yeux (l'*orbicularis oculi*, toujours bon à caser dans les dîners mondains), contraction impossible à reproduire volontairement si l'on n'éprouve pas une joie sincère ou une véritable émotion positive[10]. Le sourire d'un homme est plus encore révélateur d'un désir, d'une attraction que celui d'une femme, les hommes ayant naturellement moins tendance à sourire. S'il vous sourit, c'est que vous lui plaisez[11] !

Le regard est l'indice d'une volonté de connexion avec autrui. S'il est appuyé, si le contact visuel se prolonge, c'est un bon indice de trouble, d'émoi. Faites attention aussi à la dilatation des pupilles. Si elles sont dilatées, c'est le signe, non spécifique (ce serait trop beau) que la personne que vous scrutez éprouve du plaisir, là, maintenant[12], et donc qu'il ou elle est peut-être amoureux(se) de vous.

Ces manifestations non verbales échappent au contrôle. Si vous voulez savoir ce qu'éprouve celui ou celle qui vous plaît, soyez davantage attentif aux expressions de son visage qu'à ses propos[13], elles seront bien plus révélatrices. Et regardez la partie gauche du visage, car les expressions émotionnelles sont moins contrôlables à gauche qu'à droite lorsqu'on est droitier (et inversement chez les gauchers[14]).

L'amour peut aussi se déceler au toucher ! Ainsi, dans une expérience, des personnes, yeux bandés, étaient touchées au niveau du bras par des inconnus. Eh bien, elles étaient capables, sans voir et sans entendre, de décoder un contact empreint de désir[15]. De même, les observateurs extérieurs à l'expérience parvenaient à savoir quand ce contact était chargé d'une intention amoureuse. Bon allez, demain, je demande au beau brun que je croise souvent de me toucher le bras.

➤ *Nos comportements de séduction cachés*

« Ô débuts de leur amour, préparatifs pour être belle, folie de se faire belle pour lui, délices des attentes, arrivée de l'aimé à 9 heures [...], ô débuts, enthousiasmes de se revoir, aimantes soirées, longues heures à se regarder, à se parler, ô délices de se regarder, de se raconter à l'autre, de s'entrebaiser[16] [...]. »

Quoi de plus grisant qu'un amour qui débute ! Un peu moins poétique que la prose d'Albert Cohen est la découverte de l'aspect stéréotypé de la parade amoureuse.

La séduction est d'abord non verbale, se manifestant par des comportements. Il y a des comportements de préparation, de mise en condition si on veut entrer en contact avec quelqu'un : par exemple, être en bonne condition physique, prendre soin de son apparence, ne pas s'avachir.

Il y a ensuite des comportements de mise en valeur. Chez une femme, les signaux d'intérêts amoureux sont le sourire, le fait de relever les sourcils dans un geste saccadé et rapide, d'ouvrir grands les yeux, baisser les paupières, incliner la tête vers le bas ou sur le côté, ou regarder au loin[17]. On a dénombré chez les femmes 52 signaux non verbaux d'intérêt amoureux ! Se tenir le buste en avant, suçoter quelque chose, se maquiller, secouer la tête, dégager ses cheveux, se mettre du rouge à lèvres, se lécher les lèvres, faire la moue, sourire, rire, pouffer, chuchoter, fléchir le bras, tapoter, gesticuler, se tenir les mains, caresser des objets ou des parties de son corps... On dirait un sketch de Florence Foresti... Seulement, il semble que cela fonctionne puisque toutes ces « simagrées » maintiennent davantage l'intérêt d'un mâle qu'une plastique attrayante. D'ailleurs, contrairement aux idées reçues, il semblerait que la cour soit le plus souvent initiée par les femmes[18]. Ce sont généralement elles qui, grâce à leurs signaux subliminaux, incitent le mâle à faire la suite du travail !

Chez un homme, les signes d'intérêt sont moins faciles à repérer. Ils peuvent se manifester passivement : paumes de mains vers le haut, haussements d'épaules, ou de tête. Ils peuvent aussi s'observer au travers d'attitudes de domination : l'homme se rapproche beaucoup, met le bras autour des épaules, adopte une démarche balancée, de « kéké », ou encore au travers de manifestations de ressources : il paie le repas, porte des vêtements coûteux, se vante. Mais finalement, moins il fera preuve de comportements ostensibles dans ses approches, plus il sera original, plus il personnalisera sa cour, plus il sera susceptible de susciter l'intérêt d'une femme. Aujourd'hui, il existe des sites pour les hommes[19] qui veulent apprendre à séduire, façon coaching sexuel, un peu comme le propose Tom Cruise dans le film *Magnolia*, en plus soft.

Dernière étape de la séduction non verbale : les actions d'attraction ou d'invitation avec des signes manifestes de flirt qui peuvent inclure des contacts corporels latéraux, le fait de chatouiller ou de pincer, de faire du pied, de montrer un peu de sa peau ou de fléchir ses muscles, de lancer des œillades ou de faire des mouvements du bassin[20]. Là, on est franchement dans l'artillerie lourde.

Le désir de créer une intimité avec quelqu'un impose de suivre scrupuleusement un ordre dans l'enchaînement des étapes gestuelles d'un corps vers un autre. Je livre donc ces étapes à vos esprits impatients : yeux qui regardent le corps, yeux dans les yeux. À ce stade, on peut déjà faire comprendre à un admirateur qu'il est indésirable avant même qu'il n'ait ouvert la bouche : on ne le regarde pas, on ne lui sourit pas et même, on lui tourne le dos.

Arrive ensuite le « voix à voix » (on peut parler), main dans la main, bras autour de l'épaule, bras autour de la taille, bouche contre bouche, main sur le visage. Puis, ça devient chaud : main sur le corps, bouche sur les seins, main sur les organes génitaux, sexe-sexe ou bouche sur le sexe[21]. Tout un programme !

Selon les spécialistes de l'anthropologie, pour pouvoir passer à l'étape suivante, il faut être attentif et s'ajuster aux réponses de celui ou celle qu'on a face à soi[22]. Si l'on grille une étape, si l'on veut aller trop vite, le rapprochement risque de tomber à l'eau. Vous comprenez sans doute mieux, messieurs, pourquoi vos tentatives de gagner du temps en passant directement de yeux dans les yeux à main aux fesses sans passer par l'étape voix-voix se sont soldées par poing dans ventre ou claque sur joue !

En résumé, lors de la phase d'attention, les deux protagonistes essaient d'attirer l'attention sur eux en se mettant sur leur trente et un, en caressant des objets et en échangeant des regards. Dans la phase de reconnaissance, l'un accuse réception des signes de l'autre en hochant la tête, en se faisant beau, en relevant les sourcils et en souriant. Les yeux se croisent souvent et sur de longues durées, occasionnellement associées à un sourire ou à un clin d'œil. On fait tout pour se rapprocher de l'autre silencieusement, sans contact verbal. Dans la phase d'interaction, la conversation est initiée et les participants, surtout les femmes, ont l'air très animés (rire, sourires…). Les deux parties montrent leur intérêt et leur attention et peuvent incliner la tête ou sourire en réponse à la conversation. Dans la quatrième phase, d'activation sexuelle, des gestes de toucher sont échangés ; on se tient les mains, on se caresse, on se serre, on s'embrasse[23].

Nos comportements non verbaux sont très largement inconscients et leur importance dans nos relations est évidente. Ils jouent le rôle principal dans la phase précoce de séduction. Nous utilisons instinctivement notre corps pour envoyer des messages et nous comprenons instinctivement le langage corporel d'autrui. Il faudrait entre 90 secondes et 4 minutes pour savoir si quelqu'un nous attire et le langage du corps compterait pour 55 %.

Nous savons dire si deux personnes sont ensemble ou non, rien qu'en les regardant. Quand il s'agit de nous, nous avons l'intuition que nous plaisons, mais nous avons du mal à faire confiance à notre perception.

L'utilisation intentionnelle et l'interprétation des comportements non verbaux préoccupent davantage les femmes que les hommes : « Tu as vu comme il m'a regardée ? » Nous voulons être certaines que le langage du corps est interprété correctement et sûres qu'il renforce ce qui est dit[24]. Autrement dit, nous, les femmes, accordons plus d'importance au décryptage des signaux de parade amoureuse.

Quant aux hommes, quand ils nous observent, ils ont tendance à se méprendre et à interpréter nos manières d'être comme plus chargées d'intentionnalité sexuelle qu'elles ne le sont réellement. Si nous sourions à l'homme qui nous parle, c'est que nous avons envie d'entamer une relation ou de nous amuser, pas forcément de coucher avec lui[25].

➤ L'esprit qui s'emballe

L'amour agite les pensées. On éprouve de l'euphorie[26], davantage de motivation, beaucoup de désir, de la sympathie[27]. L'amour rend joyeux[28] !

L'état amoureux se révèle par l'insinuation progressive d'un être dans les pensées. Son image revient souvent, pour des questions anodines. Si on s'amuse à faire le calcul du nombre de fois où l'on pense à quelqu'un (qui nous plaît) et qu'on le compare avec le nombre de fois où, dans la journée, on a pensé à sa meilleure amie, on peut observer qu'il y a une différence significative. Suspecte.

Parfois, c'est la coloration uniformément rose des pensées qui peut mettre la puce à l'oreille : Machine a des projets, se sent capable de tout, elle est sympa avec tout le monde aujourd'hui, elle trouve que le monde est beau. Deux solutions : ou bien Machine a bu ce matin ou bien elle est amoureuse.

Des chercheurs ont fait passer des tests d'hypomanie à des adolescents très amoureux. Dans l'état hypomaniaque caractéristique du trouble bipolaire (anciennement appelé maladie maniaco-dépressive), les pensées fusent, on est euphorique, on a besoin de très peu de sommeil, on est légèrement désinhibé, on a beaucoup moins peur. Les résultats montrent que ces deux états sont tout à fait comparables, tant au niveau de la durée réduite du temps de sommeil que des émotions très positives[29].

De façon générale, l'état amoureux modifie l'attention de manière inconsciente et automatique. On sait très vite repérer dans une foule compacte si l'objet de son cœur est là ou non. L'attention s'oriente spécifiquement vers tout ce qui a trait à son amour[30].

Lors de la passion amoureuse, nous pouvons aussi observer parfois le souvenir flash[31]. Ce phénomène mnésique survient à la suite d'événements fortement émotionnels : il consiste à retenir tous les éléments de la situation. Jade, en racontant ses retrouvailles avec Olivier qu'elle aime passionnément, se souvient de tous les détails : le disque qui passait, le visage de leurs voisins de table, les propos du serveur qui lui avait apporté son café et même les trois personnes assises au comptoir.

Quand je suis amoureux, je ne contrôle rien

➤ *Pour cause ! Le corps est sous influence…*

Nous ne sommes que de petites choses face aux espiègleries de la nature.

L'amour nous fait reprendre contact avec nos instincts et notre nature animale, nous poussant à nous reproduire[32] et à assurer la survie de l'espèce[33]. De façon moins ostensible que le chien Didier dans le film éponyme, nous flairons les hormones sexuelles, nous percevons inconsciemment la complémentarité de nos systèmes génétiques par le biais de l'attirance pour l'odeur d'un partenaire.

Sandrine se souvient avoir été très attirée par un garçon à côté duquel elle était juste passée. Son odeur avait créé en elle une sensation très troublante. En quantité infime, androgènes

ou œstrogènes peuvent être de petits cupidons entre les individus ainsi attirés. Ces hormones sont détectées par des structures
olfactives sans que nous en prenions conscience et peuvent
modifier nos comportements[34]. Elles sont, chez les hommes,
perceptibles dans la sueur des aisselles et du périnée et dans la
partie prostatique du sperme, alors que chez les femmes, elles se
trouvent dans la sueur axillaire, mamelonnaire et périnéale ainsi
que dans les sécrétions vaginales. Tout ceci n'est pas d'un glamour fou, je vous le concède, mais la nature est ainsi faite.

Une fois perçues, ces substances activent les parties du cerveau destinées aux émotions[35]. Leur message est rapide et pas
forcément accessible à la conscience ; jamais on ne se dit :
« Tiens, elles sont sympas ses phéromones. »

Les phéromones jouent sur l'humeur ; mesdames, si vous
êtes tristes, rapprochez-vous d'un homme qui vous plaît, reniflez-
le et vous retrouverez rapidement le sourire. Alors que si vous
avez un coup de blues, messieurs, fuyez-la, car même si elle
vous plaît beaucoup, ses phéromones vous rendraient encore
plus sombres[36].

Les phéromones suscitent l'attraction, poussent à s'approcher
de très près et donnent envie d'y rester (très près[37]). Chez les
femmes, cela va quand même dépendre des moments. Selon la
période du cycle, un même homme avec les mêmes phéromones
n'exercera pas sur elles la même attractivité[38]. On dit donc que
les phéromones ont un rôle très important dans la genèse du
coup de foudre.

Dans la scène de la passion amoureuse, plusieurs hormones
vont ensuite faire leur entrée[39] : la dopamine, les endorphines,
et l'ocytocine.

La dopamine motive et oriente notre attention spécifiquement, les endorphines donnent du plaisir et l'ocytocine attache
à l'autre, avec un effet antistress.

Alors que la sécrétion de dopamine et d'endorphines s'amenuise avec le temps (parallèlement à l'extinction de la passion),

l'ocytocine peut subsister durablement au-delà de la phase de passion. Sa sécrétion est stimulée par les caresses, la communication et les rapports sexuels.

L'amour nécessite de la motivation, la motivation naît du besoin. Autrement dit, sans besoin, on reste devant sa télé à se goinfrer de Chocapic au lieu de sortir et de poser plein de questions à Charles qui fait du rugby. C'est là qu'intervient la dopamine. Cette hormone nous pousse à sortir de nous et de nos habitudes et sa sécrétion est très liée à la nouveauté.

Bon, mais si Charles est vraiment sopor avec son rugby, la dopamine à elle seule ne suffira pas à nous jeter dans ses bras. Les endorphines doivent prendre le relais, ce sont elles qui donnent le plaisir.

La dopamine nous pousse à vaincre notre timidité pour aller vers Charles. Sa conversation, son humour et sa présence nous donnent du plaisir *via* les endorphines et nous nous attachons à lui *via* l'ocytocine.

Le problème avec les endorphines, c'est que ce sont des substances proches des toxiques. Elles génèrent une dépendance, des difficultés au sevrage et une accoutumance, c'est-à-dire la nécessité d'augmenter les doses au fur et à mesure de la consommation pour ressentir les mêmes effets.

Plus je vais voir Charles, plus il va me manquer, plus j'aurai besoin de le revoir, moins sa présence va apaiser mon manque, plus je vais souffrir de son absence.

Il reste à envisager le rôle d'une substance : la sérotonine. C'est un facteur prédisposant à tomber amoureux. Moins on a de sérotonine dans le cerveau, plus on a tendance à tomber amoureux ou à avoir des relations sexuelles. Lorsqu'on est amoureux, comme dans le trouble obsessionnel-compulsif, il y a une diminution de la sérotonine[40]. D'ailleurs, l'amour ressemble beaucoup au trouble obsessionnel-compulsif, selon certains scientifiques[41]. Le TOC est défini par des obsessions, c'est-à-dire des pensées intrusives, répétitives et incontrôlables, et par des rituels, c'est-à-dire des comportements destinés à diminuer la prégnance et l'angoisse engendrées par ces pensées. Or, dans l'amour, on est aussi assailli, de façon incontrôlable, par des pensées sur l'être aimé, de quatre heures par jour à 85 % du temps éveillé.

L'amour a aussi ses rituels : SMS, emails, lettres, appels téléphoniques, heures passées devant sa garde-robe ou dans sa salle de bains…

C'est bien beau tout ça, mais même si notre corps est sous influence, ne nous reste-t-il pas du temps de cerveau disponible pour reprendre le contrôle ?

➤ … et le cerveau n'obéit plus !

Nous ne sommes pas des animaux et pourtant, mobiliser la partie rationnelle de notre petite tête n'est pas chose facile lorsqu'on est amoureux. Grâce aux nouvelles techniques d'imagerie cérébrale, on a pu observer, de l'intérieur, que les régions du cerveau habituellement dévolues au traitement de l'information et au jugement social sont (momentanément) mises sur la touche quand on est amoureux. Ce qui fait que tout ce que l'autre dit ou fait nous paraît passionnant. Si bien aussi que les conseils de notre entourage : « Garde la tête froide » quand ladite tête est un feu d'artifice, « Prends tes distances » alors que nous rêvons de les abolir, « Pense à TON avenir » alors que nous pensons à NOTRE avenir commun pavé de roses, « Méfie-toi, tu risques de tomber de haut et de souffrir » alors que c'est la première fois depuis longtemps que nous nous sentons aussi bien, aussi beau, aussi intelligent… tombent complètement à plat. Ces judicieuses recommandations adressées à la partie critique de notre intelligence sont complètement inutiles, voire contre-productives, elles ont plus tendance à renforcer la relation amoureuse qu'à nous en prémunir[42].

L'attention se focalise sur l'être aimé en utilisant certaines zones du cerveau responsables de la récompense et de la motivation[43]. Même lorsqu'on le regarde juste en photo, une partie spécifique du cerveau riche en dopamine se met en activité. Si l'on nous montre des photos d'amis, des photos de personnes inconnues mais très séduisantes ou des photos de celui ou celle dont on est amoureux, notre système nerveux révélera nos véritables sentiments en n'émettant pas le même signal électrique devant ces différents clichés. En face de la photo de l'être aimé, le tracé électrique signe une attention et une motivation accrues[44].

On a observé aussi qu'en cas de passion, les régions du cerveau associées aux émotions négatives, notamment l'ennui, sont désactivées[45]. Voilà probablement une des raisons qui fait qu'*a contrario*, nous nous sentons si vides et dans un tel ennui quand nous perdons l'amour.

En observant l'intérieur du cerveau et notamment l'activation de la partie dorsale du cortex cingulaire antérieur, région toute proche de celle impliquée dans l'expérience de l'exclusion sociale, c'est comme si on pouvait voir l'amour. L'activation dans cette région existe aussi dans l'amour maternel, dans une moindre mesure[46]. Amoureux, on se coupe du monde, alors qu'on continue quand même à voir ses amies, par exemple, quand on a un bébé. On s'est aussi aperçu que dans l'amour, une activation de l'hypothalamus pourrait expliquer le désir et l'excitation sexuelle[47].

Une différence notable enfin entre les sexes : chez les femmes amoureuses, ce sont les zones d'attention, de mémorisation, des sentiments positifs qui sont très activées, alors que chez les hommes, la zone du cerveau la plus activée est la zone visuelle[48]. Donc pas la peine de lui en vouloir s'il a oublié le prénom de votre sœur.

Ces modifications en nous, physiologiques, hormonales, cognitives auraient une visée pour la nature : celle de sauver l'espèce en nous poussant à aller vers un partenaire, à ne penser qu'à lui ou elle, à avoir du désir et à faire des enfants.

Une fois les enfants faits, dame nature se désengage, nous remet le cerveau à l'endroit, ce qui fait que nous voyons enfin notre prince charmant tel qu'il est. Qui a dit crapaud ?

➤ *C'est si bon*

Oui, vous allez souffrir, mais vous allez aussi sortir de vous-même, de votre isolement. Vous allez aimer la vie, prendre une revanche, trouver la joie de vivre. En tombant amoureux, vous allez bouleverser l'ordre des choses, prendre des risques. Votre quotidien va en être transformé. Vous allez vous sentir plein de vie et de projets. « L'énamoration est une libération et une renaissance[49]. »

Non, vous n'êtes ni fou ni délirant. Vous ne devenez pas non plus dépendant ou aliéné puisque vous vous libérez d'autres chaînes, vous surmontez des obstacles, vous transgressez des interdits. Vous vous ouvrez, vous parlez de vous, vous devenez unique et passionnant. Vous faites confiance, vous ne calculez pas et vous devenez gentil avec tout le monde.

Je ne sais pas ce qui m'attire chez l'autre et ce qui l'attire chez moi

Des chercheurs ont demandé aux participants d'une étude de prendre note des critères qui les rendraient amoureux chez un partenaire. Ils se sont ensuite rendus à un *speed dating*. Il se trouve qu'après le rendez-vous, les critères préétablis ne correspondaient pas à leur choix réel, amenant nos chercheurs à conclure que nous n'avions franchement pas conscience de ce qui influence nos choix et nos comportements amoureux[50].

À quoi tient alors l'attraction que nous suscitons ou que l'autre suscite chez nous ?

➤ C'est nous-même que nous aimons à travers l'autre

Bien qu'agaçante à admettre, il semblerait que l'hypothèse que nous aimons ceux qui nous ressemblent se vérifie dans un certain nombre d'études scientifiques. Lorsqu'il ou elle est dissemblable, nous aurions même tendance à éprouver de la répulsion[51].

Par exemple, grâce à notre odorat, nous allons nous orienter vers des partenaires qui mangent comme nous, dont l'odeur traduit qu'ils digèrent des aliments similaires à ceux que nous aimons[52].

Nous sommes aussi attirés inconsciemment[53] par des similarités physiques, notamment la taille. Pensez aux couples que vous connaissez : les petites sortent souvent avec des petits (plus grands qu'elles, mais plus petits que les autres garçons) et les grands avec des grandes.

Des éléments imperceptibles et improbables comme la ressemblance des dates de naissance, des lettres en commun dans le prénom[54] jouent visiblement aussi un rôle positif dans l'attirance !

On est davantage séduit par quelqu'un qui fait partie de notre milieu social[55], par des personnalités similaires ou par des problématiques identiques (alcool[56], tabac[57], anxiété[58], problèmes de comportement[59]).

Les recherches montrent que nous sommes fortement attirés par des individus s'approchant de l'être idéal que nous aimerions être. GeoOOOrge ! Toutefois, cette attraction diminue au fur et à mesure que cette personne « idéale » nous devient plus familière. De même si elle surpasse notre idéal. Rencontrer quelqu'un qui représente l'idéal qu'on aimerait être provoque des réactions affectives et cognitives opposées quand la peur de l'autoévaluation négative générée par la comparaison augmente[60]. Pour être plus claire, quand ma *date* avec George Clooney va approcher, je vais être beaucoup moins attirée par lui parce que j'aurai inconsciemment peur que la confrontation de mon vrai moi avec l'idéal que je me fais de lui (charitable, intelligent, drôle et superbeau) me soit défavorable. Ne t'approche pas George, pour toi maintenant, c'est mort, rapport à l'idéal du *self* !

Enfin, nous sommes attirés par des personnes qui aiment de la même manière que nous, qui ont le même style d'attachement[61], styles que nous allons détailler un peu plus loin (voir page 51).

➤ L'importance du physique

« Mais si deux dents de devant m'avaient manqué la nuit du Ritz, deux misérables osselets, serait-elle là, sous moi, religieuse ? Deux osselets de trois grammes chacun. Donc six grammes. Son amour pèse six grammes, pensait-il, penché sur elle et la maniant, l'adorant[62]. »

Soyons claire, et là encore, merci Albert Cohen : c'est le physique qui compte.

Chez les adolescents des deux sexes, l'attraction n'a pas à voir avec la qualité de la conversation, l'échange des idées ou avec les intérêts en commun. Elle a, en revanche, tout à voir avec l'allure physique[63].

Chez les hommes, *idem*. On a beau blablater sur l'importance de la beauté intérieure, si l'on veut plaire, mieux vaut être jolie, avoir une taille marquée, être mince et affûtée qu'intelligente ou drôle[64]. Les statistiques font presque peur. L'aspect physique d'une femme est globalement primordial pour les hommes.

Les femmes sont davantage attirées par le physique d'un homme pour une passade[65]. Pour être très précise, les femmes tombent plus volontiers amoureuses d'hommes plus grands, mesurant en moyenne 10 cm de plus qu'elles. La taille idéale d'un homme serait 1,82 m[66]. D'ailleurs les hommes dans la tranche 1,80-1,90 m ont plus d'enfants que les autres[67].

Pourquoi accorder tant d'importance à l'apparence ? D'abord parce que nous faisons plus attention et aimons davantage ce que les autres regardent[68].

Et puis, malgré nous, nous avons tendance à attribuer plus de qualités aux gens beaux. On les pense plus sociables, populaires, extravertis, plus affirmés et plus heureux[69]. Est-ce une conséquence de la façon dont on les perçoit[70] ? Dans tous les cas, les gens très beaux sauraient mieux interagir avec les autres.

Mais, quand on ne se trouve pas terrible ? Eh bien, on se rassure pour deux raisons : la première, c'est qu'on s'autoévalue souvent comme physiquement moins attirant que son partenaire[71].

La seconde, c'est que s'il y a réellement une disparité dans le couple, notamment si l'homme est jugé plus attirant que sa partenaire, l'homme y communique davantage. Il a aussi été montré que les personnes qui sont avec un partenaire moins attirant ont moins confiance en elles, mais éprouvent en revanche davantage de satisfaction sexuelle[72]. On ne peut pas être perdant sur tous les tableaux !

Lorsque les femmes recherchent un partenaire durable, elles sont surtout sensibles au statut social, à la profession, aux ressources[73] (mais elles osent moins reconnaître que les hommes l'importance de l'apparence physique[74] et cela biaise sans doute les conclusions).

Les raisons invoquées à la subsistance de ces archétypes émanent de théories évolutionnistes : les femmes chercheraient des hommes plutôt riches et puissants capables de subvenir aux besoins de la nichée alors que les hommes rechercheraient des femmes possédant les caractéristiques extérieures de la fécondité, de « bonnes génitrices » aux cheveux brillants, aux lèvres charnues et à la taille suffisamment marquée pour abriter leur descendance[75]. Cela laisse songeur !

Une autre explication plus sociologique consiste à dire que les femmes, dans le monde, possèdent moins d'argent et de pouvoir et qu'elles recherchent un partenaire susceptible de leur assurer une stabilité financière, alors que les hommes, de par leur plus grande aisance financière, ont plus de latitude pour mettre en avant le critère de l'apparence dans leurs choix amoureux. D'ailleurs, parallèlement à la croissance du pouvoir économique des femmes, on observe une augmentation de leur envie d'un homme séduisant[76].

➤ Quoi d'autre ?

J'espère que la subtilité, dans le titre ci-dessus, de l'allusion à George Clooney n'échappe à personne. Honnêtement, parler de l'attraction sans le citer encore, c'était péché !

L'allure et les revenus ne sont pas les seuls déterminants de l'attraction que l'on exerce. Saviez-vous, par exemple, qu'à minuit, et encore davantage à 1 h 30 du matin, vous ressentirez une attirance physique plus grande pour la même personne qu'à 22 heures[77] ? Saviez-vous aussi qu'un mauvais fond musical peut influencer négativement l'attractivité ?

Nous développons davantage de relations avec des gens qui vivent près de chez nous[78]. La proximité augmente la probabilité que deux personnes se rencontrent. Cette « vicinité » (= proximité, voisinage) est une excellente entremetteuse[79]. Il y a un effet d'exposition, de répétitivité. On a tendance à avoir peur de ce qui nous est étranger et à préférer les choses qui nous sont familières. Plus souvent nous voyons une personne, plus cela contribue à nous la rendre familière, plus nous sommes sécurisé par sa présence et plus elle nous semble attrayante (pour peu qu'elle nous plaise un minimum[80]). L'attraction augmente graduellement avec le nombre de contacts[81]. Cela vaut donc peut-

être le coup de faire le petit détour pour influencer subliminale-
ment ce beau blond qui boit son café tous les matins à la même
terrasse. Mais bon, ce que j'en dis…

Enfin, la réciprocité de l'attraction est indubitablement déter-
minante dans l'attirance pour quelqu'un. On aime qu'on nous
aime[82].

➤ *Surinterpréter des sensations*

En début d'après-midi, Marlène avait défendu de façon très
enthousiaste un projet qui lui tenait beaucoup à cœur. Ce rendez-
vous avait lieu dans une très belle ville qu'elle connaissait mal.
Elle en avait profité pour s'installer en terrasse et avait bu un
petit café. Le soir, elle avait eu rendez-vous pour dîner avec un
homme qui lui plaisait assez, dans un restaurant plutôt bruyant.
Après ce rendez-vous, Marlène s'est crue passionnément amoureuse… et elle a mis un temps énorme à se remettre d'une histoire qui n'a duré que deux jours.

Avec l'excitation produite dans son corps par la défense de
son projet, l'émerveillement autour de la ville, la tension liée au
changement de lieu, la tachycardie induite par la caféine, et
enfin le stress généré par le bruit dans le restaurant, Marlène a
vécu un « transfert d'activation ». Cet effet peut amener à surin-
terpréter des sensations[83]. En effet, si le corps est animé par une
substance, des circonstances ou une autre émotion, l'intensité
des sensations physiques ressenties peut être surinterprétée
comme le signal d'un grand amour alors qu'il ne s'agira que
d'un « transfert d'activation ».

Ce transfert d'activation n'a opéré que parce que Marlène
était déjà attirée. Encore heureux. Sinon, un petit café, un coup
de speed et n'importe quel troll aurait des allures de prince
charmant.

Des études amusantes illustrent ce phénomène :

• À Vancouver, il y a un pont suspendu, le pont Capilano, instable et très haut. Sur ce pont, des hommes ont été interrogés par une jolie demoiselle (qui leur a laissé son numéro). Ils ont été beaucoup plus nombreux à la rappeler pour un rendez-vous que ceux qui ont été interrogés par cette même jolie demoiselle dans des conditions plus sécurisées, moins excitantes[84]. Les sensations physiques (l'*arousal*) dues à la peur ont été interprétées comme une forte attirance[85].

• Vous êtes célibataire, vous venez de faire du roller et on vous montre des photos de personnes du sexe opposé. Vous allez les trouver bien plus attrayantes après votre roller-tour qu'avant. Vous allez avoir d'ailleurs davantage envie de leur proposer un rendez-vous. Si vous êtes déjà en couple, vous jugerez les photos de la même manière avant et après[86].

Si l'on est conscient de ce phénomène de transfert d'activation, on peut corriger sa surestimation (et ne pas prendre des vessies pour des lanternes). Pour cela, il faut savoir que le temps de retour à un état cardio-vasculaire normal, après un exercice par exemple, est assez long (une heure environ)[87].

Pour finir par une touche plus éthérée sur l'attraction, je tenais à vous dire que j'ai quand même réussi à trouver une étude dans laquelle gentillesse et intelligence avaient un rôle primordial pour les deux sexes[88]. Ouf !

Quelle est votre façon d'aimer ?

Essayons de découvrir quel est votre style amoureux[89].

Il existerait six façons d'aimer :

• Vous avez été attirés l'un par l'autre dès que vous vous êtes vus ? Vous avez besoin d'une attraction intense, physique et émotionnelle ? Vous êtes pressé de vous révéler, de découvrir l'autre et de faire l'amour ? Vous recherchez des contacts fré-

quents avec l'être aimé, mais sans désir de possession obsession-
nelle ? Amoureux de l'amour, vous faites confiance, et vous
n'êtes pas particulièrement anxieux ? Vous adorez caresser et
embrasser ? Vous avez eu une enfance heureuse et vous avez
probablement bénéficié d'une relation chaleureuse avec vos
parents ? Vous avez une bonne estime de vous-même, vous êtes
ouvert, extraverti, et sensuel ? Alors, vous êtes un partisan de
l'amour passion, et votre style amoureux est **Éros**.

• Pour vous, la meilleure relation amoureuse succédera à une
amitié très profonde. Vous n'aimez pas spécialement l'intensité
dans les rapports amoureux, vous privilégiez l'engagement et la
confiance construite avec le temps. Vous pouvez même concevoir l'amour sans sexe et sans engagement. Vous accordez
davantage d'importance au caractère qu'au physique. Dans le
choix de vos partenaires, vous privilégiez une communauté
d'intérêts et d'activités. Vous aimez à vous sentir tranquille dans
la relation, vous ne souffrez pas spécialement d'anxiété de séparation et vous n'êtes pas obnubilé par l'autre. Vous évitez les
émotions excessives. Vous rapportez venir d'une famille sécuri-
sante sur le plan affectif. Vous n'avez pas une grande confiance
en vous, mais vous êtes honnête, loyal et mature. Votre vie
actuelle vous rend heureux. Dans ce cas, vous avez le profil
amoureux dénommé **Storge**.

• Pour vous, l'amour est un jeu dont vous édictez les règles en
espérant que l'autre les comprenne et les connaisse aussi. Typi-
quement, vous aimez flirter sans vous engager, ni vous poser.
Vous n'êtes ni jaloux ni anxieux. Pour éviter l'attachement et le
surinvestissement chez l'autre, vous voyez peu vos partenaires.
Le sexe vous amuse mais ne vous sert absolument pas à exprimer des sentiments profonds. Il peut vous arriver de « jouer »
avec plusieurs partenaires, en même temps ou en série, les uns
après les autres. Vous prévenez de l'existence de la « concur-
rence », vous prémunissant ainsi qu'une des relations devienne
privilégiée. Vous mettez fin à une relation dès qu'elle n'est plus

divertissante. Vous êtes amateur de sensations fortes, vous êtes à la fois extraverti et cachottier. Vous manquez d'égard envers les autres. Vous décrivez votre enfance comme « dans la moyenne ». Vous estimez votre présent satisfaisant même s'il vous excite insuffisamment. Bandit de grand chemin, votre profil est le style Ludus ! Qui l'eût cru ? Les hommes ont davantage le style **Ludus** que les femmes.

• Vous souhaitez que votre partenaire vous appartienne et dès qu'il est avec quelqu'un d'autre, vous ne pouvez pas vous détendre, vous avez des soupçons ? S'il ne fait pas attention à vous, ça vous rend malade ? Vous avez un style amoureux dépendant, obsédant, anxiogène et jaloux appelé **Mania** (= Éros + Ludus). Vous montrez le même niveau d'intensité et de préoccupation que dans le style Éros, mais aussi le même désir de retenir vos sentiments et de manipuler la relation que dans le style Ludus. Il en résulte ambivalence et tension. Vous pensez sans arrêt à l'autre en étant assez défaitiste. Le plus petit signe de chaleur ou d'approbation vous transporte (non durablement) alors que le moindre fléchissement dans les réponses et l'enthousiasme de votre partenaire génère chez vous ressentiment et anxiété. Vous éprouvez un grand besoin d'être aimé et d'être rassuré, mais n'êtes jamais rassasié. Vous rapportez une enfance malheureuse, vous êtes souvent seul et manquez d'amis. Vous n'avez aucune confiance en vous, vous êtes « névrosé », impulsif et défaitiste. Vous concevez l'amour dans un cadre possessif et êtes plutôt une femme.

• Vous pensez que le mieux, c'est d'aimer quelqu'un avec qui vous avez beaucoup de points communs et vous êtes plutôt dans la catégorie des personnes logiques et pragmatiques dans l'amour ? Vous avez un style **Pragma**, somme des styles Storge et Ludus, c'est-à-dire combinant le contrôle et la manipulation d'autrui avec l'amitié. Vous avez dressé une *shopping list* des qualités du partenaire idéal, prenant en considération des facteurs tels que le contexte familial, la religion, etc. Dans votre appréciation, vous faites passer des critères de compatibilité rationnels en priorité. Vous donnez davantage d'importance à la compatibilité sociale et aux qualités de la personne qu'à la compatibilité sexuelle. Vous êtes détaché, légèrement manipulateur, vous savez garder la tête froide et vous contrôler. Vous n'aimez pas les sensations fortes. Vous êtes aussi un grand travailleur. Vous êtes tout à fait conscient du caractère remplaçable de vos partenaires et êtes à même de peser les alternatives qui se présentent à vous, comme le style Ludus. En revanche, vous désirez vous poser dans une relation et vous êtes plus à même d'œuvrer dans ce sens. D'ailleurs, vous êtes assez famille.

• Vous préférez souffrir que voir votre partenaire souffrir ? Vous êtes un amoureux oblatif, altruiste. Vous aimez avec un style **Agapè**, somme du style Storge et de l'Éros. Vous aimez intensément l'autre et vous avez même tendance à le placer au-dessus de vous. Vous êtes altruiste à l'extrême. Vous donnez sans attendre de recevoir. Vous avez une patience à toute épreuve, vous êtes doux et tendre, ni jaloux ni possessif, modéré sexuellement. On y a vu une corrélation avec la religiosité. Vous avez assez peu confiance en vous, vous n'aimez pas les sensations fortes, vous êtes engagé et généreux. Il faut reconnaître que ce style est plutôt un idéal qu'un style amoureux réel constaté chez de vraies personnes. Allez, on peut l'être de temps en temps. Dans tous les cas, si vous en tenez un (d'Agapè), ne le lâchez pas, d'abord parce qu'ils sont rarissimes mais aussi parce qu'ils sont les seuls qui vous aimeront plus aujourd'hui qu'hier[90].

Alors, êtes-vous Éros, Ludus, Storge, Agapè, Mania ou Pragma (non, promis, on n'est pas chez Ikea…).

On voit bien que l'amour n'est pas considéré de manière univoque par chacun de nous, qu'il répond à différentes tendances, notamment selon le sexe, plutôt passionnel (Éros) ou ludique (Ludus) pour les hommes et plutôt amical (Storge), possessif (Mania) ou raisonné (Pragma) pour les femmes. Il existe des styles d'amour différents ; on en a dénombré jusqu'à 93 dans une étude sur des Australiens et des Américains[91] ! Les styles passionnés et possessifs seraient en partie génétiquement déterminés[92]. Notre style amoureux serait inscrit dans nos gènes, et là encore, on va vers des gens qui nous ressemblent : deux partenaires ont généralement tendance à avoir le même style (à l'exception de Ludus et Mania).

C'est notre propre style amoureux qui prédit le mieux l'avenir de la relation.

➤ Des prédictions, des prédictions, des prédictions

Un style associant Éros et Agapè est d'excellent pronostic pour une relation de qualité, avec de forts niveaux de satisfaction, d'investissement et d'engagement, et de faibles « coûts » personnels. Les styles Agapè et Storge sont associés à un niveau élevé de satisfaction de vie. À l'exact inverse du style Ludus qui n'est ni satisfait de sa vie, ni satisfait de ses relations[93]. Dans les études, d'ailleurs, il charge un peu, le style Ludus. Il est associé à l'individualisme, au narcissisme. Il est qualifié d'amour immature dans lequel on est égocentré, on ne considère les autres que comme un moyen de satisfaire ses besoins et ses désirs[94]. Égoïste Ludus !

Les femmes Agapè satisfont leur partenaire, mais ne sont pas satisfaites elles-mêmes. Les époux de femmes ayant un style Mania ou Ludus ne sont pas satisfaits de leurs épouses, ils le sont bien plus quand elles ont un style Éros ou Storge.

Les styles amoureux de type Ludus ou Éros résistent mal au temps qui passe. Sur des mariages d'environ une vingtaine d'années, ces deux styles amoureux aiment moins qu'à leurs débuts alors que chez les Storge, le degré perçu d'amour est stable[95].

C'est quoi, l'amour ?

Selon certains, aimer est une « attitude » avec des composantes comportementales, émotionnelles et cognitives supposant de prendre soin, d'aider, d'établir un lien, de partager, de se sentir libre de parler, de comprendre, de respecter et d'être proche de quelqu'un d'autre. Oui, j'aime mes enfants, j'aime mon chat, j'aime ma sœur et mes parents, mes amis, mes patients, mais pour moi, il s'agit d'attachement.

Et l'enthousiasme, l'engagement, l'intensité, le désir ?

➤ *Les différents éléments de l'amour*

Des chercheurs ont identifié six éléments essentiels entrant dans la composition des relations amoureuses, à des degrés variables :

- la « viabilité » comprenant confiance, respect, acceptation, tolérance ;
- l'intimité définie par une compréhension mutuelle et des confidences ;
- la bienveillance dans laquelle on fait tout son possible pour l'être aimé, on s'encourage mutuellement dans ses centres d'intérêts respectifs ;
- la passion, dans laquelle on expérimente la fascination, l'exclusivité et l'intimité sexuelle ;
- l'engagement qui consiste à considérer la relation dans le long terme ;
- et enfin le niveau de conflit/ambivalence, qui reflète les tensions, conflits, sentiments d'incertitude ou sentiments d'être prisonnier.

Trois sont à retenir. Ils peuvent se trouver plus ou moins combinés et former différentes sortes de liaisons ou différents types de relations.

Les 3 composants essentiels de l'amour

— Le premier est la *passion*, c'est-à-dire le sentiment et la sensation d'être physiquement attiré par une personne. La passion est ce qui fait se sentir amoureux et cela biaise et influence fortement le jugement. On pense continuellement à l'être aimé et on éprouve beaucoup de désir. Sur le plan émotionnel, c'est un état extrêmement intense, dans lequel on oscille entre des sensations très positives d'excitation, d'extase et de complétude et des sensations douloureuses de vide, de manque, de désespoir, d'insécurité (l'amour passion étant rarement accompagné de confiance), d'anxiété avec des doutes incessants et des questions sans réponse.

— L'*intimité* est le sentiment d'être proche et connecté à quelqu'un, sentiment qui se développe avec les échanges et la communication au travers du temps. C'est ce qui fait que l'on a envie de se soutenir l'un l'autre matériellement et émotionnellement. L'intimité avec un partenaire est généralement plus importante qu'avec les amis[96] et plus importante entre des adultes mariés ou parents qu'entre de jeunes amoureux adolescents[97].

— L'*engagement*, c'est se promettre à soi et à l'autre de renforcer les sentiments amoureux et de tout faire pour que la relation dure. On veut une relation sérieuse et on promet d'être là quand les choses vont mal pour l'autre.

D'après *Les Composants essentiels de l'amour dans la théorie triangulaire de Sternberg* [98].

C'est bon, il ne m'en manque plus que trois avec George !

➤ *Je suis passionné en amour. C'est bien ou c'est mal ?*

Il est extrêmement fréquent d'opposer la passion à l'amour véritable. La passion, d'après mes (aujourd'hui vieux) souvenirs de philo, semble avoir toujours suscité beaucoup de controverses. Bonne ou mauvaise conseillère ? Faut-il y céder ou y résister ?

On entend souvent dire que la passion ne prédit rien de bon pour l'avenir du couple. Mais cette idée très répandue est-elle réellement validée par les faits ? S'il est certain que la notion d'engagement est corrélée avec une durée plus longue de la relation en comparaison avec l'intimité ou la passion[99], une étude portant sur 605 personnes (ce qui n'est pas insignifiant) a aussi permis de montrer que l'amour coup de foudre, l'amour passion n'a pas un plus mauvais pronostic pour le bonheur dans le mariage qu'un amour qui se serait développé graduellement[100]. Et toc !

D'autres chercheurs ont fait la supposition que, par rapport aux personnes de type Storge (on est amis d'abord), les personnes passionnées entrent plus rapidement dans des relations intimes après la rencontre, tombent amoureuses de personnalités différentes de la leur – notamment pour l'extraversion, la stabilité émotionnelle et l'autonomie – et auraient des relations de moins bonne qualité. Or, les résultats de l'étude citée plus haut, s'ils ont confirmé une évolution romantique plus rapide et une effective hétérogénéité des personnalités, n'ont absolument pas montré une moindre qualité relationnelle chez les passionnés[101]. Et retoc !

Pour conclure, c'est le temps et non pas l'intensité du début (y compris celle du désir) qui fera la différence entre la passion et l'amour. La passion peut précéder l'amour, elle ne s'y oppose pas.

Elle contient, entre autres ingrédients, un fort désir. Mais il existe des amours non précédés d'une phase passionnelle et on peut également, bien sûr, vivre une passion qui ne débouche pas sur l'amour. Les attentes, les tempéraments et les préférences de chacun déterminent les différents styles amoureux.

Je souffre énormément
quand je suis amoureux,
est-ce normal ?

Notre vision de l'amour comme expérience émotionnelle intensément positive est-elle adaptée ? Les Chinois, par exemple, ne partagent pas notre vision des choses. Ils associent l'amour non à la joie, mais à la tristesse[102]. La passion est associée à beaucoup d'angoisse, d'insécurité, de colère même, le tout produisant un grand ramdam émotionnel où tout se mélange. On ne sait plus si ce que l'on ressent est agréable, positif ou destructeur. Certains disent qu'on n'aime pas passionnément MALGRÉ l'angoisse et la colère que l'autre nous fait ressentir, mais qu'on aime passionnément À CAUSE de toutes ces émotions contradictoires qui créent d'intenses retentissements physiologiques nourrissant le désir.

Quand on aime passionnément, l'humeur oscille en effet entre de grands hauts ressemblant aux phases *maniaques ou hypomaniaques* dont nous avons parlé plus haut (humeur très gaie, grande facilité à communiquer, temps de sommeil réduit, estime de soi augmentée, tachypsychie, c'est-à-dire une accélération des pensées : il m'a écrit, il m'a souri, il m'a serrée dans ses bras, ma vie est légère, je vais complètement redécorer mon appartement, j'ai confiance en moi, ce problème de boulot me paraît aujourd'hui sans importance, je me sens belle, si je le voulais je pourrais séduire qui je veux, d'ailleurs me mérite-t-il ? Ne pourrais-je pas rencontrer quelqu'un d'encore mieux ? Et de grands bas, comme dans les phases de *dépression*, avec une humeur triste, une diminution de l'intérêt et du plaisir pour les choses qui habituellement plaisent, une dévalorisation, des difficultés à se concentrer, des pensées et des actions au ralenti : je n'arrive pas à écrire, à lire, ce que je résous ou surmonte habituellement me paraît tout à coup surhumain, j'ai du mal à me lever, je repense à lui, je doute de nous, et surtout de moi. Qu'est-ce que j'ai fait de mal ? De toute façon, je suis condamnée à une vie sans amour, on ne m'a jamais vraiment aimée, j'ai toujours été un fardeau, personne ne m'a jamais fait de véritable place dans sa vie.

Au début, l'intensité du désespoir est, selon la théorie des processus opposants[103], proportionnelle à l'intensité de l'euphorie ressentie en présence de l'autre. Mais avec le temps, l'intensité du plaisir décroît alors que les sensations de manque croissent, tout cela à cause des endorphines[104].

Dans les débuts d'une passion, le plus douloureux, c'est l'attente et, avec elle, l'incertitude. On ne connaît pas l'autre, on n'a donc rien de rationnel à se mettre sous la dent pour avoir confiance. On peut être très intuitif et sentir des choses qui nous rassurent sur l'espoir d'un possible, mais il est difficile de faire confiance à ses intuitions, surtout quand elles fluctuent tous les quarts d'heure. Dans l'attente, on se retrouve désespérément seul. Et ce n'est pas la même sensation de solitude que d'habitude, cette solitude douce, réparatrice et choisie qu'on aime à avoir parfois. Non, là, c'est une solitude dévastatrice, une sensation de vide, de manque, avec parfois une tension très intense dans les épaules, la nuque, la tête, le ventre. On ne parvient pas à se poser, à se détendre physiquement ou psychiquement. C'est tellement insupportable, c'est souvent le moment où l'on se jette dans une action, pour se rapprocher de l'autre. On lui écrit, on lui téléphone, on va le voir. On a peur de l'envahir et on s'en veut de n'être pas maître de soi, de n'être ni calme ni rationnel.

Dans l'attente s'insinuent l'incertitude, les doutes, mais aussi l'espoir et les rêveries, les fantasmes. On pense à l'autre de manière très positive, on s'imagine heureux ensemble dans toutes sortes de contextes, on se projette dans un avenir à deux. Tout notre présent nous échappe, rien ne s'imprime. On pourrait, là maintenant, gagner au loto qu'on ne s'en rendrait même pas compte. On passe sa journée à y penser, à rêvasser, parce que c'est bon sur l'instant. L'avoir dans la tête nous permet d'être ensemble alors qu'il n'est pas là. Cela apaise. Quelques heures. Mais accentue à moyen terme le désespoir, les doutes, les questions.

Le manque survient dans une phase plus avancée de la passion. Lorsqu'on a davantage la conviction que la passion est réciproque, le manque est physiquement tout aussi insupportable que l'attente, mais psychiquement plus confortable. L'adversité n'est pas l'autre mais le temps, la distance, le monde, les parents, son conjoint... toutes les raisons extérieures qui nous empêchent d'être dans les bras l'un de l'autre, là maintenant. Parfois, on en pleure, comme un enfant, sans contrôle.

Vivre la passion comporte une certaine forme de courage car, oui, on souffre. Les personnes qui font le choix de l'amour compagnon auront une plus grande satisfaction dans leur vie, les personnes qui font le choix de la passion auront des expériences émotionnelles plus intenses[105].

Je suis accro à l'amour !

Une littérature abondante existe aujourd'hui sur le sujet de la dépendance amoureuse. Attention : danger !

Je suis assez agacée par la constante dénonciation de la dépendance amoureuse, explicite ou sous-jacente. Comme si l'amour devait rimer avec indépendance. C'est la solitude qui rime avec indépendance ! C'est de reconnaître et d'accepter de dépendre affectivement de quelqu'un qui pourra conduire à une plus grande autonomie et à davantage d'amour, et certainement pas la stigmatisation de la passion comme une aliénation. Bien sûr, tout est question de mesure.

Dans le manuel officiel des maladies psys[106], on définit la dépendance comme un mode d'utilisation inadapté d'une substance conduisant à une altération du fonctionnement ou à une souffrance importante et par la présence d'au moins trois des symptômes suivants :

• Le développement du phénomène de tolérance, c'est-à-dire le besoin de quantités de plus en plus fortes de la substance pour obtenir l'effet désiré ou bien un effet diminué en cas d'utilisation continue d'une même quantité de la substance.

• Le problème du sevrage avec l'apparition d'un manque à l'arrêt de la consommation, manque qui cause une grande souffrance ou qui perturbe le fonctionnement social ou professionnel.

• Un désir persistant ou des efforts infructueux, pour diminuer ou contrôler l'utilisation de la substance.

• Beaucoup de temps passé à obtenir la substance.

• Des activités sociales, professionnelles ou de loisirs importantes sont abandonnées ou réduites à cause de l'utilisation de la substance.

• L'utilisation de la substance est poursuivie alors que l'on sait avoir un problème causé ou exacerbé par la substance.

On peut ainsi être accro au sexe, c'est le cas lorsqu'on répète des comportements sexuels plusieurs fois par jour (si vous voulez une très belle description des affres d'un addict sexuel, je vous recommande la lecture d'*Apprendre à mourir. La méthode Schopenhauer* d'Irvin Yalom). C'est la libération d'opioïdes et de dopamine qui pousse à toujours plus de sexe, chez certaines personnes qui seraient prédisposées génétiquement à l'addiction[107].

On peut être accro au coup de foudre, lorsqu'on n'aime que les premiers instants au point de quitter quelqu'un dès les premiers rendez-vous, une fois les sensations grisantes consumées. On ressent au quotidien beaucoup de manque et d'insatisfaction.

On peut être dépendant affectif[108], c'est-à-dire que l'on aime quelqu'un en se perdant. Bien que cette personne nous fasse du mal, et que sa présence ne nous procure pas de joie, nous utilisons toute notre énergie à essayer d'être auprès d'elle, sacrifiant pour cela notre liberté, nos amis et nos plaisirs parce que l'on ressent cruellement le calvaire de son absence.

Selon certains auteurs[109], si on cherche quelqu'un d'exceptionnel, si on tombe amoureux passionnément très vite de quelqu'un qui, évidemment, n'est pas fait pour soi, quelqu'un pour qui on est prêt à faire n'importe quoi, quelqu'un à qui on ne peut pas dire non et auprès duquel on préfère souffrir plutôt que de mettre fin à la relation (car si elle prenait fin, on aurait la sensation que la vie n'a plus de sens), alors on aurait un mauvais rapport à l'amour. On en serait l'esclave[110] ! Ils recommandent très vivement de faire quelque chose !

C'est sûr, avec le célibat, au moins, on n'est pas embêté !

Alors oui, l'amour peut être une dépendance, l'amour et la passion peuvent aliéner. Mais ils donnent aussi du sens à l'existence. Connaître le grand amour, y aliéner sa liberté peut aussi être un choix, à un moment. Selon moi, cela ne mérite ni étiquette diagnostique, ni jugement.

➤ Accro à l'amour et aux sensations fortes

Notre personnalité et notamment notre tempérament biologique nous prédisposeraient à aimer d'une certaine manière. Nous serions génétiquement programmés à développer tel ou tel style amoureux. De la même manière, nous aurions un terrain génétique nous amenant à plus ou moins aimer les expériences, la nouveauté et les sensations variées et intenses. Cette dimension du tempérament a été étudiée par le chercheur Marvin Zuckerman. Il a observé que certains avaient besoin de sensations fortes pour se sentir vivants. On les appelle les *chercheurs de sensations*. Ce sont des personnes aimant les sports à risque, l'aventure, qui ont un style de vie non conventionnel, qui aiment l'absence d'inhibition dans les relations sociales, et qui préfèrent mourir plutôt que de s'ennuyer ou de s'enliser dans la routine[111]. Ces chercheurs de sensations auraient préférentiellement un style amoureux de type Ludus[112] ou de type Mania.

Selon que l'on est un homme ou une femme, les choses ne se passent pas tout à fait de la même manière. Les femmes au tempérament avide de sensations passent leur temps à couver leur amoureux du regard, amplifiant ainsi leur propre excitation et donc leurs sensations. Elles ont tendance à beaucoup lui parler. Cela peut favoriser la réciprocité chez son partenaire, mais il s'avère que nos amis les hommes ont fréquemment une aversion du regard fixe. Ils risquent donc aussi de se sentir envahis et gênés par une recherche avide de contact oculaire.

Quand la sensibilité à l'ennui diffère dans le couple, celui-ci ne marche généralement pas très bien. Si la succession de week-end survêt-télé-famille vous donne de l'urticaire, et que lui adore, c'est mauvais signe. De toute façon, le problème avec le tempérament *recherche de sensations*, c'est qu'il n'est pas de très bon pronostic pour la durée de l'union, et ce même lorsque les deux partenaires ont la même recherche élevée de sensations. Donc c'est mauvais dans tous les cas ! Chercheurs de sensations, si vous voulez que ça dure, il va falloir apprendre à supporter les plans plan-plan !

Mon profil amoureux

Êtes-vous du genre à penser qu'il va vous abandonner dès qu'il va sortir le chien ? Du style à vous enfuir dès qu'on vous aime un peu ? Ou bien du genre tranquille en amour, sûr de vous, affectueux, mais pas collant ?

Nous avons tous un profil d'attachement.

Comment je m'attache ?

➤ *Dans l'enfance*

Nous sommes programmés pour nous attacher[1]. Pourquoi ? Pour être en sécurité. Sécurité affective qui nous permet de nous tourner vers le monde[2]. C'est inné, et cela se manifeste très tôt dans l'enfance. Dès 1 an, avec notre maman par exemple, on recherche cette sécurité avec des comportements ; on suit des yeux, on se rapproche physiquement. On se signale en manifestant de la détresse quand il y a séparation, quand maman s'éloigne. Si tout se passe bien, vers l'âge de 3 ans, on commence à se détacher, on manifeste moins de comportements de rapprochement et on commence à explorer le monde.

En observant les réactions lors d'une séparation, on s'est aperçu que des petits de 18 mois ne réagissaient pas tous de la même manière. On a établi des catégories à partir des réactions au départ et au retour de la maman.

La réaction la plus courante (62 %) est dite d'attachement sécure. Dans ce cas, l'enfant pleure transitoirement quand sa maman part. Il reprend ensuite ses activités, explore l'environnement avec confiance. Quand elle revient, il manifeste une émotion ; il recherche par exemple ses bras et il se calme facilement près d'elle.

Certains enfants, environ 14 %, ne manifestent aucune émotion quand leur mère part. Ils n'ont pas d'appréhension particulière avec la personne étrangère à laquelle ils sont confiés. Au retour de leur mère, ils ne recherchent pas le contact ou le réconfort auprès d'elle. Cette modalité d'attachement est décrite comme un attachement insécure, *évitant*. L'enfant détaché est en quelque sorte insensible à la présence ou à l'absence de sa mère, son système d'attachement est comme sous-stimulé.

À l'inverse, dans le cas d'un attachement insécure *anxieux ambivalent* (9 %), le système d'attachement est surstimulé. L'enfant est inconsolable au départ de sa mère, mais, quand elle revient, il la recherche tout en la repoussant et il ne se calme pas vraiment dans ses bras.

L'attachement insécure peut aussi être *anxieux désorganisé* (15 %), désorienté, avec des manifestations extrêmes de colère contre le parent ou bien des comportements bizarres.

Pourquoi réagissons-nous si différemment ? Parce que, de façon innée, nous sommes différents génétiquement, différents par le tempérament et différents par notre environnement. Nos parents n'ont pas adopté la même façon d'être. Auprès de nous enfant, ils ont été plus ou moins sensibles et expressifs (deux qualités parentales déterminantes dans le style d'attachement de l'enfant). La qualité de la protection influence aussi l'attachement. Ainsi l'hyperprotection de certaines mamans conduit à des difficultés dans l'attachement à l'âge adulte. Mais attention, les mères ne sont pas seules responsables ; les deux parents jouent un rôle. Les soins du père influent beaucoup sur le style d'attachement des fils alors que chez les filles, ce sont les attentions du père ET de la mère qui influencent le style d'attachement. Par ailleurs, au-delà de l'éducation reçue, nous n'avons pas non plus vécu les mêmes expériences de vie. La maltraitance et les traumatismes subis dans l'enfance sont aussi déterminants dans la façon de s'attacher[3].

Lorsqu'un enfant a été habitué à ce que ses besoins affectifs soient comblés de manière appropriée, il se sent affectivement sécure. Il développe alors psychiquement des « modèles internes opérants », c'est-à-dire des anticipations positives et stables sur l'affection et le soutien qu'il pourrait recevoir de la part d'autrui. Il construit sa vision de lui-même à partir de la vision que lui renvoie sa figure d'attachement, qu'il considère comme la source valable d'information sur le monde[4].

À l'inverse, quand les figures d'attachement répondent régulièrement de façon inadaptée, « à côté », aux besoins de l'enfant, une vision interne négative de soi et des autres se met en place. Cette intériorisation d'une affection insécurisante poussera à uti-

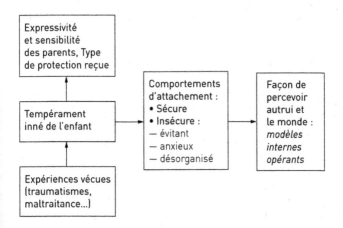

liser d'autres moyens pour réguler sa peur et ses émotions négatives que celui d'un soutien d'autrui approprié.

On distingue deux dimensions : l'évitement qui reflète le
degré de méfiance, d'indépendance et de distance émotionnelle
par rapport aux autres et l'anxiété qui reflète le degré de préoccupation, de souci, de conviction que l'autre ne puisse pas
combler ses besoins.

> ## À l'âge adulte

À quelques différences près bien sûr – le lien filial est per-
manent alors que le lien amoureux peut être changeant, le
second comporte de la sexualité et se fait dans un cadre rela-
tionnel égalitaire – la relation filiale et la relation amoureuse
sont du copié-collé. Comme pour l'attachement d'un petit à
son parent, l'attachement d'un amoureux à son partenaire
dépend de la sensibilité et de l'expressivité du partenaire, la
séparation engendre de la détresse et les retrouvailles de la joie.
Enfin, la proximité physique est capitale ; on se regarde, on se
blottit, on s'embrasse, on se serre dans les bras. Et même, on a
tendance à adopter un langage similaire. Pensez aux couples de
votre entourage qui s'appellent l'un l'autre « mon petit lapin »,
qui parlent un peu « gnangnan » et joignent le geste à la parole
en s'administrant d'épouvantables baisers sous votre nez. Grrr !
Ce qu'ils m'énervent…

Nous gardons les mêmes comportements d'attachement à
l'âge adulte[5]. Si tout se passe bien (c'est-à-dire si nous ne sommes pas insécures), nous cherchons à maintenir la proximité, à
être proches, à passer du temps avec l'autre, nous recherchons
un havre de paix, c'est-à-dire quelqu'un vers qui nous tourner
quand nous ne sommes pas bien, nous détestons être éloignés
de celui ou celle que nous aimons, il nous manque quand il s'en
va. Il est notre base sécure : nous comptons sur sa présence,
nous attendons qu'il nous aide en cas de besoin et nous sommes

prêts à faire de même. Puis, avec le temps, nous sentant en sécurité affective dans notre couple, nous nous tournons davantage vers l'extérieur, vers les relations sociales, les loisirs... Les comportements visibles d'attachement sont moins nombreux au bout de quelques années de vie commune, sans que cela signifie obligatoirement que l'amour n'est plus là entre les deux êtres. Toutefois, faire la différence entre sécurité affective et ennui ou lassitude dans la relation n'est pas chose facile.

➤ *À quoi ça sert de s'attacher ?*

S'attacher est une nécessité biologique. La survie de l'enfant en dépend et la survie de l'espèce dépend de l'attachement amoureux.

Cela sert aussi quand nous nous sentons menacés. L'amour est le meilleur anxiolytique du monde ! Quelque chose nous fait peur ou nous angoisse ? Cela nous pousse, *via* notre système psychobiologique inné d'attachement, à rechercher la présence de quelqu'un de cher, quelqu'un qui compte pour nous, une « figure d'attachement ». Si celle-ci répond à notre besoin, nous pouvons de nouveau nous tourner vers la vie et vers nos activités courantes. Si, au contraire, nous n'avons pas cela, nous restons dans une insécurité affective et en état d'alerte[6].

L'amour nous aide à réguler nos émotions, à diminuer notre détresse et à nous ajuster au mieux à ce qui nous arrive de difficile[7].

Avez-vous déjà subi une rupture avec quelqu'un que vous aimiez ? Vous souvenez-vous de votre état ? Aviez-vous envie d'explorer des activités, des choses nouvelles ? Aller vers les autres vous paraissait-il facile ? Parveniez-vous à prendre soin et à vous intéresser aux autres ? Ne vous sentiez-vous pas non seulement malheureux de la rupture, mais aussi coupable d'être uniquement tourné vers vous-même ?

Tout ce que vous avez ressenti et vécu était bien normal. L'amour soulage les peines, pousse à explorer et à prendre soin d'autrui. Quand il vient à manquer, le fonctionnement de ces systèmes comportementaux en prend un coup. Il a été montré que la sensation momentanée ou permanente d'attachement sécure est associée à l'empathie et à la volonté d'aider les autres[8]. Plus on se sent aimé, plus on aime et on aide ! Et moins on a d'amour, moins on peut se tourner vers les autres. Bon, je vous le concède, il existe des couples repliés sur eux. Mais ceux-là sont-ils vraiment des attachés sécures ?

Pour récapituler, à l'âge adulte, le style d'attachement est l'ensemble d'émotions, d'espoirs et de comportements, issus de notre passé qui nous prédisposent à penser, à ressentir, et à nous comporter en manifestant, *a priori*, plus ou moins de méfiance, de confiance ou d'ambivalence, envers les autres en général et dans la relation amoureuse en particulier[9].

J'ai sans arrêt peur que l'on m'abandonne et que ça ne marche pas

Ludivine est persuadée qu'elle ne pourra jamais être aimée. Avec Hubert, elle interprétait le fait qu'il rentre tard du travail, qu'il fasse du sport sans elle ou qu'il regarde la télé comme le signe qu'il ne lui accordait pas d'importance. Avec Philippe, elle est persuadée que s'il ne répond pas immédiatement à son SMS, c'est qu'il ne tient pas à elle. Comme elle a peur sans cesse, soit elle agresse, soit elle étouffe. Ils ont fui. Tous les deux.

Quelles que soient les manifestations d'attachement qu'elle reçoit, Ludivine se sent mal aimée. Elle a ce sentiment vissé dans les tripes. Elle a la conviction que sa vie amoureuse est et restera un échec. Et cette croyance détruit la relation.

Elle a un attachement anxieux.

L'attachement anxieux est caractérisé par un grand besoin de soins et d'attentions de la part de la ou des figures d'attachement, couplé à une profonde et permanente incertitude quant aux capacités et à la volonté de la figure d'attachement de répondre à cette attente.

Extrêmement dépendant de la relation, espérée comme source de protection, l'attaché anxieux est hypervigilant et surveille tout ce qui pourrait corroborer sa peur et la non-fiabilité de son partenaire.

L'attachement anxieux est très associé à la prédominance des émotions négatives, appelée « neuroticisme[10] ». Les attachés anxieux se posent beaucoup de questions et ont tendance à trop cogiter sur leur relation amoureuse. Les attachés anxieux sont de grands ruminants (qui écrivent des livres sur l'amour ?!).

Le fait d'être fréquemment envahi par des pensées et des émotions négatives, prolongées et incontrôlables, peut conduire à une désorganisation cognitive et parfois à la pathologie, notamment à des réactions dépressives après une perte ou une rupture[11]. On a beaucoup d'émotions négatives parce qu'on a un attachement anxieux. Comme on a beaucoup d'émotions douloureuses, on a beaucoup de pensées négatives. On a tendance à rester dans ces cogitations, en pensant que réfléchir à nos problèmes amoureux va nous aider à aller mieux, alors que c'est cela qui nous fait aller plus mal. Ces cogitations expliquent sans doute pourquoi on dort aussi moins bien quand on a un attachement anxieux[12].

Les hommes semblent aussi concernés que les femmes par la peur d'être abandonné et par l'attachement anxieux[13]. En revanche, chez les hommes, ce type d'attachement se manifeste davantage par des comportements antisociaux ou passifs agressifs[14]. Ils ont alors tendance à se montrer impulsifs, irritables, agressifs, ou instables, bouderus, protestataires, à éviter les obligations en prétendant les avoir oubliées et à se montrer excessivement critiques ou dédaigneux.

En général, les attachés anxieux sont en état d'alerte par rapport à l'émotion. Si on leur montre des visages dont l'expression émotionnelle varie (des visages d'abord neutres, puis affichant progressivement des émotions ou, inversement, des visages aux expressions émotionnelles très marquées, puis de moins en moins jusqu'à la neutralité), ils sont les plus rapides à déterminer le point de changement d'expression émotionnelle[15].

Mais, en même temps, s'ils sont dans une émotion négative, une détresse, les attachés anxieux sont plus lents à reconnaître la joie ou la colère sur les visages.

Je me méfie et m'enfuis dès que l'on s'attache à moi

Bertrand a un attachement insécure de type évitant. La dernière fois qu'il est tombé très amoureux, il était très anxieux de ne pas plaire. Après quelques mois, lorsque Sarah lui a révélé qu'elle était amoureuse de lui, qu'il lui manquait lorsqu'il n'était pas là et qu'elle éprouvait du désir pour lui, il a mis fin brutalement à la relation. Il lui a expliqué qu'il avait besoin d'indépendance, qu'elle était oppressante, insatisfaite et qu'il ne pourrait jamais la combler. Il a reproduit ce scénario plusieurs fois, reprochant systématiquement les mêmes choses à ses petites amies. Mais Bertrand a fini par se demander si ce n'était pas lui qui souffrait d'insatisfaction. Il est aujourd'hui avec une femme, qu'il connaît depuis longtemps, auprès de laquelle il se sent tranquille, pour laquelle il éprouve une affection tiède, qu'il a l'impression de satisfaire puisqu'elle ne demande rien. Mais il s'ennuie avec elle.

Il est persuadé que la passion amoureuse est une illusion, du strass, de la pacotille. Il est persuadé que, s'il était amoureux, l'autre se servirait de cela pour le contraindre, l'étouffer et l'empêcher de vivre sa vie et d'atteindre ses buts. Il a fait en quelque sorte le choix d'éviter les émotions et les sentiments amoureux.

On peut, comme Bertrand, avoir un attachement évitant. Cette modalité d'attachement insécure concerne plus d'hommes que de femmes[16].

Vu de l'extérieur, ce sont des personnes qui vont moins vers les autres, qui ont moins de comportements sociaux. Elles ne savent pas reconnaître les changements d'émotions sur les visages des autres[17].

Dans leurs contacts avec le sexe opposé, les évitants rapportent beaucoup moins d'émotions positives, d'intimité, de joie, d'interactions fructueuses, et beaucoup plus d'émotions négatives que les attachés sécures ou anxieux. Ils organisent d'ailleurs leurs activités sociales dans le but de minimiser les rapprochements avec l'autre sexe[18]. Ils sont très mal à l'aise dans les situations d'intimité psychologique, désirent maintenir une grande indépendance psychologique même dans des relations intimes comme le mariage.

Quand ils souffrent, ils choisissent des stratégies centrées sur la distance, le contrôle émotionnel et se refusent à demander du soutien[19]. Ils désactivent leurs systèmes d'attachement et veulent s'en sortir tout seuls, surtout quand leur détresse est causée par une figure d'attachement (un chagrin d'amour, par exemple). Ils minimisent la peine qu'ils ressentent et essaient de chasser toutes les pensées qui ont trait à leur problème. Ils adoptent une façade de sécurité, bloquent l'accès à leurs émotions, laissent les choses non résolues. Ils répriment leur insécurité en agissant comme s'ils se suffisaient à eux-mêmes. L'avantage d'être évitant, c'est qu'on souffre moins quand il y a rupture[20].

Elle est peut-être là la solution pour ne pas souffrir ? Oui et non. Bien qu'ils tentent de s'y soustraire, les évitants ont quand même une plus grande fréquence d'émotions négatives[21].

Les expériences conscientes sont supprimées, mais la détresse se manifeste indirectement sous la forme de problèmes somatiques (tant mieux, j'espère qu'il a supermal à l'estomac depuis qu'il m'a laissée tomber comme une vieille chaussette), de problèmes de santé[22]. Les évitants se plaignent davantage de symptômes divers et pourraient avoir une moins bonne immunité[23].

Nous vivons avec des buts[24], par exemple, celui d'aimer et d'être aimé. Si, au départ de notre vie, ce but a été mis à mal par des expériences difficiles, si on a souvent été rejeté par ses parents, si on a été mis à distance ou étouffé, on va, de façon très adaptative, ne plus poursuivre ce but. L'amour va devenir quelque chose d'accessoire.

Or les projets que nous nous fixons permettent de collecter les souvenirs et de mémoriser les expériences qui s'y rapportent. Quand elles se rapportent à eux, nos expériences sont davantage chargées d'émotions. Si j'ai chassé l'amour de mes objectifs, je ne vais pas mémoriser ce qui se rapporte à mes expériences amoureuses. Ainsi les attachés évitants se souviennent difficilement des faits et événements en lien avec l'amour et l'attachement, que ces événements soient positifs ou négatifs, alors qu'ils n'ont aucun mal à mémoriser des événements même anciens dans d'autres domaines[25]. Patrick est, par exemple, incapable de se rappeler ce que lui a dit Élisabeth lorsqu'ils se sont rencontrés la semaine dernière, alors qu'il se souvient de la date de son déplacement professionnel à Paris. Tout se passe comme si les attachés évitants se protégeaient d'informations potentiellement « dangereuses ».

Être un ado évitant prédit généralement un avenir de relations amoureuses insatisfaisantes[26]. Les études soulignent que les évitants se retrouvent avec des partenaires « moins sains », plus « névrosés », qu'ils sous-estiment généralement. Ils ne veulent surtout pas de passion[27] et ressentent, en couple, moins de cohésion familiale que les autres[28]. En revanche, ils sont plus persistants dans leurs liaisons.

L'amour n'est pas un problème
pour moi

Frédérique et Pascal se sont rencontrés à 40 ans, après avoir eu chacun une première vie amoureuse. Ils sont très amoureux l'un de l'autre, acceptent que leurs centres d'intérêts divergent. Ils passent des moments l'un sans l'autre. Ils peuvent se faire confiance. Quand ils se révèlent l'un à l'autre, ils n'utilisent jamais cela après coup pour se faire du mal. Ils sont vigilants, mais pas jaloux, ils se consacrent chaque jour à leur amour, en l'alimentant par des intérêts extérieurs, ce qui le renouvelle chaque fois. Ils se réveillent en s'émerveillant d'être dans les bras l'un de l'autre, comme s'il s'agissait, chaque matin, d'une surprise.

La certitude d'être aimables et leur croyance en l'amour a préexisté à leur rencontre et fait probablement que leur relation est solide.

Ils ont un attachement sécure.

C'est non seulement l'assurance de pouvoir compter l'un sur l'autre, mais aussi la conviction d'être aimable, d'être accepté qui procure sécurité et confiance. On est dans un cercle vertueux. C'est une relation de confiance, d'intimité et d'interdépendance avec l'autre. On reçoit et on apporte de l'aide en cas de besoin.

Quand on a un attachement sécure, on a généralement eu des relations chaleureuses avec ses parents dans l'enfance, on est curieux, ouvert au monde, moins prompt aux jugements définitifs sur autrui[29]. On a une meilleure santé et davantage de ressources intérieures pour faire face émotionnellement à une maladie grave[30].

Dans le couple, le degré d'intimité est important, il y a une correspondance entre le réel et l'idéal et une sorte d'équivalence entre l'amour qu'on se porte et celui qu'on porte à son partenaire. On s'aime soi autant qu'on l'aime[31].

Les attachés sécures ont généralement la capacité de s'accommoder, c'est-à-dire qu'ils répondent de manière plus constructive aux comportements négatifs de leur partenaire.

Des questions vous brûlent les lèvres, pas vrai ? Suis-je insécure ? Est-ce que ma façon de m'attacher est immuable ? Mon style d'attachement a-t-il influencé le choix de mon ou de mes partenaires ? Quand on a un attachement insécure, vaut-il mieux se trouver un insécure ou un sécure ? Quelles associations donneront le plus de satisfaction amoureuse ?

Excellentes questions ! Et je vais m'empresser d'y répondre.

Quel est votre profil ?

Dans quelle description vous reconnaissez-vous ?

A – Il est facile pour moi de me rapprocher des autres sur le plan émotionnel. L'idée de dépendre des autres ou que d'autres dépendent de moi ne me gêne pas. Je ne crains pas d'être seul ou de ne pas être accepté par mes proches.

B – Je suis un peu mal à l'aise dans la proximité avec les autres. Il m'est difficile de faire confiance et de dépendre de personnes. Je suis nerveux(se) lorsque quelqu'un se rapproche de moi et mes partenaires amoureux voudraient que je sois plus intime avec eux.

C – Je veux une grande intimité avec mes proches sur le plan émotionnel, mais je trouve que les autres sont réticents à se rapprocher autant que je le voudrais. Je m'inquiète souvent que mon partenaire ne m'aime pas ou veuille me quitter. Je veux fusionner complètement avec une autre personne et ce désir fait parfois fuir les gens.

Si vous voulez aller plus loin, vous pouvez évaluer de manière plus poussée votre profil à l'aide des questions suivantes. Ces questions sont inspirées de l'*Adult Attachment Interview* de Mary Main, le test qui fait référence pour évaluer les modes d'attachement à l'âge adulte. Munissez-vous d'un cahier ou d'un bloc. Ce test demande de se raconter par écrit. Il est extrêmement intéressant pour mieux se connaître. Relisez-vous quelques jours après avoir pris vos notes, avec curiosité, comme s'il s'agissait du récit d'une personne que vous ne connaissez pas. Vous risquez d'être surpris par ce qui émane de vous.

Ce test consiste à décrire les relations que vous avez eues avec chacun de vos parents et comment ces relations ont évolué jusqu'à aujourd'hui.

Relatez d'abord vos relations avec chacun de vos parents en remontant aux souvenirs les plus anciens.

Essayez d'illustrer ces relations à partir d'événements particuliers.

Décrivez l'évolution de ces relations depuis la petite enfance jusqu'à aujourd'hui.

Souvenez-vous des événements difficiles sur le plan émotionnel (maladies, accidents, séparation, échecs…).

Examinez la répercussion de ces relations et de ces expériences sur votre perception actuelle de vous-même.

Faites une pause, changez-vous les idées, distrayez-vous, attendez quelques jours de manière à pouvoir relire ce que vous avez écrit d'un œil neuf.

Puis relisez ce que vous avez écrit en faisant attention :
• Au contenu :
  – émotions dans ce que vous avez écrit (plaisir, tristesse, colère…) ;
  – caractère positif et négatif des expériences ; comment les souvenirs négatifs sont fondus dans votre histoire ? Sont-ils digérés, intégrés, ou sont-ils comme des cassures dans votre vie ?
  – niveau de confiance envers vous et envers les autres.

• À analyser la qualité :
  – cohérence/contradictions ;
  – quantité et pertinence des propos (ni trop, ni trop peu) ;
  – l'harmonie des propos/les déviations ;
  – la clarté/les ambiguïtés.

• À votre capacité à vous souvenir (présence de blocages ?) :
  – oublis ;
  – distorsions ;
  – négations.

Vos résultats

• Vous avez un mode d'attachement plutôt **sécure**, ou autonome, si :
  – vous avez un accès relativement facile aux souvenirs et aux émotions de votre enfance ;
  – si vous vous souvenez avec aisance des premières relations, qu'elles soient positives ou négatives ;
  – si vous accordez, dans votre vie, de l'importance à l'affectif et aux relations interpersonnelles et si vos propos sont cohérents et clairs ;
  – si vous avez bien digéré et intégré le passé, c'est-à-dire si vous avez tiré des leçons des moments difficiles et vous vous en relevez sans trop de séquelles sur votre manière d'appréhender le monde ;
  – si vous exprimez de la confiance en vous et dans les autres.

• Si vous ne vous reconnaissez pas dans les caractéristiques ci-dessus, vous avez plutôt un style d'attachement insécure. Pour déterminer votre type, soyez attentif aux descriptions suivantes :
  • Vous avez plutôt un mode d'attachement **évitant** ou **détaché** si les tendances dominantes sont les suivantes :
    – indépendance affective et désengagement émotionnel ;
    – indifférence à l'égard des expériences émotionnelles passées et présentes ;

– négation des besoins affectifs passés et actuels ;
– minimisation de l'importance des relations avec les parents ;
– confiance en soi mais méfiance à l'égard d'autrui.

• Votre style est plutôt l'attachement **anxieux** ou **préoccupé** si vous êtes :
– tourmenté par les expériences passées ;
– en dépendance affective qui s'exprime par des revendications affectives, des reproches ou la présence d'une colère contenue ;
– incohérent, ambigu dans vos propos, confus dans vos pensées ou vos émotions ;
– peu à l'écoute des questions, centré sur vous ;
– sans distance émotionnelle à l'égard de votre passé ;
– sans confiance en vous.

• Il existe un autre style d'attachement appelé attachement **désorganisé**, concernant fréquemment des personnes ayant subi des abus ou des négligences parentales au cours de l'enfance avec :
– présence de traumatismes non résolus ;
– incapacité manifeste d'élaboration sur le passé ;
– absence d'une distance émotionnelle à l'égard des événements traumatisants ;
– et perturbation de la pensée et de la logique : confusion, contradictions, bizarreries dans le style du discours.

Le profil amoureux est-il définitif ?

Dans l'enfance, ces modalités d'attachement sont relativement stables mais est-on condamné, parce que l'on n'a pas été sécurisé affectivement dans l'enfance, à vivre indéfiniment l'amour dans l'angoisse ou la méfiance ?

Il y a deux écoles. Certains chercheurs affirment que le style d'attachement, une fois intégré dans la personnalité, est immuable[32]. Selon cette hypothèse, notre style d'attachement est présent avant la relation amoureuse et c'est lui qui biaise la perception[33] et les présupposés plus ou moins conscients que nous en avons. Ainsi, s'il est insécure, notre style d'attachement constituera davantage la cause que la conséquence de nos déboires amoureux[34].

D'autres spécialistes, dont je me sens personnellement plus proche, défendent une thèse différente : le style d'attachement peut fluctuer[35] et différer subtilement ou radicalement en fonction du contexte et des relations[36].

Globalement, deux tiers des individus auraient un attachement stable dans le temps : 83 % des sécures resteraient sécures, 61 % des évitants resteraient évitants et 50 % des attachés anxieux resteraient des attachés anxieux, sans variation dans leur vie et ce quel que soit le moment choisi. On peut passer d'un attachement sécure à insécure à la suite d'une séparation et, inversement, d'un attachement insécure à sécure lorsqu'on vit une relation stable[37].

Le style d'attachement change chez 30 à 40 % des gens et il peut se sécuriser avec le temps comme on le constate lorsqu'on étudie l'évolution dans la durée du profil de jeunes mariés.

Les personnes dont le style d'attachement fluctue le plus sont notamment des femmes ayant subi des perturbations personnelles et familiales. Leur conception d'elles-mêmes et des autres est plus floue. Elles ont moins de certitudes. Elles ne possèdent pas de vision claire de leur estime personnelle, de leur capacité à faire confiance et à dépendre des autres ou de leur aptitude à vivre en intimité avec quelqu'un. Bon, au moins, qui dit perturbations dit évolution !

Pour tester votre propre évolution ou stabilité dans les deux principales dimensions d'attachement, essayez de lister toutes vos relations amoureuses, puis de donner une note de 0 à 100 à chacune des deux dimensions suivantes[38] :

À quel point avez-vous évité l'intimité avec X, avec Y, avec Z... :

0 10 20 30 40 50 60 70 80 90 100

À quel degré avez-vous eu peur d'être abandonné(e) avec X, avec Y, avec Z... :

0 10 20 30 40 50 60 70 80 90 100

Observez ensuite dans quelle mesure ces proportions sont stables ou au contraire très différentes d'une relation à une autre (comme c'est le cas pour environ un tiers d'entre nous).

Le plus important à retenir est qu'un style d'attachement reste d'autant plus immuable qu'on le méconnaît et qu'on s'en défend. Il peut changer, nous pouvons agir sur lui, si nous intégrons réellement les nouvelles expériences et si nous nous focalisons davantage sur les moments de bien-être.

Par ailleurs, l'âge fait aussi évoluer les choses. Il fait qu'on adopte un style d'attachement plus sécure, moins préoccupé[39].

Avec quel profil êtes-vous compatible ?

Contrairement à ce que l'on pourrait croire, tout le monde ne souhaite pas nécessairement faire sa vie avec un attaché sécure. Nous sommes en fait intéressés par des partenaires ayant un style similaire au nôtre[40]. Par exemple, les attachés anxieux ont tendance à sortir avec des attachés anxieux qu'ils préfèrent aux attachés sécures ou évitants.

Dans tous les cas, quand on est avec quelqu'un qui a le même style d'attachement que soi, le mariage dure plus longtemps et on en est davantage satisfait que lorsque les styles sont dissemblables[41].

En toute logique, les attachés anxieux ne sauraient susciter qu'aversion chez les évitants. Pourtant, il arrive couramment qu'anxieux et évitants s'« associent », confortant ainsi inconsciemment et malheureusement leurs prédictions négatives[42]. Les évitants s'attendent à la forte dépendance de leur partenaire anxieux et ils sont servis au-delà de leurs espérances ; les anxieux s'attendent à la distance que l'évitant met avec eux et ne peuvent assouvir leur désir de réassurance. Choisir un partenaire à l'exact opposé de nos attentes et besoins peut sembler irrationnel, mais beaucoup de personnes ressentent le fait de tomber amoureux comme un processus automatique et en grande partie incontrôlable pouvant parfois aller contre leur souhait et leur jugement. Ceux qui résistent pour des arguments rationnels à leur inclination envers une personne doivent parfois, des années durant, mener un combat émotionnel contre eux-mêmes. À l'inverse, on peut ne pas parvenir à tomber amoureux de celui ou celle qui a pourtant toutes les qualités rationnelles requises[43].

Maintenant, les horoscopes signe par signe :

• Vous avez un mode d'attachement sécure et vous êtes en couple avec un attaché sécure : vous avez toutes les chances pour que votre union dure[44].

• L'un des partenaires est sécure et l'autre évitant ou anxieux : si la communication est bonne, si celui qui est sécure apporte des réponses adaptées aux comportements parfois négatifs du partenaire insécure, cela peut durer. L'attachement du partenaire insécure peut même se transformer en un attachement sécure[45].

• L'homme est évitant et la femme anxieuse : cela peut être stable.

• La femme a un attachement évitant et l'homme un attachement anxieux : cette configuration a le plus haut taux de rupture[46].

• Si vous avez tous les deux le même style : vous êtes deux sécures ou deux évitants ou deux attachés anxieux, vous serez satisfaits dans votre union[47] !

Pourquoi mon profil est-il si important ?

	Sécure	Évitant	Anxieux
Tendances relationnelles	— À l'aise dans l'intimité — Pas de peur des autres	— Mal dans l'intimité	— Désir fort de proximité — Crainte majeure de l'abandon
Caractéristiques des parents	— Relation chaleureuse	— Mère froide et rejetante	— Père absent et injuste
Relations amoureuses	— Expériences heureuses — Engagement — Stabilité	— Crainte de l'intimité — Faible acceptation du partenaire	— Relations amoureuses instables avec préoccupations — Inquiétudes

Récapitulatif des caractéristiques d'attachement amoureux à l'âge adulte[48].

➤ *Il influence tous les secteurs de ma vie*

Nos modalités d'attachement seraient déterminantes dans nos vies : dans nos croyances religieuses[49], dans notre attitude face à la santé physique[50], dans certains troubles de santé mentale[51], mais aussi dans notre attitude professionnelle. Les attachés sécures ne se soucient pas outre mesure de leurs difficultés au travail et ne se sentent pas particulièrement sous-appréciés. Ils ne laissent pas leur travail leur user la santé ou déborder sur leur vie privée, ils savent prendre du bon temps et se distraire. À l'inverse, les attachés anxieux se soucient beaucoup de leurs performances professionnelles, ils préfèrent travailler avec d'autres, mais se sentent généralement insuffisamment appréciés et craignent d'être licenciés pour des performances insuffisantes.

Ils sont aisément distraits, ils ont des difficultés à finaliser leurs projets. Les évitants préfèrent, eux, travailler seuls, ils utilisent le travail pour éviter la vie sociale et amicale et ils n'aiment pas particulièrement prendre des vacances[52].

➤ *Il peut m'induire en erreur*

L'aventure amoureuse, c'est le partage entre l'envie d'être proche de quelqu'un qui nous plaît et la peur du rejet qui nous incite à minimiser notre sentiment. Chez les insécures évitants, la peur du rejet et la minimisation des sentiments prennent le dessus alors que chez les insécures anxieux, l'envie d'être proche prime, en dépit, parfois, de la réalité du rejet.

➤ *Il influence mes attitudes de dépendance-indépendance*

La trop grande dépendance des attachés anxieux ou le trop grand détachement des attachés évitants génèrent des difficultés psychologiques et ont même un retentissement sur la santé. Ce sont donc le trop ou le pas assez qui sont nuisibles.

La dépendance « saine » est flexible, elle se traduit par une recherche adaptée d'aide et de soutien d'autrui dans les situations qui le demandent[53].

Ce qui nous fait sauter le pas, oser nous connecter et perdre un peu de notre indépendance, c'est la perception d'un regard positif et d'une attention particulière de l'autre à notre égard[54].

➤ *Il oriente ma façon de me calmer*

Le système d'attachement a un rôle important de régulation de l'humeur. Lorsque j'ai peur de quelque chose, mon système d'attachement s'active, et je vais me souvenir de la manière dont mes parents étaient disponibles ou non, dont ils me rassuraient ou non, quand j'étais enfant.

Si j'ai en mémoire des souvenirs d'apaisement et de disponibilité de leur part, je vais avoir tendance à rechercher cette proximité auprès de personnes auxquelles je suis attaché aujourd'hui, et ce d'autant plus que mes croyances sont optimistes sur la disponibilité de ces proches. Je vais téléphoner à mes amis ou à mon amour et cela va me permettre de me calmer. Cette attitude renforce les liens entre nous. Ainsi, je me sens bien, je m'estime, je perçois positivement les autres qui sont présents quand j'ai besoin de leur aide et je fais face au mieux aux difficultés de l'existence.

Si je suis un profil insécure, j'ai beaucoup plus de difficultés à me relier avec des souvenirs positifs ou avec des personnes réelles apaisantes[55]. Les autres ne me sont d'aucun secours, ils peuvent même aggraver mes émotions. Ainsi, dans une situation stressante, les personnes anxieuses ou évitantes sont encore plus stressées quand leur partenaire est présent que quand il n'est pas là[56] !

➤ *Il oriente ma façon d'aimer*

On retrouve des correspondances entre les styles d'attachement (les trois styles expliquant comment l'enfance influence le présent) et les styles amoureux (les six styles « Ikea » décrivant de quelle manière nous aimons, aujourd'hui, la personne avec laquelle nous sommes). Les attachés sécures sont associés aux styles Éros et Agapè et les évitants seraient plutôt des amoureux de type Ludus. Nos styles d'attachement orientent notre façon d'aimer et même de faire l'amour...

CHAPITRE 3

Aimer et faire l'amour

Si nous ne sommes pas tous les mêmes face à l'amour, sommes-nous tous les mêmes face au sexe ? La sexualité est-elle importante en soi ? Y accordons-nous tous la même importance ? Y a-t-il des normes dans ce domaine ?

Et puis, de quelle façon le sexe impacte-t-il la vie amoureuse ? Quels sont les liens entre eux ? Sont-ils dissociables ? À l'inverse, comment notre état émotionnel, nos pensées, nos sentiments retentissent sur notre vie sexuelle ?

Pourquoi le sexe est-il important ?

Le sexe sert à se reproduire, certes, mais il a aussi l'accessoire fonction de procurer du plaisir, de soulager une tension (tension sexuelle qui, selon un célèbre Viennois du début du siècle dernier, serait le fondement de notre être et de nos agissements).

On peut faire l'amour pour des raisons assez variées, par exemple hédonistes – « il n'y a pas de mal à se faire du bien » –, mais aussi spirituelles – « fais-moi l'amour, chéri, je veux me rapprocher de Dieu » – (l'étude consultée est américaine, je doute que ces motivations soient très frenchy), pour des raisons altruistes – « j'avais envie que l'autre se sente mieux » –, ou au contraire vengeresses !

Quatre groupes principaux de motivations ont été isolés[1] :
• Les motivations physiques dans le but de réduire son stress, de ressentir du plaisir, en vertu du désir physique et de la recherche d'expériences.
• Les motivations affectives où le sexe est une façon de s'exprimer et de montrer son amour, son engagement.
• Mais le sexe peut aussi servir à atteindre ses buts de ressources, de statut social, il est alors utilisé comme une revanche, ou comme un outil.
• Enfin, le sexe peut servir à des fins émotionnelles pour tenter de réduire son sentiment d'insécurité, essayer d'augmenter sa confiance en soi, contrôler son partenaire, en le pratiquant par devoir ou sous pression.

Une enquête dans laquelle 1 002 hommes et femmes de 35 ans ont été interrogés au téléphone, a montré que les motivations relèvent plus du plaisir (44 %) et de l'amour (42 %) que d'un désir de procréation, d'enfants ou de maternité (7,8 %). Au passage, quelques chiffres (qui valent ce qu'ils valent) : 80 % des Français interrogés disent avoir un partenaire sexuel. En moyenne, les Français auraient, d'après les interviewés, 1,8 rapport sexuel (2 pour les hommes, 1,6 pour les femmes !) par semaine. Soixante pour cent des hommes interrogés rapportent avoir souvent pensé au sexe (moyenne 47 %)[2].

Quel lien existe-t-il
entre le sexe et les sentiments ?

Compte tenu des motivations aussi bien dépuratives qu'affectives du sexe, on peut légitimement se demander comment interfèrent sexualité et sentiments.

➤ *Il veut coucher avec moi, mais m'aime-t-il vraiment ?*

Sexe et émotions établissent des connexions étroites et pourtant, on peut avoir une activité sexuelle sans sentiment. Comment savoir si cet homme qui manifeste de l'intérêt à mon endroit n'en veut pas juste à mon envers ?

Le désir peut se définir comme un état motivationnel qui pousse un individu à rechercher des opportunités pour une activité sexuelle et l'amour comme un état motivationnel associé à des sentiments d'attachement et une inclination à s'engager avec quelqu'un.

On peut considérer l'amour romantique comme de l'attachement filial auquel on ajoute la sexualité en notant aussi qu'à la différence de l'amour filial, l'attachement et les soins existent dans les deux sens entre les partenaires. Le désir sexuel est alors l'un des trois systèmes comportementaux (les deux autres étant l'attachement et les soins, l'attention à l'autre) contribuant à l'épanouissement de l'amour romantique entre deux adultes, le rendant ainsi différent de l'amour filial.

Le problème du désir, c'est que très fort en début de relation, il a tendance à s'amenuiser avec le temps, la recherche de contact et de rapprochement physiques s'atténuant avec la durée de la relation. La cinétique de l'amour est différente ; généralement le démarrage est plus tranquille. S'il augmente avec le temps, cela prédit plutôt une relation durable[3]. Si l'on reste « biologique », le sexe et l'amour sont indépendants, l'un faisant essentiellement appel à la sécrétion d'œstrogènes et d'androgènes, l'autre faisant sécréter de l'ocytocine. Le sexe a pour but d'assurer la reproduction de l'espèce, l'amour celui de maintenir un lien durable entre deux individus[4]. Ce ne sont pas les mêmes régions du cerveau qui s'activent[5]. Cette indépendance du désir et de l'amour expliquerait qu'un hétérosexuel puisse tomber amoureux de quelqu'un du même sexe, par lequel il n'est pas attiré sexuellement et à l'inverse, qu'un homosexuel puisse tomber amoureux d'une personne du sexe opposé.

Alors, pourquoi la plupart d'entre nous les jugent indissociables et considèrent l'attraction sexuelle, le désir comme indispensable à l'amour[6] ? Les personnes, hommes ou femmes, qui se déclarent amoureuses ont effectivement de très hauts scores de désir sexuel[7]. En fait, le lien entre l'amour et le désir est bidirectionnel, c'est-à-dire que le désir sexuel peut faciliter le lien affectif et le lien affectif peut aussi faciliter le désir sexuel. Ce qui suscite le désir est de l'ordre du physique dans les deux sexes, alors que ce qui suscite l'amour, au-delà de l'aspect physique, sont des qualités comme la gentillesse, la chaleur, le sens de l'humour, la sociabilité, la confiance ou une personnalité stable.

Oui mais, comment savoir si cet homme qui veut coucher avec moi m'aime ?

Dans une étude qui en recense beaucoup d'autres, il est décrit que les signaux d'affiliation sans désir seraient les hochements de tête affirmatifs, le sourire de Duchenne, les gestes positifs des mains, les gesticulations et le fait de se pencher vers sa partenaire alors que les signaux de désir sexuel pur seraient de plisser, se lécher, toucher les lèvres, avoir les yeux mi-clos et tirer la langue. C'est lunaire, non ? Une autre distinction entre désir et amour concerne les ressentis ; les « amoureux » ressentent davantage de bonheur alors que les « désirants » ressentent plus de sensations physiques agréables et excitantes[8]. Cette distinction est capitale surtout pour y voir un peu plus clair en soi.

En dehors de la nature des signaux, l'autre facteur permettant de distinguer désir et amour, c'est le temps. L'état amoureux, c'est du désir. Cela ne signifie pas que cela ne pourra pas se transformer en amour. Amour et désir ne sont pas opposés. Mais pour aimer ce que l'autre est réellement, il faut le connaître un peu, l'avoir vu réagir, avoir pu l'admirer dans quelques situations, pouvoir se mettre à sa place, faire la part de nos illusions préalables (ce qu'on voulait qu'il soit) de la réalité. Donc l'amour pourrait être considéré comme un sentiment plus durable que le désir perçu, lui, comme une expérience émotionnelle plus brève.

➤ Et si on fait l'amour, on s'aimera plus ou moins ?

Cela dépendra du profil d'attachement de chacun. Il influence la façon dont on vit affectivement le sexe.

Ainsi les évitants (ceux qui se méfient de l'amour) ont davantage de sentiments négatifs et de pensées aversives en ce qui concerne leurs expériences sexuelles. Chez eux, l'effet positif du sexe sur la relation est atténué, c'est-à-dire qu'ils n'aimeront pas tellement plus après l'amour. En contrepartie, une expérience sexuelle négative aura aussi moins d'impact destructeur sur la relation.

Les attachés anxieux (ceux qui ont peur qu'on les abandonne), eux, vivront les expériences sexuelles négatives très négativement et les positives plus positivement que les autres[9]. Ils vivront donc très douloureusement les expériences sexuelles sans amour, mais une expérience sexuelle réussie stimulera grandement leurs sentiments amoureux. Et inversement ! Un grand sentiment amoureux aura un effet positif sur l'expérience sexuelle.

➤ Mon incapacité à nommer mes émotions influence-t-elle ma vie sexuelle ?

Une femme qui ne sait pas décoder ses émotions (alexithymie) n'a pas beaucoup de désir pour des rapports sexuels avec quelqu'un. En revanche, elle sait satisfaire seule sa tension sexuelle. Chez l'homme, la capacité à décoder ses émotions ou ses sentiments n'a pas d'influence sur sa sexualité. Même alexithymique, il pourra avoir envie de rapports sexuels. Chez les femmes, il semble bien y avoir un rapport entre alexithymie et basse fréquence de rapports sexuels.

Homme ou femme, nous avons néanmoins tous intérêt à apprendre à décoder nos émotions, car plus nous saurons identifier ce que nous ressentons, plus grand sera le nombre de rapports sexuels « traditionnels » et meilleurs seront nos indices de santé physique et psychologique[10].

Et vive les émotions !

➤ Faire l'amour, c'est « bon pour le moral »

Cliché, mais vrai.

L'humeur joue un grand rôle sur le désir ; la présence de tristesse ou de désillusion l'inhibe alors que le plaisir et la satisfaction sont aphrodisiaques[11].

Chez les femmes, recevoir de l'affection physique et avoir des rapports sexuels apaise significativement les humeurs chagrines, diminue le stress et met dans une humeur plus positive les jours suivants (non valable pour les plaisirs solitaires, même s'il y a orgasme, désolée).

Mais sachez que si vous êtes d'humeur positive, vous vivrez davantage d'affection physique et d'activité sexuelle avec votre partenaire dans les jours qui suivent. C'est pas mieux que l'horoscope, ça ?

Si vous êtes d'humeur négative, et ce quel que soit votre décan, ce sera *no sex et no affection* les jours qui suivent. La conclusion de cette étude scientifique, portant uniquement sur une population féminine (avec une moyenne d'âge de 45 ans) est que le sexe réduit le stress, améliore l'humeur et augmente l'appétence pour l'activité elle-même dans les jours qui suivent[12]. À bon entendeur !

Je viens de faire l'apologie du sexe. Oups, quelle dépravation ! Alors pour favoriser plutôt l'abstinence…

➤ *Mieux que la migraine :*
les meilleurs moyens de ruiner sa libido

Pensez à vos soucis au travail et vous êtes déjà sur la bonne piste. Vous manquez d'idées pour d'autres pensées tue-l'amour ?

Messieurs, pensez par exemple à vos performances. Répétez-vous souvent pendant l'acte ou même un peu avant, qu'un vrai homme doit avoir des rapports sexuels très très fréquents. Concentrez-vous sur l'idée que c'est uniquement la qualité de votre érection qui satisfera les femmes. Effet garanti.

Ou bien concentrez-vous sur le chrono, en vous demandant si vous n'êtes pas trop rapide à la détente, cette attention à votre montre sera également du plus bel effet sur la libido de votre partenaire. Et voici du blé à moudre : évalué comme un critère de performance chez les hommes, le temps moyen séparant la pénétration de l'éjaculation est jugé, par des « experts du sexe », comme trop court s'il dure de 1 à 2 minutes, adéquat s'il dure de 3 à 7, « désirable » s'il dure de 7 à 13 minutes et trop long s'il dure de 10 à 30 minutes. La normalité de la durée d'un rapport se situerait donc entre 3 à 13 minutes[13].

Quant à nous, mesdames, soyons attentives à l'image de notre corps. Répétons-nous qu'il n'y a aucune raison pour qu'une femme pas spécifiquement attractive (soyons claires, nous ne sommes pas Cameron Diaz !), il n'y a aucune raison, disais-je, pour qu'une femme imparfaite physiquement puisse être satisfaite sexuellement. Nous avons aussi le loisir de penser à notre âge. Comme un mantra, répétons-nous qu'avec l'âge, le plaisir sexuel décroît et qu'à la ménopause, ce n'est même plus la peine d'envisager d'avoir du désir sexuel[14].

D'autres petits « trucs » ? Pensez aux conséquences que cette partie de jambe en l'air pourrait avoir, comme tomber enceinte, être obligée de s'engager. Songez bien aussi à votre moralité ou à l'avenir de la relation…

Finalement, en suivant ces « bons conseils », les résultats ne devraient pas se faire attendre : « des deux côtés du genre », on n'aspirera à une activité sexuelle qu'à dose homéopathique[15].

En résumé, les pensées ont un impact certain sur la vie sexuelle. Si l'on pense à la qualité de son érection avec une anxiété de performance lorsqu'on est un homme ou à l'imparfaite apparence de son corps quand on est une femme, on peut aller au lit tranquille.

Mais à l'opposé de ces précieux outils d'épanouissement sexuel, une autre question peut être préoccupante…

Faut-il coucher le premier soir ?

Si de rares hommes lisent ce livre sur une problématique jugée finalement assez féminine, je suis sûre que l'intitulé de ce chapitre retiendra encore moins leur attention. La question de coucher ou non le premier soir ne se pose que pour les femmes !

On sort d'une tradition médicale terrible envers les femmes. N'est pas si loin le temps où elles étaient soignées, voire opérées (ablation du clitoris), pour masturbation et nymphomanie, « troubles » jugés à l'origine d'une « mélancolie masturbatoire », de paralysie, de cécité voire de la mort[16] ! On revient de loin. Cet héritage grève-t-il le vécu des premiers rapports sexuels ? Expliquant ainsi en partie la disparité homme/femme : les hommes sont satisfaits physiologiquement à 80 % et psychologiquement à 67 % de leurs premiers rapports sexuels ; à l'inverse, les femmes ne le sont qu'à 28 % dans leur corps et dans leur tête[17].

La sexualité féminine est très subtile et dépend beaucoup de l'état émotionnel du moment. Elle est aussi, même si l'on s'en défend, un engagement affectif. À peu près deux tiers des femmes ne peuvent concevoir d'avoir des rapports avec un homme sans amour alors que cela n'embarrasse qu'un tiers des hommes ! L'intimité sexuelle est un moyen pour les femmes d'exprimer leurs sentiments amoureux.

Lorsqu'on ressent un désir fort, on est viscéralement poussée à faire l'amour. Et là, ce premier soir, il faudrait pouvoir mobiliser son cortex, son esprit, ses expériences antérieures, son contrôle pour évaluer les bénéfices attendus à court et à long terme, mais aussi les inconvénients qu'il peut y avoir à faire l'amour tout de suite. Il faudrait alors avoir en tête que la qualité du rapport sexuel que l'on aura le premier soir sera influencée par les sentiments que l'on éprouve pour son propre corps (affection ou dégoût), par une éventuelle inquiétude pour sa réputation, par des préoccupations de contraception ou de protection contre les maladies. Bien sûr, cela dépendra aussi de l'attitude du partenaire, selon qu'il donnera le sentiment d'être désirée ou au contraire d'être utilisée[18].

Tous ces facteurs me font dire : « Prudence ! » Prudence car avoir un rapport précoce avec un homme quand on n'a pas confiance en soi, qu'on ne se trouve pas belle, qu'on a besoin d'être aimée et rassurée et qu'on tombe (peut-être) sur un type qui pratique son « sport du week-end », c'est prendre le risque de se traumatiser émotionnellement et de perturber la suite de sa sexualité.

Il faut donc faire avec soi. Si on se sent suffisamment « forte » et si on se sait capable par expérience de dissocier sexe et amour, on fonce. En revanche, si on se sent dans la potentialité d'une relation durable, on voit si on connaît depuis assez longtemps notre partenaire et à quel degré on peut lui faire confiance. Si on le connaît peu, mais qu'il nous fait vraiment battre le cœur, on serre les dents et on se répète que c'est le DÉSIR sexuel qui est très fortement associé à la passion et non sa satisfaction par l'activité sexuelle. Plus grand sera son désir, moins l'autre pensera à mettre un terme à la relation, moins il sera tenté de regarder ailleurs[19] et plus il sera fou de nous.

Quelle importance donner aux difficultés sexuelles du couple ?

Les problèmes sexuels des hommes et des femmes sont rarement uniquement des problèmes mécaniques. On l'a vu, ils sont intimement liés à la présence de sentiments et d'émotions négatifs, notamment à la tristesse, aux désillusions et à la peur chez les hommes, et aux sentiments de culpabilité et de honte chez les femmes[20]. C'est dire à quel point relation et sexualité sont interdépendants. Mais dans quelle mesure ? Certaines personnes réclament plus de communication alors que d'autres réclament plus de sexe. Les deux sont importants, mais à défaut de les avoir ensemble, une sexualité réussie peut partiellement compenser les effets négatifs d'une communication pauvre dans un mariage, et inversement[21].

➤ *I can't get no satisfaction*

Contrairement à ce que l'on pourrait penser, la satisfaction sexuelle n'est pas forcément liée à l'orgasme. L'impact des facteurs psychologiques chez la femme est connu pour avoir une incidence sur la sexualité. Ainsi, plus une femme est amoureuse et se sent proche de son partenaire, plus elle a tendance à se sentir satisfaite sexuellement. En revanche, il n'existe pas de corrélation entre l'intensité amoureuse et la fréquence des orgasmes. Le fait d'être amoureuse et le fait d'éprouver un orgasme ne sollicitent pas la même partie du cerveau, même si ces deux états partagent des mécanismes émotionnels communs. Lorsqu'une femme éprouve un orgasme, la partie du cerveau qui s'active est la même que celle qui est impliquée dans les processus somatiques, ce qui souligne l'importance de ressentir le corps pour intégrer les expériences sexuelles. Pour information, la partie du cerveau active quand on est intensément amoureux, le gyrus angulaire, est une structure impliquée dans la génération de concepts abstraits[22].

En résumé, on peut être très amoureuse, satisfaite de sa sexualité et peu jouir.

Mais pas d'amalgame : on peut se passer d'orgasme, pas de satisfaction sexuelle. Les femmes souffrant de manque de désir, d'anorgasmie et de manque de plaisir ont un niveau de qualité de vie et de satisfaction inférieur aux femmes sans problématique sexuelle. Chez les hommes, la présence ou non de troubles sexuels ne crée pas une grande différence sur leur qualité de vie et leur satisfaction. Cela ne veut pas dire que ça n'a aucun impact. Ça en a un puisque les problèmes sexuels des hommes (éjaculation précoce, problèmes d'érection, manque de désir) vont de pair avec une faible intimité affective dans la relation comparativement à des hommes sans problème sexuel[23].

➤ *J'éprouve peu de désir : indice relationnel ou conjoncture ?*

La diminution du désir concerne un quart des hommes, un peu plus que l'éjaculation précoce (23,7 %) et que les problèmes d'érection (14,4 %).

Chez les femmes, la diminution du désir est un problème dont se plaignent 45 % des femmes interrogées dans l'enquête téléphonique française alors que 15,5 % rapportent des troubles orgasmiques ou des douleurs pendant les rapports[24].

Ce qui peut alerter dans cette diminution de désir, c'est le temps qu'elle dure et la façon dont elle affecte la personne qui en souffre. Il arrive que l'on soit épisodiquement pas très en forme pour un petit câlin pour peu que l'on ait des pépins au travail : le stress professionnel a un fort impact sur la sexualité puisque 63 % des sujets rapportent une diminution de désir sexuel dans ces périodes-là, surtout les femmes (72 %).

Mais on peut aussi être concernée par un problème plus chronique qui, selon les Américains, concerne un tiers des femmes. L'HSDD (Hypoactive Sexual Desire Disorder) est une diminution ou une absence de fantasmes et de désir sexuels occasionnant soit une détresse personnelle, soit des difficultés avec son partenaire. Un certain nombre d'expériences de la vie reproductive d'une femme peuvent être à l'origine de ce problème : les périodes menstruelles, la contraception hormonale, le post-partum, la période de l'allaitement, les périodes de péri- et de postménopause. Ce trouble est associé à une insatisfaction globale physique et émotionnelle et à peu de ressenti de bonheur[25]. Un des traitements les plus prometteurs serait l'administration de… testostérone[26] ! Pourquoi ? Parce que ce sont les hormones mâles, même chez les femmes, qui sont responsables du désir, hormones qu'elles sécrètent normalement grâce aux glandes surrénales !

En cause dans la qualité de la sexualité féminine : des facteurs hormonaux, mais aussi des variables relationnelles[27]. Ne réduisons pas l'absence de désir à une insuffisance d'hormones mâles !

En résumé, la sexualité influence la relation et la qualité de la relation impacte la qualité de la sexualité : l'influence existe à double sens. Déceler quelle est la cause et quelle est la conséquence nécessitera un examen attentif et sans jugement de l'histoire de l'un et de l'autre. Depuis quand ? À quel moment cela a commencé ? Parallèlement à quel événement de vie ? Que vit l'autre en ce moment ? Cela a-t-il toujours été comme ça, y compris avec d'autres partenaires ?…

Et pourquoi pas aborder cette problématique auprès d'un spécialiste ?

CHAPITRE 4

Devenir un couple

Est-ce qu'on continue à se voir ?
Évidence ou prise de tête ?

Les choses peuvent se faire naturellement. On a passé un beau moment ensemble, on s'est senti bien, l'autre aussi. On ne se fait pas de nœud, on a envie de se revoir, on se le dit et on le fait. Ça, c'est au pays des Bisounours. Mais pourquoi faire simple quand on peut faire compliqué ?

Si juste après un premier rendez-vous amoureux, vous avez besoin de beaucoup réfléchir à la stratégie à adopter (« Dois-je lui dire que j'ai envie de le revoir ? Ne va-t-il pas penser que je suis à sa botte ? Est-ce qu'il ne va pas partir en courant ? Ne serait-il pas plus stratégique de jouer les indifférents ?), si des pensées conditionnelles vous tenaillent, du type : « Si je suis moi-même avec elle ou lui et que je lui dis ce que je veux, ce que je ressens, il ou elle ne va pas m'aimer », vous souffrez probablement d'un attachement insécure anxieux. Et là, que va-t-il se passer ?

Tout dépend du profil de votre partenaire. S'il a un attachement sécure ou évitant, de toute façon, il ne comprendra rien. Ne pouvant raisonner comme vous, devant vos subtiles et stratégiques marques de non-intérêt il pensera : « Tiens, elle a l'air froide, distante, je n'ai aucune chance, autant laisser tomber. » S'il a comme vous un attachement anxieux, il se peut qu'il comprenne et devine qu'il s'agit d'un rôle de composition. En espérant que vous n'êtes pas trop bon(ne) comédien(ne). Car si rien ne transparaît de votre peur que l'autre ne vous aime pas et si vous avez réellement l'air indifférent, là c'est mort, car l'attaché anxieux en face de vous a aussi plus peur que la moyenne de ne pas être aimé.

Donc, quels sont les bénéfices de cette attitude ?

Ne pas souffrir ? À choisir entre souffrir qu'il n'y ait pas de suites avec quelqu'un qui vous plaît beaucoup parce que vous n'aurez pas été vous-même et souffrir d'avoir osé aller vers l'autre et être rejeté, qu'est-ce qui vous semble être le mieux ? Vous vous sentez plus protégé, moins vulnérable avec le choix de jouer un rôle ? Vous avez sans doute raison. De toute façon, vous avez fait de votre mieux. Vous n'avez pas pu vous laisser aller d'emblée. C'est sans doute que vous ne vous sentiez pas en confiance avec cette personne. Installer la confiance prend du temps. Le plus souvent, les rythmes amoureux ne sont pas les mêmes. Ce qui est rapidement évident pour l'un ne l'est peut-être pas immédiatement pour l'autre. On peut être plus ou moins vite conscient, en fonction de l'attention qu'on prête à ses émotions et à l'amour, qu'il se passe quelque chose de fort, là, entre nous. Souvenez-vous des évitants, par exemple, qui s'organisent de manière à ne pas se préoccuper de l'amour dans leur existence. Avec un évitant ou une évitante, il y a fort à parier que, même si vous venez de vivre un moment extraordinaire tous les deux, il vous plante des jours, des semaines, des mois durant, sans vous donner de nouvelles. Je vous rassure, il sera tout à fait insatisfait dans ce qu'il vit, mais jamais il ne fera un pas pour vous recontacter et avoir une vraie relation avec vous. Mais dans dix ans, il ne vous aura pas oublié(e).

Oui, mais le risque de psychologiser à outrance n'est-il pas de perdre son bon sens ? Quelqu'un qui ne vous rappelle pas, qui n'est jamais moteur dans l'initiation des contacts et des rencontres, évitant ou non, n'est probablement pas fait pour vous. Si vous continuez à vous voir, ce sera de votre fait. Et à un moment, vous vous lasserez.

Si, à l'inverse, après le premier rendez-vous, vous vous êtes dit : « J'ai ressenti des choses fortes, mais si je me lance dans cette aventure, je vais au-devant de complications. Et je n'ai pas envie de me prendre la tête avec une relation amoureuse », vous avez plutôt le profil de l'attaché insécure évitant. Pour vous, l'amour est une source d'embarras qui vous empêche de vous consacrer à votre travail, à votre quotidien et vous n'avez surtout pas envie de prendre des risques. Donc, mieux le rendez-vous se passe, plus vous y vivez de moments intenses et plus vous freinez des quatre fers, laissant sur le carreau la personne en face qui, bêtement, face aux mêmes émotions, se dira : « Tiens, il s'est passé quelque chose de rare entre nous, j'ai hâte que l'on se revoie. » Peut-être serait-il intéressant de réfléchir à ce que vous attendez de la vie, à la satisfaction que vous avez ressentie dans les dernières aventures que vous avez vécues et dans lesquelles vous ne vous êtes pas « pris la tête ». Pour cause, vous vous y ennuyiez à mourir et vous avez rompu. Peut-être pourriez-vous envisager d'apprendre à affronter les émotions si vous voulez augmenter la satisfaction dans votre vie ? Bon, j'arrête d'être un peu dure avec les évitants… Mais je déteste tellement les amours contrariées…

En résumé, quand trop de « si » se posent, il y a généralement problème. Souvent, l'adversité ou les hésitations manifestées par l'un vont accentuer le désir de l'autre ou bien générer la fin de la relation. Dans les deux cas, ça commence difficilement. On est loin de l'évidence.

Quand l'aventure se transforme-t-elle en relation ?

Lorsque nous rencontrons quelqu'un, il est tout à fait normal de ressentir du stress, de ne pas être à l'aise. Cela vous est déjà arrivé avec des personnes qui sont devenues vos amis ; au tout départ, vous n'étiez pas complètement à l'aise. En amour, c'est encore plus fort. Le fait d'être en face de quelqu'un du sexe opposé est très anxiogène. Il est donc normal que vous ne soyez pas complètement vous-même. Et elle ou lui non plus. Il faut du temps, plusieurs rencontres pour pouvoir juger de la compatibilité ou non entre vous deux. Ne déduisez pas du malaise que vous avez ressenti la première fois que vous avez passé dix minutes ensemble que vous n'êtes pas fait l'un pour l'autre. La courbe de la peur fait une cloche, son intensité commence à décroître au bout de vingt minutes, une demi-heure. Je suis sceptique devant ces « fameux » *speed dating* de sept minutes top chrono !

Vous vous êtes vus plusieurs fois, pour des durées supérieures à la demi-heure et vous vous sentez bien avec l'autre. Qu'est-ce qui distingue l'aventure de la relation amoureuse ?

• Est-ce le fait d'avoir envie de vous revoir ? Pas suffisant. Vous avez aussi envie de revoir vos amis.

• Est-ce le fait de vous désirer ? Pas suffisant. Ça pourrait n'être qu'une attraction physique, une aventure sexuelle.

• Est-ce le fait d'avoir envie d'échanger avec l'autre, d'avoir son point de vue ?

• Ou bien d'avoir des projets ensemble ?

Si on se fie aux caractéristiques les plus courantes de la relation amoureuse[1], le fait que vous éprouviez un sentiment de confiance, que vous ayez envie de prendre soin de l'autre, que vous vous souciiez de son bien-être, que vos rapports soient honnêtes, amicaux, respectueux, loyaux, si vous acceptez l'autre tel qu'il est, que vous vous sentez prêt à vous engager auprès de lui et à le soutenir, et que la réciproque est vraie, alors vous ne vivez plus une aventure, mais vous en êtes clairement au stade de la relation.

➤ *De l'intimité à la durée*

Une union peut être estimée satisfaisante ou insatisfaisante (et non normale ou pas normale). L'inscription dans la durée se fait avec l'apparition de l'intimité. On dit qu'il faut en partager trois sur cinq (l'intimité sexuelle, corporelle, intellectuelle, affective et spirituelle[2]).

➤ *Est-ce que je l'aime ?*

Les femmes disent davantage « je t'aime » que les hommes et on dit plus « je t'aime » qu'il y a quelques dizaines d'années[3].

Mais la vraie question n'est pas tant de le dire, que de savoir si c'est vrai. Un de mes amis, spécialiste du sujet, a posé la problématique de la façon suivante :

« Est-ce que si je fais tous les efforts et tous les renoncements nécessaires pour tenir compte d'elle/de lui, tout en tenant compte de moi, et si j'exige qu'il/elle fasse tous les efforts et les renoncements nécessaires pour tenir compte de moi, tout en tenant compte d'elle/de lui, donc en favorisant les solutions qui prennent en compte les différences au lieu de faire des concessions unilatérales, est-ce que nous allons vivre de plus en plus de satisfactions dans notre relation (et donc que ces efforts et ces renoncements seront largement "compensés" et renforcés par cette satisfaction et seront de moins en moins "coûteux" et de plus en plus faciles) ? »

Si la réponse est « OUI », il est plus simple de dire : « Je l'aime[4] ! »

Pour ou contre le mariage ?

Si l'on revient aux composantes de l'amour détaillées page 42 (intimité, passion et engagement), on observe que le taux d'intimité et de passion est plus fort chez les fiancés et chez les mariés que chez les concubins et que le niveau d'engagement rapporté augmente du concubinage au mariage[5]. Sur le plan de l'intimité, des échanges, il semblerait que les hommes non mariés échangent davantage que les hommes mariés, mais que les hommes mariés manifestent davantage de soutien que leurs homologues non engagés[6].

Ensuite, et heureusement, le goût du mariage dépend de la personnalité de chacun, selon par exemple que l'on est un chercheur de sensations ou non (voir page 48), on peut trouver plus ou moins de bénéfices ou d'inconvénients au mariage :

• Sur le plan émotionnel, le mariage, tout comme le fait de vivre avec quelqu'un qu'on aime améliorerait le bien-être et la santé mentale[7]. Toutefois, il semblerait que l'on éprouve davantage de bonheur lorsqu'une nouvelle relation commence que lorsqu'on se marie[8]. Les personnes mariées, comparées à des personnes divorcées ayant de nouveau quelqu'un dans leur vie, sont moins heureuses et moins satisfaites de leur relation en ce qui concerne la tendresse, le sexe et les échanges[9]. En revanche, elles se plaignent moins de déconvenues dans leur relation amoureuse. Les personnes mariées ont donc moins d'émotions positives, mais aussi moins de souffrances.

• Sur le plan des pratiques sexuelles, le mariage semble aussi avoir une influence : par exemple, la fréquence de la pratique sexuelle anale serait plus importante chez les femmes qui vivent en concubinage, alors que à l'inverse les taux de pratique de la fellation seraient plus importants chez les femmes mariées par rapport aux femmes en concubinage. Quant au désir, il est moins intense chez ceux qui ont déjà parlé mariage que chez ceux qui ne l'ont jamais évoqué.

Pour ou contre les enfants ?

Non que je sois une militante du *no kid*[10] – j'ai deux adorables enfants –, seulement je suis persuadée que ce n'est pas en idéalisant le tableau que l'on peut aider les autres. Beaucoup de femmes en consultation sont en grande souffrance parce qu'elles se sentent coupables à l'égard de leur mari et de leurs enfants des émotions négatives qu'elles éprouvent. Elles se perçoivent comme anormales, comme de mauvaises mères et de mauvaises épouses et elles souffrent en silence uniquement parce que circulent de vieilles et fausses idées sur les « joies » de la maternité[11] et sur l'impact positif des enfants sur le couple.

Un couple sur six se sépare à l'occasion de la naissance du premier enfant[12]. En effet, on passe d'une dyade à un ménage à trois.

Au deuxième enfant, l'effet est exponentiel.

L'attente d'un enfant est un facteur d'inconfort et de perte de séduction pour une femme. En forçant un peu le trait, on peut dire que la femme enceinte passe du statut d'individu au statut de fonction, elle devient un ventre qui porte un enfant. Soyons honnête : il n'y a presque que les femmes qui trouvent belles les femmes enceintes. Une femme enceinte traverse toutes sortes de peurs ; celle d'une interruption de grossesse, celle de l'accouchement, de l'amniocentèse, d'un accouchement prématuré. Les hommes aussi ont peur. Ils sont déboussolés par les modifications corporelles et thymiques de leur partenaire.

Le retentissement de la venue d'un enfant sur la sexualité est rarement négligeable. La grossesse n'est pas le moment de l'épanouissement sexuel, même si certains pics hormonaux peuvent transitoirement augmenter le désir et les sensations. Pèse sur les rapports le risque que l'orgasme et le sperme, *via* la sécrétion de

prostaglandines, déclenchent des contractions et un accouchement prématuré. Quant à la motricité et à la souplesse amoin-
dries des derniers mois, elles sont peu propices aux exercices
kamasutresques.

Non, bien sûr, je ne dis pas que la grossesse est un calvaire :
on peut même parvenir à être une femme enceinte heureuse si
on a entre 31 et 35 ans, un haut niveau d'éducation, des proches proches, une personnalité stable, pas d'inquiétude concernant son aspect physique après la naissance du bébé et bien
évidemment une relation amoureuse très solide[13].

Après l'accouchement, les joies de la cicatrisation et le
confort postépisiotomie rendent la reprise des rapports assez
peu insouciante. Viennent ensuite les nuits de bébé. Les quelques heures séparant chaque tétée ou biberon sont plus des
occasions de dormir que de faire des galipettes. Enfin, Bébé dort
parfois dans la chambre… Avec l'arrivée d'un enfant, l'intimité
sexuelle en prend un sacré coup.

Et puis l'intimité affective est perturbée, elle aussi. Les cham-
boulements émotionnels sont importants. On a l'illusion, avant
de faire des enfants, que cela nous rendra encore plus heureux.
Or il a été observé que l'on éprouve davantage de bonheur
lorsqu'on apprend la venue d'un enfant que lorsqu'on est réellement parent[14]. La focalisation attentionnelle et organisationnelle
que nécessite un enfant, le sentiment de culpabilité, très féminin,
de retravailler, de ne plus être une femme parfaite, professionnelle et bonne mère à 100 %, peuvent se muer en crispation, en
tension et en agressivité relationnelle. Toutes les divergences du
couple sont amplifiées ou révélées[15].

On se perçoit comme incompétente et on idéalise les autres :
ils y arrivent, eux !

Il faut un temps d'adaptation avant d'être content d'être
parent, cela vient souvent petit à petit, plusieurs mois après la
naissance, chez les pères comme chez les mères, de même que
la sensation de bien s'occuper de son enfant[16].

Parallèlement, le déclin du couple va *crescendo* ; il est encore plus grand en post-partum, c'est-à-dire après l'accouchement, que pendant la grossesse[17].

Alors, avoir un bébé, ça ne peut pas rapprocher ? On a l'illusion que la naissance d'un enfant soudera le couple, mais on s'aperçoit que dans la majorité des cas, la satisfaction dans le mariage décline[18]. En fait, chez 67 % des couples consultés, la satisfaction conjugale s'est effondrée après la naissance du premier enfant. Seuls 15 % ont vu une amélioration de leur vie de couple. C'est encore pire si nos propres parents s'entendaient mal : le risque de vivre et de rapporter soi-même des changements négatifs dans le couple après la naissance de bébé augmente, comme s'il y avait une héritabilité, une transmission générationnelle de la qualité du mariage mise au jour par l'apparition d'un enfant[19]. À l'inverse, le fait de souhaiter la grossesse, de la planifier et de bien s'entendre avant sont des facteurs protecteurs de la relation de couple[20].

Alors, à part divorce, vasectomie et ligature des trompes, quelles sont les alternatives ?

Des papas scandinaves qui ont pu passer du temps près de leur enfant déclarent avoir ressenti chaleur et bonheur ainsi qu'un approfondissement de la relation avec leur femme. Le contact et l'engagement de ces pères face à leur enfant ont augmenté avec le temps qu'ils ont passé avec lui[21]. Ces ovnis suédois nous apprennent donc qu'ils trouvent la paternité plus fantastique que ce à quoi ils s'attendaient, qu'ils sont aussi compétents que les mères quand ils sont à la maison et que la relation avec leur femme se modifie dans le sens d'une plus grande proximité[22]. J'adore les Suédois !

Pour conclure sur une note constructive, cela se passera bien pour les mamans après l'arrivée du bébé si leur homme les connaît bien, s'il leur exprime de l'affection[23] et si le partage des tâches est équitable[24].

Et la jalousie ?

« Avec Hubert, nous étions ensemble depuis vingt ans. Je m'ennuyais un peu. J'ai rencontré Fabien. On a eu une aventure. Je retrouvais des sensations fortes mais je n'avais pas envie de quitter Hubert, à cause des enfants et parce que j'étais attachée à lui. Un jour, en cherchant un papier, j'ai découvert qu'Hubert avait une aventure avec une autre femme. Je lui ai demandé des explications. Il m'a dit, dépité, que j'avais le droit de le quitter. Finalement, notre couple est reparti plus fort. J'ai mesuré combien je tenais à lui et je ne pouvais pas lui jeter la pierre puisque j'avais fait la même chose. »

À petite dose, la jalousie peut être à même de ressouder le couple. Il est bon d'être attentif à ce que fait l'autre et de s'en soucier, disons de façon plus amoureusement correcte, de s'intéresser aux personnes que l'autre est amené à rencontrer.

La jalousie peut se manifester à n'importe quel moment de la relation, y compris quand celui qu'on a soi-même quitté refait sa vie.

Il y a plusieurs niveaux d'intérêt à l'autre :

• L'indifférence : je ne m'intéresse pas à ce que fait l'autre, entre nous, c'est acquis.

• La sécurité totale : je fais complètement confiance à l'autre.

• La vigilance : cela ne me bouffe pas la vie, mais je fais attention à ce que fait l'autre. Il peut toujours arriver qu'il ne m'aime plus et aime quelqu'un d'autre. Cela peut m'arriver à moi aussi.

• La jalousie : j'ai beaucoup de mal à lui faire confiance. Je le suspecte et j'éprouve fréquemment des sentiments de colère, de privation affective et de détresse émotionnelle. Ces doutes sont répétitifs et incontrôlables. Je suis conscient que j'ai un problème.

Les femmes sont davantage concernées par cette forme d'amour obsédant et possessif. On retrouve comme facteurs familiaux favorisants les abus de substance, des histoires de négligence physique ou émotionnelle pendant l'enfance. Les facteurs psychologiques favorisant l'éclosion de la jalousie sont surtout une basse estime de soi[25].

Quand une femme souhaite que son homme soit un peu plus jaloux, elle aimerait en fait qu'il soit jaloux comme une femme. Or les hommes ont plutôt tendance à manifester leur jalousie par des comportements d'exigence sexuelle ou par de l'agressivité. Les régions activées dans le cerveau par la jalousie ne sont d'ailleurs pas les mêmes[26]. Les circonstances qui ont déclenché la jalousie ont leur importance : si c'est lui qui a provoqué la tromperie, vous le serez davantage. Vous serez d'autant plus blessé que le comportement de l'autre aura été délibéré et intentionnel[27].

La jalousie peut atteindre une forme extrêmement grave et pathologique. C'est le cas dans le délire paranoïaque ou la jalousie délirante : toute la vie est organisée autour de la conviction que l'autre trompe. Il n'y a aucun doute. Même les événements les plus triviaux sont interprétés comme des preuves irréfutables de la tromperie. Dans le film *L'Enfer*, François Cluzet joue un amant paranoïaque délirant. Cette forme de jalousie est vraiment dangereuse et morbide. La prévalence de cette maladie est inférieure à 0,1 % dans la population générale (1,1 % chez les personnes hospitalisées en psychiatrie[28]) et elle concerne davantage les hommes souffrant d'alcoolisme chronique[29]. Elle reste donc heureusement exceptionnelle.

Est-ce que ça va durer ?

Les deux premières années d'union sont cruciales et peuvent visiblement annoncer l'avenir du couple dans les treize années qui suivent. Deux éléments prédiraient la suite : l'intensité de la romance initiale et la nature des conflits, c'est-à-dire la façon dont sont exprimés les points négatifs. Ce n'est pas l'existence de conflits qui est péjorative – il est tout à fait normal de s'emplâtrer de temps en temps –, mais plutôt une sorte de déclin précoce dans l'intensité des sentiments ; des moments de désillusions, d'abattement de l'amour, une diminution de l'expression ouverte de l'affection. Il faut craindre également les doutes récurrents, la perplexité au sujet de notre attachement pour l'autre, les périodes d'indifférence ou d'ambivalence tôt dans la relation, notamment dans les deux premières années. Leur trop grande présence distingue les candidats au divorce de ceux dont les liens seront durables[30].

La durée de la relation est corrélée au niveau d'engagement, mais pas au niveau d'intimité ni à la passion[31]. Ce qui signifie qu'on peut rester ensemble parce qu'on s'est engagé à le faire et parce que l'engagement est une valeur pour soi, mais sans que la relation soit vraiment satisfaisante. Ce qui prédit une relation plus satisfaisante sont les ressemblances dans la façon de penser, et surtout dans les valeurs. Les époux qui se ressemblent dans ce domaine seraient plus heureux en mariage[32].

En ce qui concerne la satisfaction sexuelle, souvent rattachée à la passion, elle peut aussi être extrapolée à partir de la personnalité des couples, évaluée quelques mois avant le mariage. Ainsi, on peut prédire à un homme une satisfaction sexuelle importante dans l'année à venir s'il a confiance en lui-même, et s'il est capable de communiquer avec sa femme. Chez la femme, ce qui prédit le mieux la satisfaction sexuelle à venir, c'est sa confiance en elle, son ouverture d'esprit dans la communication et le niveau d'empathie de son mari[33].

Chez de jeunes mariés, il y a, généralement, de forts sentiments positifs. C'est donc plus le niveau de connaissance des qualités spécifiques de l'autre qui fera la différence sur la durée. Plus on connaît l'autre précisément, plus on sait en détail pourquoi on l'aime, plus on a de chances que cela dure[34] !

CHAPITRE 5

Durer ensemble

Les femmes auraient tendance à surévaluer les problèmes conjugaux[1], alors que – bizarrement – les hommes sembleraient les sous-estimer[2]. Dans les faits ? Cent vingt mille divorces par an. La séparation légale représentant l'issue (fatale) de 67 % des mariages, aux États-Unis, dont la moitié au bout des sept premières années[3] !

Nous ne sommes d'ailleurs pas très optimistes : nous nous attendons à vivre bien plus de difficultés et de problèmes conjugaux que nos parents[4].

Avec le temps, les taux d'endorphines et de dopamine diminuent, ce qui minore le plaisir et la motivation à rester ensemble. Les choses commencent à être plus difficiles. On voit davantage l'autre tel qu'il est. Il y a moins de manifestations d'engagement et d'affection[5]. Cela traduit-il forcément une diminution de l'amour ?

Faut-il idéaliser son partenaire ou le voir tel qu'il est ?

On idéalise lorsqu'on perçoit son partenaire de manière plus agréable que ne le laisse supposer la somme de ses comportements agréables et désagréables. Sur une étude prospective, il a été montré que des couples qui s'idéalisaient l'un l'autre alors qu'ils étaient jeunes mariés, souffraient moins, treize ans plus tard, d'un déclin de leur amour[6]. Les relations amoureuses qui durent et qui résistent aux doutes, aux années et à l'adversité sont donc celles dans lesquelles on idéalise l'autre. Une idéalisation contagieuse : avec le temps, celui qui n'avait pas trop de propension à sublimer finit lui aussi par voir les choses en rose[7].

➤ Changer son partenaire

Avec la durée de la relation vient souvent le désir de changer l'autre : il ne donne pas assez de marques d'affection, il n'est plus assez passionné ou romantique, le sexe n'est plus satisfaisant, il a été infidèle et on ne veut plus qu'il se comporte en séducteur, on ne prend plus de plaisir ensemble, alors qu'on aimerait partager davantage de moments agréables à deux, on voudrait se disputer moins souvent, la répartition des responsabilités et des tâches est trop inégale… Les souhaits de changement peuvent aussi concerner directement l'autre, notamment quand les divergences de personnalité sont trop criantes, quand il y a des difficultés à partager pouvoir et influence, ou bien lorsqu'il existe des différences trop accentuées dans les valeurs, dans les aspirations, dans le style de vie, dans la spiritualité ou dans la façon de s'inscrire dans une vie sociale ou communautaire.

La dernière source d'attentes de changement (et généralement donc de conflit) dans le couple est générée par des facteurs extérieurs comme l'excès de stress, des événements de vie difficiles à gérer dans lesquels on peut inclure la naissance d'un enfant, tous les problèmes concernant les enfants (en avoir ou pas et quand on en a, les disparités dans la vision de l'éducation, les divergences de sévérité), les problèmes avec la belle-famille, les problèmes d'argent[8].

Vouloir changer l'autre, est-ce bien ou mal, normal ou pas ? Faut-il s'en garder absolument comme on nous le conseille souvent ou est-ce une nécessité dans la vie à deux ? Une relation dans laquelle rien ne change est-elle viable ? Une relation qui n'évolue pas ne devient-elle pas sclérosante ?

C'est un point sur lequel David et Natacha, en couple depuis plusieurs années, étaient tout à fait en désaccord :

« J'étais comme ça quand on s'est connus. Et aujourd'hui tu me reproches de ne pas avoir changé ?

— Quand on s'est connu, il n'y avait que toi et moi, on n'avait ni enfants, ni maison à entretenir, je ne faisais pas le même travail. Les circonstances ont évolué. Comment peux-tu rester le même alors que tout a changé autour de nous ? »

Vouloir changer l'autre, cela ne signifie pas forcément qu'on ne l'aime plus. Au contraire, c'est un signe d'investissement dans la relation, c'est mettre des choses en place pour qu'elle ait toutes les chances de durer.

D'un autre côté, vouloir faire d'un introverti un extraverti, c'est sans issue. Méfions-nous aussi des sauvetages : vouloir sauver ou être sauvé, c'est accepter un rôle figé et inégalitaire dans une relation. Cela peut constituer un carburant, au début : « Je vais le sauver, l'aider à s'en sortir, si quelqu'un l'aime vraiment, il ou elle sera beaucoup mieux dans sa peau, il retrouvera confiance en lui. » Cela permet au « sauveur » de se sentir utile, bon, et lui évite de faire face à ses propres difficultés. Seulement, les changements ne se produisent que lorsque la responsabilité, la motivation au changement émanent de la personne elle-même. Si les deux partenaires œuvrent dans le même sens, c'est génial et l'amour devient un catalyseur puissant. Mais malheureusement, c'est rarement le cas. Celui « à sauver » se désinvestit de lui-même et considère l'aide de l'autre comme une source d'inériorisation. Quant au « sauveur », il finit par en vouloir à l'autre du fardeau trop lourd qu'il lui fait porter sans se rendre compte que c'est dans cette « faiblesse » de l'autre qu'il puise sa force.

On est donc encore dans une histoire de mesure. Souhaiter que l'autre modifie certains comportements dans certaines situations, de manière que nous nous sentions mieux et que lui ne se sente pas moins bien, c'est jouable. On peut vouloir modifier certains comportements, mais pas la personnalité tout entière.

Peut-être serait-il aussi plus approprié d'employer le verbe « évoluer » plutôt que celui de « changer » ?

Coucher, c'est tromper ?

Il peut arriver un jour qu'on rencontre quelqu'un d'autre, que l'on tombe amoureux, ou bien que l'on ait une aventure. Est-ce que c'est forcément grave ? Est-ce que cela remet obligatoirement le couple en question ? Existe-t-il des réponses universelles à ces questions individuelles ?

➤ *Tromper émotionnellement ou sexuellement :*
quel est le pire ?

Scénario 1 : votre partenaire a une relation proche avec quelqu'un d'autre, passe beaucoup de temps à discuter avec cette personne, lui fait des confidences, lui raconte ses expériences, son passé. Ils ne couchent pas ensemble.

Scénario 2 : votre partenaire a des rapports sexuels avec une personne, mais ne partage pas d'intimité autre que physique avec cette personne.

Quel scénario est le plus supportable pour vous ? Quel scénario vous fait le plus de mal ?

Quand le scénario est hypothétique, il y a une différence entre les sexes, c'est-à-dire que les femmes toléreraient davantage l'infidélité sexuelle et les hommes davantage l'infidélité émotionnelle. Quand les choses arrivent vraiment, les différences sont moins sensibles et finalement pas plus les hommes que les femmes ne tolèrent beaucoup l'infidélité émotionnelle[9]. Une fois de plus, les anticipations ne servent à rien. On se dit : y penser avant m'aidera à mieux faire face quand le problème surgira. Mais finalement, face aux problèmes, on réagit rarement comme on l'avait prévu.

L'infidélité sexuelle est jugée cause du divorce une fois sur quatre[10] et concerne annuellement 2,3 % des couples mariés. Les candidats à l'infidélité ont un neuroticisme élevé, c'est-à-dire une tendance aux émotions négatives[11] plus grande. Ils sont également moins « religieux ». J'oubliais ! le fait d'être enceinte augmente aussi le risque d'être trompée[12]… la classe, messieurs !

Pour reprendre les deux scénarios évoqués, l'infidélité sexuelle génère davantage d'expressions de colère alors que l'infidélité émotionnelle blesse plus en profondeur[13]. Mais, globalement, c'est quand même l'infidélité sexuelle qui crée le plus de réactions émotionnelles.

Il est évident que si l'on tire l'estime de soi de sa vie sexuelle, on risque d'être davantage éprouvé par une infidélité sexuelle. Beaucoup de femmes, elles, tirent inconsciemment estime pour elles-mêmes de l'engagement affectif de leur partenaire[14].

➤ La relation extra-conjugale : cause ou conséquence dans les problèmes de couple ?

Deux cas de figure sont possibles, en fonction de son rapport aux sensations : soit on est peu friand de sensations et le fait de tomber amoureux de quelqu'un d'autre est révélateur de failles dans la relation en cours. Dans ce cas, la relation extraconjugale est plutôt une conséquence des problèmes du couple. Et cela nécessite de réexaminer la relation. Si, à l'inverse, on est avide de sensations, le problème tient à l'aplanissement de l'amplitude émotionnelle que suppose le passage de la passion à l'amour.

Dans ce cas, c'est la relation extra-conjugale qui est la cause des difficultés du couple. Autrement dit, pour le chercheur de sensations, et quel que soit le partenaire, c'est le fait d'être en couple depuis longtemps qui constitue le problème. Il est donc fort probable que cela se répète avec les partenaires ultérieurs.

Tomber amoureux de quelqu'un d'autre, cela remet-il tout en question ?

> « Quand deux êtres tombent-ils amoureux l'un de l'autre ? [...] Le coup de foudre amoureux survient quand deux êtres ont l'espoir de passer grâce à la relation dans des sphères vitales nouvelles, dans lesquelles ils comptent réaliser ce qu'ils espéraient réaliser depuis longtemps. C'est comme si chacun des partenaires se disait : "Avec ce partenaire-là, je peux briser ma barrière interne, pénétrer dans une vie nouvelle et oser me développer davantage." [...] D'une manière complémentaire, on tombe amoureux d'une personne chez laquelle on perçoit la possibilité de réanimer un potentiel vital jusque-là bloqué et inhibé[15]. »

Connaissez-vous des personnes qui sont tombées amoureuses alors qu'elles étaient déjà amoureuses ? Personnellement, non. Je ne demande qu'à être contredite. Mais tomber amoureux nécessite, il me semble, une disponibilité affective intérieure.

Les problèmes de communication dans le couple

À l'âge adulte, c'est avec son partenaire que l'on parle le plus, que l'on partage le plus ses émotions. Les femmes ont d'autres interlocuteurs (la famille, les amies), les hommes assez peu. Nous sommes leur unique confidente[16].

L'existence, entre les partenaires, de dialogue et de loyauté (pouvoir se ranger du côté de l'autre) prédit une bien meilleure satisfaction dans le mariage que des attitudes comme l'escalade dans le conflit ou la dérobade, attitudes beaucoup moins constructives[17].

La communication est donc importante dans un couple.

➤ *Mais quelle communication ?*

On nous vante, par exemple, les mérites de l'écoute active, c'est-à-dire la reformulation calme et tranquille d'une critique générale et agressive. Ce qui donne à peu près ceci :

« J'en ai ras le bol, tu me considères comme un meuble, tu ne fais plus attention à moi.

— Si j'ai bien compris, ma chérie, tu es exaspérée parce que je ne t'ai pas embrassée ce soir ? »

Je ne sais pas pour vous, mais moi, l'homme qui me répond ça prendra à coup sûr, soit ma main dans la figure, soit l'expression de mes sincères salutations. Ne comptez donc pas sur moi pour vous en faire l'éloge. Cette écoute inconditionnelle très « psy » ne tient pas la route dans la vraie vie, car les amants ne sont pas des thérapeutes. On peut pratiquer cela quand on n'est pas impliqué émotionnellement. Quand on vient de se prendre une sale remarque, on éprouve de la colère, ou de l'accablement, ou de la tristesse qu'on pourra peut-être dissimuler, si on est surentraîné, de façon verbale. Mais de toute façon, on sera trahi par notre communication non verbale – un ton douceureux, une mâchoire crispée – qui représente la plus grande partie du message. Cela n'échappera pas à l'autre et on ne réussira qu'à le faire encore plus sortir de ses gonds.

Des thérapies de couple utilisant cette méthode ne donnent d'ailleurs pas de bons résultats ; seul un tiers des couples s'améliorent et cela, de manière très temporaire.

Les problèmes de communication viennent généralement d'un problème de demande-dérobade : quand l'un est en demande de communication et que l'autre se dérobe, la pression à communiquer et l'agressivité augmentent, incitant l'un à se retirer encore davantage et l'autre à mettre encore plus la pression. Le risque pour la pérennité du couple est le plus fort quand ce sont les femmes qui sont en demande excessive et les hommes qui sont en retrait excessif[18]. Quand ce sont les hommes qui demandent et les femmes qui se retirent de la communication, les conséquences sont moins graves sur le couple[19]. C'est aussi beaucoup plus rare !

Ce sont généralement les femmes qui initient les conversations et soulèvent les problèmes, mais les hommes qui contrôlent, le plus souvent, l'issue et la profondeur de la discussion. Or les femmes ont beaucoup de mal à accepter cette disparité, alors qu'elles en tolèrent bien davantage dans des domaines comme le partage des tâches domestiques[20].

En fait, l'avenir du couple est compromis quand il y a plus d'échanges d'affects négatifs que positifs, *a fortiori* lorsque la femme est négative et l'homme défensif[21].

➤ *Faut-il fuir les conflits ?*

Ce qui caractérise les vieux couples qui ont duré, ce n'est pas l'existence ou non de conflits, mais la manière dont ils sont résolus. Ces couples procèdent de manière beaucoup moins émotionnellement négative et plus affectueuse. Ils sont satisfaits de leur relation même s'ils s'engueulent parce qu'ils ont de l'empathie l'un pour l'autre[22].

Les éléments dangereux dans un conflit sont, par exemple, la façon brutale dont il démarre, une attaque de l'autre, non pas sur ce qu'on a fait mais sur ce qu'on est, la présence de mépris ou de condescendance dans la discussion. Ces types de conflit, dangereux pour la survie du couple, conduisent à un désinvestissement affectif de la relation et peuvent d'ailleurs se traduire physiologiquement par une tachycardie et une augmentation de la tension artérielle. Ces signaux témoignent d'un grand stress et d'une grande détresse amenant des réactions automatiques, donc difficiles à contrôler – primitives en quelque sorte – de type fuite, combat ou sidération (les 3 F anglo-saxons : *flight*, la fuite ; *fight*, le combat ; ou, *freeze*, la sidération[23]). Je me dérobe, je suis sur la défensive et j'agresse ou bien je suis complètement inhibé. La dérobade concerne l'homme dans 85 % des cas, car il reste plus longtemps stressé après un conflit, il est moins apte qu'une femme à se calmer rapidement après un stress.

Communiquer consisterait donc, non pas à niveler les diffé-rences, mais à les prendre en compte. En effet, il existe des pro-blèmes insolubles : lui veut se marier, elle pas. Elle veut un enfant, lui pas. Il veut qu'elle revende son appartement, elle non. Dans ce type de problématique où la réponse doit être binaire, la solution n'en satisfera forcément qu'un sur deux. La solution ? Accepter qu'il n'y ait pas de solution complètement satisfaisante, communiquer, ne pas hésiter à exprimer ses oppo-sitions, ne pas vouloir convaincre l'autre mais essayer, en com-muniquant, d'y voir plus clair en soi-même. Faire des efforts, mais des efforts légers, des efforts qui épanouissent, pas des sacrifices qui tournent rapidement au rance, qui rabougrissent. Donner des compensations acceptables pour soi et pour l'autre ou bien, si cela touche à une valeur trop profonde sur laquelle des efforts ne sont pas possibles, choisir finalement de renoncer à la relation. Réévaluer très régulièrement, grâce à la communi-cation, ces solutions qui ont pu être adaptées à un moment, mais qui sont devenues problématiques ensuite. Il est important d'éviter le phénomène d'accumulation des rancœurs qui sortent de façon explosive un jour ou l'autre au sujet d'une vétille.

Accepter les frustrations en se donnant du temps pour les digérer et en exprimant sa déception. Savoir que les frustrations sont inévitables. Dire comment ON peut faire ? S'assouplir, sans céder. Communiquer le positif.

Formuler les choses, non en termes de défaut mais en termes de différence. « J'aime communiquer après l'amour, toi non, comment on peut faire ? »

Au début du couple, on a tendance à banaliser les petites irritations à deux. Et pourtant, dix ans après, ce problème quotidien de chaussettes qui traînent a une importance capitale. Finalement, communiquer sur les petits problèmes peut aussi être un entraînement pour pouvoir affronter ensuite les grosses difficultés comme l'infidélité, l'éducation des enfants, la belle-famille, la sexualité…

Et les amis, les loisirs, les passe-temps dans tout ça ?

Juliette et Christophe sont très amoureux. Juliette a déjà des enfants d'une précédente relation. Christophe s'en accommode d'abord difficilement. Il attend de Juliette qu'elle leur pose davantage de limites (heure du coucher, participation aux tâches…) qui correspondent à ses valeurs à lui. Juliette ne s'y oppose pas, mais n'en fait rien. Christophe, qui a abandonné son appartement et sa vie de célibataire dans l'espoir de partager plus d'intimité avec Juliette, devient de plus en plus hostile vis-à-vis des enfants. Juliette manifeste alors encore plus de protectionnisme. Christophe devient agressif et il pense partir. Ils atteignent le point de non-retour.

Christophe n'a pas tenu compte de lui. En sacrifiant ses amis et ses loisirs, il a fait des efforts pour le couple que Juliette ne lui avait pas demandés. En reprenant le tennis et en s'octroyant une soirée hebdomadaire entre copains, Christophe réussit à redresser la barre. Il est moins sur les enfants de Juliette, moins en attente vis-à-vis d'elle, il prend les choses avec plus de distance et Juliette, à qui il échappe de nouveau un peu, retrouve du désir et de l'admiration pour lui. Elle ressent d'elle-même le besoin de leur ménager du temps à deux.

Avoir chacun des amis et des loisirs permet d'équilibrer le couple et de le redynamiser. Augmenter ses sources de plaisir, réduire ses sources de conflits et partager des choses ensemble. Et idéalement, pour durer, il faut non seulement avoir des loisirs mais des loisirs ensemble.

Et quand il y a des coups durs ?

L'effet de l'adversité dans une relation dépend du niveau d'engagement. Plus l'adversité est élevée, plus la relation risque de prendre fin si l'engagement est faible. À l'inverse, un fort niveau d'adversité chez des personnes fortement engagées l'une envers l'autre tendra à renforcer la relation[24]. Les tuiles, soit ça soude, soit ça casse.

Quand faut-il décider de rompre ?

On peut se baser sur une théorie de l'équité. Qui consiste à comparer mes bénéfices et mes coûts dans la relation avec ceux de mon partenaire. Ainsi, je travaille davantage, je prends en charge l'organisation de la vie sociale, mais il est très présent dans la vie quotidienne et il est souvent à l'origine d'initiatives pour notre vie de couple ; il s'occupe des vacances, organise nos week-ends en amoureux.

Si ces deux rapports sont égaux, on parle d'équité et l'union est heureuse est stable. En revanche, si l'un ou l'autre est sous- ou suravantagé, il est nécessaire de retrouver une équité et si cela n'est pas possible, ce n'est pas bon.

C'est d'autant moins bon qu'on commence à faire les comptes, à voir ce qu'on donne et ce qu'on reçoit. Cela signifie que l'on a perdu le sentiment positif prédominant, c'est-à-dire le ratio positif des plus sur les moins de l'autre[25]. Donc pour être très claire, quand on commence à soupeser les avantages et les inconvénients d'une relation, non pas lors d'une crise passagère, mais de façon récurrente, là, il y a bug.

Ce sont les femmes qui prennent le plus souvent la décision de la séparation, peut-être parce qu'elles ont davantage de conscience émotionnelle de la situation du couple, les disparités dans la lucidité émotionnelle créant une basse satisfaction dans la vie de couple[26].

Pour prendre une décision, il faut être régulièrement attentif à ce que l'on ressent : dans les mois qui précèdent une rupture, l'amour et les sentiments positifs qu'on porte à l'autre diminuent nettement, alors qu'ils sont relativement stables dans le temps quand le couple dure, avec même parfois la sensation subjective qu'ils augmentent[27].

Ce qui risque de contribuer à la fin d'une relation peut être l'inverse de ce qui a contribué à sa naissance et à son maintien : le manque de similarités entre les partenaires[28]. D'autres facteurs entrent en jeu et participent à la décision d'une rupture, comme la faible satisfaction, être sous-avantagé en ayant peu de bénéfices à la vie à deux alors que les coûts, les sacrifices, les efforts sont élevés ou, à l'inverse, l'absence d'investissement dans la relation, l'ennui, le fait d'avoir à sa disposition des alternatives (que ceci est joliment dit).

Les problèmes de santé, les remaniements familiaux, les divergences de vues, de priorité, d'investissement dans la relation, le manque de respect, de tolérance, de patience, de désir ou de sécurité, des causes liées au passé, la disparition de l'intérêt pour l'autre, sont des indicateurs d'un couple en danger et qui risque de se briser[29].

Rompre ou être quitté

Ce chapitre n'est certainement pas le plus léger de ce livre.

Si commencer une relation amoureuse est l'un des événements de vie qui rend le plus heureux, y mettre un terme fait partie de ceux qui ont le plus grand impact négatif sur le bonheur[1].

Les souffrances de celui qui quitte

Contrairement à ce que l'on pense, il n'est pas si simple de quitter quelqu'un, surtout après une longue relation.

On met du temps à se formuler que l'on n'aime plus l'autre avec qui on est engagé, avec qui on vit, avec qui on a des enfants.

On se sent mal depuis quelque temps. On n'éprouve plus de joie à l'idée de rentrer chez soi le soir. On se remet en question. On essaie de parler, de trouver des solutions, mais le malaise ne se dissipe pas.

On a peur. On a peur de lui faire du mal, de faire du mal, on a peur de soi, de ce qu'on ressent.

D'ailleurs, on évite de ressentir ses émotions. On se noie dans des dérivatifs. On rentre tard du travail. Ou bien, on voit quelqu'un d'autre.

On ne peut pas, on ne veut pas se rendre compte de ce qui se passe. On n'aime plus celui ou celle avec qui on vit.

On est seul à penser à la relation, à la questionner, à l'évaluer. L'autre ne se doute pas de la gravité de ce qui se trame, même si on lui en parle. Il ne saisit pas l'importance et la profondeur de la crise. Il pense que ça va passer.

On traverse un temps de doute et l'on agit parfois de manière ambivalente avec des fuites en avant comme la proposition d'un bébé, d'un mariage, de la construction d'une maison. On peut fuir aussi dans une vie sociale intense. On essaie vainement de changer ce qu'est l'autre.

Puis, dans une deuxième phase, on s'attelle à se changer soi-même. On fait de nouvelles activités, on va voir un psy, on commence à parler, et s'amorce le début du deuil de la relation, qu'on ne cherche plus à faire évoluer. On est généralement dans l'ambivalence, c'est-à-dire que l'on affiche une volonté de faire évoluer les choses tout en ayant inconsciemment tendance à saborder les efforts de l'autre et les compromis possibles. Au fond de soi, on sait qu'on ne l'aime plus.

Parfois, il y a l'espérance d'un bonheur autrement, du soulagement et un sentiment de liberté, mais il y a aussi beaucoup de moments où l'on ressent culpabilité, regrets et la honte de blesser l'autre.

Les souffrances de celui qui est quitté

On peut réellement être dévasté par une rupture, surtout si l'on ne s'y attendait pas, s'il n'y avait aucun signe avant-coureur[2].

On peut aussi être très triste et avoir beaucoup de mal à se remettre d'une courte relation et, inversement, faire rapidement le deuil d'une longue relation[3]. À propos de ceux qui mettent du temps à se remettre d'une courte relation, certains scientifiques parlent d'une « addiction à l'amour », comme « s'appliquant à une personne qui cherche obsessionnellement à retrouver l'état plaisant qui a existé avec un partenaire ». Mais je ne crois pas que regretter les moments même courts passés avec quelqu'un qu'on a passionnément aimé soit « anormal ».

Il a d'ailleurs été montré que la souffrance endurée pourrait être d'autant plus intense que l'arrêt de la relation a eu lieu précocement, ce en raison du sevrage brutal en neurohormones[4].

Les circonstances entourant la rupture sont importantes. L'intentionnalité dans la souffrance administrée, la tromperie, l'absence d'égards dans la manière de révéler ou, au contraire, l'absence de révélation claire, l'ambivalence laissant l'autre dans le doute et le questionnement, l'absence de signes avant-coureurs, l'absence de contrôle possible sur la décision présentée comme définitive et inéluctable, sont autant de facteurs aggravant le vécu de celle-ci. Entrent également en compte les circonstances externes comme les ressources dont on dispose, la présence ou non d'enfants, les projets en cours…

La manière dont on va vivre la rupture varie aussi en fonction du *style d'attachement*. Si l'on a un attachement anxieux, la séparation sera extrêmement difficile à supporter, le deuil de la relation plus lent, on aura beaucoup trop tendance à essayer de rétablir la relation, beaucoup de colère et des idées de vengeance. Le plus difficile sera d'accepter que la relation soit terminée. Cette acceptation est centrale pour que la tristesse s'amende[5]. Or cette acceptation dépend de la clarté de la rupture. Face à quelqu'un d'ambivalent qui rompt, mais tient encore à vous, qui dit qu'il ne veut plus de la relation, mais qui la maintient indirectement, ou face à quelqu'un qui vous aime bien, mais qui ne vous aime plus, accepter la rupture est difficile.

Si l'on est évitant, on ne va surtout pas tenter de se rapprocher et on va utiliser des moyens de faire face à la rupture uniquement dépendants de soi. Ces insécures vont avoir tendance à consommer de l'alcool ou des toxiques et à éviter l'expérience consciente de leurs émotions négatives. Toutefois, au niveau du cortex, si l'on en croit les études d'imagerie cérébrale, la suppression des émotions sera en réalité moins complète et moins efficace[6].

Les sécures vont se tourner vers des proches, amis ou famille, pour se reconstituer un cocon affectif[7].

Le soutien social et affectif dont on peut bénéficier à la fin d'une union ou d'une liaison peut jouer un rôle crucial. Les amis, la fratrie, les proches sont des tuteurs de résilience pour faire face à une rupture. Marianne, passionnément amoureuse de son amant, apprend par une connaissance commune qu'il a quelqu'un d'autre. Or Marianne est en train de se séparer de son mari et n'a pas d'autres amis que ceux du couple. Elle est seule et ne peut partager sa peine avec personne. Elle mettra un temps très long à se remettre.

C'est aussi une *question de culture*. L'amour est vraiment considéré comme un élément central du bonheur dans nos sociétés. La satisfaction personnelle est, chez nous, une valeur centrale. De ce fait, la séparation a peut-être davantage d'impact que dans d'autres sociétés qui privilégient plutôt le groupe, l'engagement, l'attachement et les obligations que l'individu, la passion, les sensations et les émotions intenses, l'identité personnelle et l'autovalidation[8].

Faut-il consulter ?

Au niveau psychologique, séparation, rupture et/ou divorce augmentent le risque de dépression, de troubles anxieux, d'alcoolisme, de suicide[9].

Par ailleurs, ce sont des périodes d'autant plus difficiles à vivre qu'on les traverse seul. Si vous éprouvez le besoin de consulter, surtout n'hésitez pas une seconde, allez-y. C'est souvent une période féconde pour opérer des changements.

Si, de surcroît, vous avez certains des signes ci-dessous, il est vraiment urgent de vous faire aider. C'est le cas si :
- vous avez des idées suicidaires ;
- vous êtes peu ou mal entouré, personne n'a de compassion pour vous dans votre entourage ;
- vous êtes triste sans fluctuation depuis plusieurs semaines ;
- vous dormez mal avec une tendance à vous réveiller en pleine nuit ou, au contraire, vous passez votre temps à dormir ;
- vous vous sentez coupable de tout ;
- vous perdez de l'intérêt pour vos proches, vos enfants, vos parents… ;
- vous êtes anxieux depuis plusieurs semaines.

La rupture peut être considérée comme un traumatisme : c'est un événement émotionnellement grave, souvent soudain et inattendu, qui peut se produire dans des circonstances où domine une intentionnalité de faire mal et qui peut faire courir des risques aux enfants.

Les psys ne travaillent pas tous de la même manière, ils n'ont pas tous le même cadre théorique ni les mêmes modes de pratique clinique. Renseignez-vous au préalable sur la manière dont ils travaillent. N'hésitez pas à en voir plusieurs jusqu'à ce que vous vous sentiez pris au sérieux. Évitez ceux qui balaieraient d'un revers de main vos problèmes amoureux et leurs conséquences émotionnelles. Si l'on considère, *a priori*, que la difficulté à faire face émotionnellement à une rupture amoureuse est le signe d'une faiblesse inhérente à l'individu, le problème émanerait donc de ce qu'il est et non de la situation vécue, on ne va pas l'aider de la même manière que si l'on considère *a priori* qu'il s'agit d'une expérience émotionnelle grave. Sur le sujet, soyez attentif à l'existence ou non de présupposés chez votre thérapeute. Le problème de la rupture peut être vraiment vécu et résolu de manière variable d'une personne à une autre en fonction des différents facteurs évoqués plus haut. Et le mieux, ce sera de choisir un thérapeute qui examinera toutes ces circonstances, votre manière de les vivre sans inférence, sans jugement *a priori* et qui vous aidera à vous reconstruire en vous aidant à agir sur le concret et à évacuer vos émotions.

Peut-on rester amis ?

On pourrait imaginer que pour moins souffrir, une transition en douceur serait préférable. Or pour faire le deuil d'une relation, notamment dans les premières semaines, il vaut mieux éviter de maintenir un contact et ne pas téléphoner ou continuer à voir son ex-partenaire, car cela allonge le temps du deuil et de la tristesse[10].

C'est un choix que l'on n'a pas forcément quand on a eu des enfants ensemble ; le maintien d'un contact, alors obligatoire, ne facilite pas les choses.

Les conséquences
de la perte de l'être aimé

On peut perdre son amour par séparation mais aussi parce qu'il meurt. Les scientifiques se sont beaucoup penchés sur le deuil (au sens propre) et ils nous apprennent que le décès de celui qu'on aime peut avoir des conséquences vitales. Dépression, anxiété, deuil traumatique sont des conséquences connues. Les veufs souffrant d'un deuil traumatique six mois après la disparition ont une fréquence accrue de cancers et d'attaques cardiaques dans les deux ans qui suivent la mort de leur épouse.

Les femmes chez lesquelles on a retrouvé un taux d'anxiété important après la mort de leur époux ont, à deux ans, beaucoup plus d'idées suicidaires[11].

La rupture, d'un point de vue émotionnel, génère colère et tristesse. La détresse ressentie n'est pas proportionnelle à la durée de la relation. Il y a aussi la méfiance, le sentiment de rejet, la perte de confiance en soi, le sentiment d'échec, de perte, d'abandon quand on vit une rupture[12]. Il semblerait que plus la tristesse fluctue avec de grandes oscillations vers le haut et le bas, plus le deuil risque d'être long. En revanche, une grande variabilité du sentiment amoureux juste après la rupture prédit plus de joie et de plaisir après la période de deuil[13]. L'attachement anxieux prédispose à ruminer sur le sentiment d'injustice, à se focaliser sur des espoirs irréalistes de reprise de la relation et fait passer beaucoup de temps à se demander pourquoi ça n'a pas marché[14].

Concernant la santé physique, perdre quelqu'un et subir un deuil est un facteur de risque très important, autant que fumer[15]. Il y a une période critique d'un an au cours de laquelle le risque est maximum.

Les conséquences mentales ne sont pas négligeables non plus : le divorce a un effet certain, notamment sur le risque d'apparition d'une dépression, risque encore plus marqué pour les hommes[16]. Pour faire la part des influences du terrain génétique et des expériences vécues, des scientifiques danois ont étudié des jumeaux dont l'un avait divorcé et l'autre non. Ils se sont rendu compte que ceux qui se séparaient ou divorçaient, et de manière équivalente à ceux qui n'avaient jamais été mariés, avaient de moins bonnes capacités cognitives, des scores plus bas d'activité physique, et qu'ils consommaient plus d'alcool et de cigarettes que ceux qui restaient mariés[17].

MAIS, MAIS, MAIS…

• La séparation est aussi l'occasion de mûrir et d'aller plus loin dans la recherche du sens de l'existence.
• Des relations entre époux pleines d'acrimonie génèrent une baisse de l'immunité.
• Les gens divorcés ou séparés se donnent davantage de challenges.
• L'effet négatif sur la santé de n'avoir jamais été marié est aussi fort que celui de mettre un terme à une relation.

Et les enfants ?

Le devenir et la santé des enfants après un divorce ne dépendent pas forcément du divorce lui-même, mais plutôt de la façon dont celui-ci se passe. Deux facteurs sont déterminants pour la santé ultérieure de l'enfant : *le niveau de conflit* et *le temps passé avec le père*[18].
• On s'est aperçu que le bien-être des enfants de divorcés était généralement corrélé au temps qu'ils passaient avec leur père. Plus ils en seront séparés, plus mal ils iront. L'entente ultérieure des enfants avec leur père dépendra d'ailleurs du temps que celui-ci passera avec eux.
• Pour les conflits, plus les parents vont se disputer, plus les enfants éprouveront de la détresse, et pire sera la relation avec leur père. Les parents qui se disputent au grand jour au sujet de la garde des enfants, auront beaucoup plus de mal à digérer le divorce. Les pères ne se feront jamais à la séparation et les mères risquent la dépression[19].

CHAPITRE 7

Retomber amoureux

Va-t-on répéter les mêmes erreurs ?

➤ *Oui...*

On dit que, plus le temps entre deux histoires est court, plus le risque de revivre la même erreur en choisissant un partenaire similaire ou opposé (ce qui revient au même) est grand. D'où l'importance d'avoir traversé une phase de solitude et de remise en question, de travail sur soi[1].

En effet, si l'on en croit Freud, on a une tendance, voire une compulsion à la répétition. Les écrits de Freud datant un peu, on peut aussi considérer l'approche de Jeffrey Young[2] sur le sujet. Il montre qu'en fonction de la manière dont certains de nos besoins n'ont pas été satisfaits dans l'enfance, nous développons une vision inconsciente du monde, de nous-même et des autres déterminant des comportements automatiques incontrôlables et des émotions intenses à l'âge adulte.

Mal aimés ou maltraités dans l'enfance, nous aurions tendance à choisir des partenaires mal aimants ou maltraitants à l'âge adulte. Pourquoi ?

• Parce que au moins nous savons à quoi nous attendre. Nous avons été habitués à être traités de cette manière. Nous pouvons prévoir.

• Parce que nous n'imaginons pas qu'il puisse exister d'autres modalités comportementales et nous n'imaginons pas pouvoir être traités différemment.

• Parce que ce sont ces partenaires-là qui nous attirent le plus et qui suscitent chez nous le plus d'émotions fortes. Avec les autres, nous ressentons généralement moins de passion.

• Parce que, par notre manière d'agir et de présupposer, nous induisons chez l'autre des comportements d'abandon et de mal-traitance. À être revendicatif, agressif, collant, sans arrêt en demande, ou en évitant la proximité de peur d'être abandonné ou blessé, on induit chez l'autre ce que l'on redoute. Toutes ces manières d'agir engendrent la répétition du scénario de l'enfance. Sauf que, à l'époque, notre comportement était le seul adapté à la situation pour combler nos besoins. Par exemple, être agressif ou adhésif était, enfant, la seule manière qu'on remplisse notre besoin de recevoir de l'attention.

Aujourd'hui, non.

La vraie question n'est pas tant : « Pourquoi je fais souvent les mêmes erreurs ? » que : « Comment faire pour que ça s'arrête ? »

Il pourrait être utile de traiter émotionnellement nos vieilles blessures. Pas de les comprendre intellectuellement, ça ne sert généralement à rien, mais de les ressentir, de les nommer et de les accepter avec compassion de manière à voir ensuite notre enfance autrement. De manière à être convaincu dans les tripes que oui, nous valons quelque chose, et que non, nous n'avons rien fait de mal.

➤ *... et non*

Cela peut aussi être la question qui crée le problème. Si je suis persuadée que je répète sans arrêt le même schéma, je vais interpréter tout ce qui se passe dans ma prochaine histoire avec cette unique grille de lecture.

Pour cette raison, aujourd'hui, comme psychothérapeute, je travaille la répétition des scénarios de vie avec plus de distance. J'ai pourtant consacré un livre entier à ces schémas, mais j'ai pu observer des excès dans la prise en compte des schémas avec une tendance à surpsychologiser des comportements, à penser que nous contrôlions les événements de la vie et les rencontres à 100 %, et à se juger strictement l'unique responsable de ce qui nous arrive sous prétexte que nous aurions été conditionnés émotionnellement dans l'enfance à être traité de telle ou telle manière. Dans ce domaine, comme dans tous les autres, nous ne sommes jamais tout à fait les mêmes et la nuance est capitale.

Quel est l'avenir de la recomposition ?

Aïe, aïe, aïe… selon certaines études, les couples recomposés ont une probabilité plus importante de divorcer et d'être peu satisfaits de leur union[3].

Ouf : on lit aussi que cette seconde chance[4] amène à aimer davantage, à aimer mieux. En effet, avec l'âge, notre émotionnalité est un peu moins intense et ample. Si parallèlement, on a développé notre intelligence émotionnelle, on est davantage en mesure de mettre un frein à nos réactions impulsives. Et on a alors toutes les chances de vivre une bien plus belle relation amoureuse.

Maintenant que nous y voyons un peu plus clair sur les différentes étapes de l'amour et de la relation amoureuse, voyons comment développer des atouts pour faire face au mieux à ces différentes étapes.

DEUXIÈME PARTIE

Comment être heureux en amour ?

CHAPITRE 8

Comment attirer ?

Un peu comme le sport de haut niveau, tout est question de préparation, la difficulté particulière étant que, plus vous serez focalisé sur l'objectif (attirer), moins vous risquez d'y parvenir. C'est toute la cruauté du jeu de l'amour. Les grandes histoires ne surviennent généralement pas quand on les souhaite ardemment.

La question est donc : comment, alors que quelqu'un me plaît beaucoup et que mon esprit est obsédé par l'envie de lui plaire aussi, je peux lui plaire alors que, pour que ça marche, je ne dois pas chercher à lui plaire ? Fastoche !

Alors peut-être changer l'enjeu ? Et profiter de l'excitation dans laquelle nous met une perspective amoureuse pour faire plein de choses que l'on sera fier d'avoir accomplies quelle que soit l'issue du rendez-vous ? Se recentrer, travailler sa confiance en soi et son *sex-appeal*, avec l'énergie du désir ?

Sept jours pour me préparer psychologiquement

➤ *Mieux se connaître*

C'est une première étape indispensable pour la suite. Vous devez dégager votre « style émotionnel ». Pour cela, prenez un carnet sur lequel, pendant une dizaine de jours, vous noterez chaque jour les moments négatifs et les moments positifs, en décrivant la situation, ce que vous avez ressenti et ce que vous vous êtes dit.

Ensuite relisez-vous et soyez attentif aux ressentis et pensées répétitifs. Pourquoi ? Parce que si vous observez, par exemple, que vous avez été souvent irritable pendant ces dix jours, cela signifie que vous avez un style émotionnel irritable. Ainsi, vous saurez faire la part des choses si vous ressentez de l'irritation lors de votre rendez-vous amoureux. Vous saurez que ce ressenti est davantage lié à votre style émotionnel qu'à la personne en face de vous.

Ou bien votre style émotionnel est plutôt « abandonnique » si vous pensez souvent : « On ne peut pas m'aimer, on va me laisser tomber. » Ou c'est un style émotionnel « méfiant » si, dans différents domaines de votre vie, le jugement revient souvent que « les autres sont injustes », etc. Grâce à cette auto-observation préalable, vous aurez pris conscience de votre style ou schéma préexistant et vous saurez, lorsque ce ressenti ou ce jugement apparaîtront pendant le rendez-vous, que ce n'est pas l'attitude de votre partenaire qui les induit, mais qu'ils appartiennent à votre histoire.

À l'inverse, si pendant ces dix jours d'auto-observation vous avez observé, par exemple, que vous aviez un style émotionnel plutôt enthousiaste et que vous ressentez beaucoup d'ennui pendant ce rendez-vous, vous pourrez être certain qu'entre lui et vous, il n'y a pas le zazazou.

➤ *Se donner le droit d'anticiper le rendez-vous...*

Je sais que je vais prochainement revoir la personne qui me plaît beaucoup. Dans les jours qui précèdent le rendez-vous, mes pensées risquent de partir dans tous les sens. Je vais être dans l'anticipation, c'est-à-dire que je vais avoir beaucoup de mal à maintenir mon esprit, mon attention dans l'ici et maintenant. Quand je me lave les dents, mon esprit est à J+7. Au travail, mon esprit est à J+7. Et si je ne lui plaisais pas ? Et si j'arrivais à l'heure ? Et si j'arrivais en retard ? Et si il ou elle ne venait pas ? Et si il ou elle ne me remarquait pas ? Je vais avoir l'air ridicule. Il ou elle va penser de moi que je suis sans intérêt. Qu'est-ce qu'on va pouvoir se dire ? Des pensées sous forme de certitudes ou de questions.

Pourquoi ces anticipations ? Parce que cette situation est un changement par rapport à d'habitude. Et tout changement induit du stress. Or le stress, comme toutes les autres émotions, se traduit par une agitation dans le corps et une agitation des pensées. Cette effervescence des pensées est donc un phénomène normal. L'esprit s'anime en vue des difficultés éventuelles à venir. En envisageant tous les problèmes et hypothèses sur la manière dont le moment attendu va se dérouler, je cherche à augmenter ma faculté d'y faire face.

En quoi est-ce bénéfique ? Imaginons que la prochaine rencontre ait lieu dans une soirée. Je commence à anticiper, à être un peu anxieux sur mon apparence et à me demander comment je vais m'habiller. Mon anxiété me pousse à me renseigner auprès de l'amie qui organise la soirée. Est-ce habillé ? Où cela se passe-t-il ? Quel est le profil des invités ? Est-ce que j'en connais quelques-uns ? Les anticipations dues à mon anxiété me permettront d'éviter, comme Bridget Jones dans le film éponyme, d'arriver avec mon fourreau en lamé alors que c'est une soirée noire et blanche.

Je ne connais pas le lieu, je ne connais pas le temps qu'il faut pour y aller, ni la météo... Pour garder les idées claires, face à mon stress, et après avoir listé toutes mes préoccupations, j'identifie les facteurs que je peux contrôler et j'utilise des stratégies centrées sur le problème comme me renseigner, agir...
• Est-ce que je vais trouver le lieu ? Oui, je peux agir sur ce problème.

• Est-ce que j'aurai le temps de repasser chez moi pour me changer ? Oui, je peux agir sur le problème et trouver des solutions.
• Est-ce que nous aurons des choses à nous dire ? Là, en revanche, je ne peux pas agir sur le problème. Ceci n'est pas sous mon contrôle. Et me poser trop de questions à ce sujet risque d'être délétère.

➤ ... *puis arrêter d'y penser*

En quoi les anticipations peuvent-elles devenir toxiques ?

Elles sont souvent inutiles parce que les choses ne se passent jamais comme on les anticipe. Essayez cette semaine de repérer la veille ou le matin vos anticipations sur la journée à venir puis de les comparer le soir à ce qui s'est passé réellement : mon boss m'a convoquée dans son bureau, le connaissant, je m'attends à ce qu'il me fasse une remarque négative sur la réunion d'il y a deux jours. Je n'en ai pas dormi de la nuit. En réalité, il me parle d'un nouveau projet qu'il a en tête.

Ou bien, ce matin, je me réjouissais de dîner avec Sophie et finalement, elle a été de très mauvaise humeur.

Lorsque nous ne pouvons plus agir sur le problème, les anticipations deviennent contre-productives. Par exemple, j'ai un topo à présenter pour mon travail. Mon anxiété me pousse à le préparer au mieux pour être au point, pour être en mesure de répondre à toutes les questions qui pourraient se poser. À ce stade, je peux agir sur le problème, donc mon anxiété et mes anticipations sont utiles. Quand, en revanche, après avoir préparé le topo de mon mieux, je continue à anticiper sur la manière dont l'auditoire va réagir, je me mets à penser : « Ils vont me juger incompétente, trop jeune dans le domaine... », quel effet sur mes émotions ont ces anticipations ? Est-ce qu'elles me sont utiles pour atteindre mon objectif qui est d'arriver calme, sereine et avec une bonne maîtrise de mon sujet le jour J ? La réponse est non. Au contraire, mes pensées augmen-

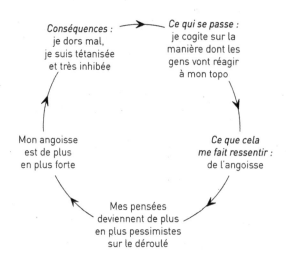

Spirale négative générée par les ruminations

tent mon angoisse. Et plus je vais penser, plus je serai stressée, tremblante et sur la défensive au moment de ma présentation.

J'ai donc tout intérêt à essayer de ne plus vouloir résoudre le problème en y pensant, car j'aggrave mes émotions négatives et à ce stade, rien de ce qui m'inquiète ne dépend de moi. Il n'y a pas, maintenant, de moyen d'agir sur le jugement global des auditeurs.

➤ *Comme disait Carrie Bradshaw…*

Comme dit Carrie dans *Sex and the City* : « *The best way to have a date, is… to have a date* » (le meilleur moyen d'être invitée à un rendez-vous galant est… d'être déjà invitée à un rendez-vous galant). Oui, je ne pouvais pas parler de rendez-vous amoureux sans citer la spécialiste new-yorkaise des *dates*.

Pourquoi ? Se sentir désirable auprès d'un premier prétendant fait sécréter des phéromones qui rendront irrésistible auprès du deuxième. Pas très chrétien, mais bon. L'idée générale est aussi de booster un peu l'ego. On se prévoit, avant le rendez-vous, des moments avec des personnes à qui l'on plaît et qui nous plaisent… un peu. À éviter : les prétendant(e)s qui ne vous font absolument rien, voire qui vous agacent. Cafard assuré et souci en vue pour s'en défaire. Or soucis = rides et rides = pas glamour.

➤ *Je suis génial parce que…*

Prenez un papier et un chrono. Vous avez une minute pour lister vos défauts.

Notez combien vous en avez trouvé dans le temps imparti.

Maintenant, au dos de la feuille et dans le même temps, notez vos qualités.

On se trouve beaucoup, facilement et rapidement des défauts. En revanche, on note souvent moins de trois qualités.

Pas bien ! Comment voulez-vous que l'on vous en trouve, si vous-même vous vous percevez aussi négativement ?

Bon, il vous reste un peu de temps pour être davantage conscient de ce que vous valez.

Vous avez beau creuser, aucune qualité ne vous vient à l'esprit ? C'est normal, notre vocabulaire est bien plus étendu pour mal nous juger que pour nous respecter.

En regardant attentivement la liste ci-dessous, ce sera peut-être plus facile. Tous les qualificatifs sont au féminin, parce que ce sont majoritairement nous, les femmes, qui nous questionnons sur l'amour et qui lisons ce type d'ouvrages. Alors j'ai décidé d'ignorer la loi d'accord des adjectifs pour nous rendre hommage. Quant à vous, Messieurs, je ne me fais aucun souci sur vos capacités intellectuelles à effectuer ces petites transformations de genre.

Liste de toutes mes qualités... possibles[1]

Accueillante
Accessible
Aimante
À l'écoute
Amoureuse
Attentive
Avenante
Aimée
Appréciée
Affectueuse
Attentionnée
Accommodante
Agréable
Affable
Bonne
Bonne écoute
Bonne
  communication
Bien élevée
Brave
Bienfaisante
Capable de
  s'adapter
Charitable
Compréhensive
Compatissante
Conciliante
Consolatrice
Courtoise
Cordiale
Coopérative
Dévouée
Disponible

Active
Amusante
Déterminée
Économe
Exemplaire
Experte
Entreprenante
Érudite
Excellente

Efficace
Fiable
Ferme
Fonceuse
Flexible
Intellectuelle
Intelligente
Intéressée
Indépendante
Influente
Informée
Innovatrice
Laborieuse
Leader
Logique
Méthodique
Minutieuse
Motivée
Obéissante
Ordonnée
Organisée
Organisatrice
Patiente
Perfectionniste
Persévérante
Pédagogue
Persistante
Perspicace
Ponctuelle

Empathique
Fidèle
Généreuse
Gentille
Hospitalière
Indulgente
Maternelle
Ouverte
Participative
Paternelle
Polie
Présente
Qui est à l'aise

Qui a du tact
Rassurante
Réconfortante
Respectée
Respectueuse
Solidaire
Sociable
Serviable
Souriante
Sympathique
Tolérante
Tendre

Authentique
Confiante
Équitable
Explicite
Franche
Honnête
Intègre
Persuasive
Pleine de
  ressources
Pratique
Précise
Prévoyante
Qui a osé...
Qui comprend vite
Qui a de l'esprit
  (sens de la
  repartie)
Qui va de l'avant
Qui a le sens
  pratique
Rigoureuse
Qui s'est bien
  exprimée
Qui apprend vite
Qui a du bon sens
Qui décide
  rapidement
Réactive
Réfléchie

Renseignée
Reposée
Savante
Sérieuse
Soigneuse
Structurée
Stable
Studieuse
Synthétique
Travailleuse
Tenace

Admirable
Adorable
Agile
Athlétique
Attirante
Attrayante
Juste
Loyale
Sincère
Solide
Saine
Vraie

Charmante
Calme
Délicieuse
Discrète
Docile
Douce
Délicate
Flexible
Humble
Intérieure
Modeste
Pacifique
Paisible
Patiente
Prudente
Reconnaissante
Romantique
Réservée

Sensible
Sentimentale
Souple
Tranquille

Aventurière
Chaleureuse
Contente
Belle
Brillante
Désirable
Éblouissante
Éclatante
Élégante
Endurante
Énergique
Équilibrée
Gracieuse
Grande
Harmonieuse
Jolie
Magnifique
Merveilleuse
Propre
Qui a un fin palais
Radieuse
Raffinée
Ravissante
Remarquable
Suave
Séduisante
Sexy
Splendide
Sportive
Sublime

Apaisante
Clairvoyante
Chanceuse
Chaste

Comblée
Capable de lâcher
prise
Digne
Éveillée

Comique
Détendue
Dynamique
Enthousiaste
Empressée
Enjouée
Fraternelle
Gaie
Humoristique
Joyeuse
Libérée
Libre
Naturelle
Optimiste
Plaisante
Pétillante
Rayonnante
Riante
Spontanée
Stimulante
Taquine
Vivante
Vive

Adroite
Artistique
Créatrice
Cordon-bleu
Drôle
Éloquente
Expressive
Imaginative
Innovatrice
Éclairée

Émerveillée
Élogieuse
Extraordinaire
Fière
Fine
Heureuse
Héroïque
Honorable
Importante
Inimitable
Incomparable
Inébranlable
Intense
Intime
Lumineuse

Libératrice
Magnanime
Majestueuse
Miséricordieuse
Nourrissante
Posée
Pondérée
Positive
Profonde
Protectrice
Philosophe
Prophétique
Pure
Raisonnable
Réaliste
Relaxe
Religieuse
Sage
Sainte
Intuitive
Inventive
Novatrice
Originale

Observatrice
Qui a de
l'imagination
Surprenante
Talentueuse

Ambitieuse
Adéquate
Assidue
Appliquée
Audacieuse
Assurée
Astucieuse
Autonome
Capable de...
Concise
Compétente
Constante
Concrète
Consciencieuse
Curieuse
Courageuse
Cohérente
Convaincante
Convaincue
Débrouillarde
Diplomate
Désireuse
Disciplinée
Diligente
Sereine
Simple
Spirituelle
Sobre
Unique
Vénérable

N'hésitez pas aussi à demander à vos proches les qualités qui, selon eux, prédominent chez vous.

Revenez-y régulièrement.

Se préparer physiquement

➤ *Le travail de fond*

D'abord, je fais un état des lieux. Je me place devant un miroir et j'évalue à quel point ma tête me plaît. Ma peau. Mon corps. Mes pieds.

Je dresse une liste avec une note d'auto-appréciation sur 10 pour chaque partie.

Quand, pour une partie de moi, la note est basse, je ne globalise pas à toute ma personne. Si mes cheveux sont ternes, cela ne veut pas dire que je suis un troll. Je m'en tiens au problème des cheveux et j'envisage des solutions centrées sur le problème : soins, coupe, coiffeur…

Je trouve mon ventre un peu flasque, je me remets aux abdos, en me disant que le sport fait sécréter des endorphines, comme l'amour…

Je trouve mes pieds suspects. Je vais voir le médecin, j'apprends que j'ai une mycose et je commence mon traitement antifungique.

Dans cette préparation physique, vous profitez de l'énergie et de la dynamique suscitées par l'excitation du rendez-vous pour prendre soin de vous. Le plus dur est toujours d'initier une activité, fût-elle bonne pour soi. Faites-le en essayant d'y aller au maximum pour vous et soyez fière de vous. Sachez qu'une fois ces nouvelles habitudes initiées, ce sera moins difficile de les maintenir ensuite. Là encore, même si cela se passe mal samedi, vous n'aurez pas perdu votre temps : vous aurez œuvré pour vous sentir mieux dans votre corps et avec votre image.

➤ *Comment je m'habille ?*

Question cruciale !

J'ai encore quelques jours devant moi avant de me décider. Et si j'en profitais pour jeter un œil à ma garde-robe et la rafraîchir ? Je me place devant mon armoire et j'observe. Quels sont les vêtements sur lesquels mon regard accroche ? Je les essaie et observe les réflexions que je me fais en moi-même. Ça godaille un peu ici, on voit mon ventre, ça bouloche… Alors, je me débarrasse[2] impitoyablement des affaires que je garde dans mon placard pour quand j'aurais 3 kg de moins. Cela ne m'allait déjà pas l'année dernière. Au besoin, j'invite ma sœur ou une vraie amie, qui m'aidera à me séparer de ce joli chandail jaune que ma tante m'a offert et que je n'ose pas jeter.

Le test pour savoir quels vêtements sont des alliés ? Je peux rester cinq minutes devant mon miroir sans que mon attention soit attirée par une imperfection.

Non, ce travail n'est ni léger ni frivole. Dites-vous bien que, de manière informelle, vous pouvez vous rapprocher de la sagesse. Vous pouvez en faire une expérience de *pleine conscience*. Selon le grand spécialiste du sujet, John Kabat Zinn, la pleine conscience est un état de conscience qui résulte du fait de porter son attention, intentionnellement, sans jugement, sur l'expérience qui se déploie moment après moment.

Concentrée sur la tâche, vous observerez régulièrement que votre esprit vagabonde vers le résultat du rendez-vous amoureux. Vous le ramènerez avec patience à ce que vous êtes en train de faire. Vous allez essayer de prendre votre temps. Vous ramènerez aussi souvent que nécessaire votre attention (qui s'éloigne de l'instant présent) aux mouvements de votre respiration et à votre ressenti corporel en tentant, par exemple, de percevoir la contraction des muscles de vos bras pendant que vous rangez, dans l'idée que, si demain vous vous cassez un bras, vous regretterez immanquablement ce moment où vous étiez en train de vous en servir sans conscience. Il se peut que des jugements vous passent par la tête (oh, c'est nul, je range et il ne se passe rien, ça n'avance pas…). Ne vous morigénez pas mais revenez à vos sens : sentez, regardez, touchez vos vêtements. Au début, vous pouvez écouter de la musique pour développer l'attraction du moment, mais ensuite plus vous serez entraînée, plus vous serez capable d'écouter… le silence.

En thérapie, la *pleine conscience* est très utile. Elle est notamment utilisée pour empêcher la survenue de rechutes dépressives, pour atténuer les douleurs chroniques, pour diminuer le stress…On la développe grâce à des méditations dirigées pendant les séances mais on doit surtout s'exercer, entre les séances, à développer cet état de conscience dans des moments très quotidiens comme vous êtes en train de le faire. Donc non seulement votre armoire est nickel mais, second effet Kiss Cool, vous serez moins stressée et vous vous acheminez vers la sérénité.

Une fois que vous avez fait votre tri, soit vous organisez un après-midi troc avec des copines qui ont aussi des armoires pleines (évitez les copines qui font du 36 si vous faites du 42), soit vous allez donner vos vêtements à l'association caritative de votre choix. Vous vous faites ainsi trois fois du bien. Une fois en constatant que votre placard ne contient que des vêtements qui vous vont vraiment, une autre fois en prenant l'initiative d'inviter et d'organiser un événement chez vous, donc en créant du lien social, et troisièmement, en menant une action gentille ; or se montrer gentil fait du bien[3].

Maintenant que votre placard est clean, le problème du « comment je m'habille » va être bien plus simple à résoudre. Le choix des vêtements doit se faire non pas en fonction des goûts supposés du galant, mais en fonction des vôtres.

- Dans quoi est-ce que je me sens moi ?
- Dans quoi est-ce que je me sens agréable à regarder ?
- Dans quelle tenue est-ce que je me sens libre de mes mouvements ?
- Dans quelle tenue est-ce que je me sentirai à l'aise quel que soit le style vestimentaire des gens autour ?

Pour favoriser l'intuition et trouver la tenue, concentrez-vous sur votre souffle quelques instants en fermant les yeux. Ne réfléchissez pas, attendez qu'une idée surgisse.

Dickens disait : « N'importe qui peut être plein d'allant et de bonne humeur quand il est bien habillé. » La tenue que l'on porte peut changer l'humeur. Si vous êtes de mauvaise humeur, passez du temps à vous habiller, choisissez votre tenue préférée et cela vous aidera à retrouver le sourire. Votre tenue peut aussi être ajustée à votre humeur, à vos attentes : romantique, enjouée…

Si vous optez pour le décolleté ravageur ou la chemise ouverte (comment ça ringard ?), soyez conscient que vous mettez en avant des signes qui seront probablement interprétés avec une intentionnalité sexuelle. Et si vous révéliez votre féminité ou votre masculinité en les suggérant plutôt qu'en les imposant ? Ce sont les doutes qui créent du désir, pas les certitudes.

Bon, c'est vrai, on se prend un petit peu la tête. Et ce ne sont jamais des choses que l'on avoue : « Bonjour, je suis un peu en retard car j'ai passé deux heures devant ma glace pour savoir ce que j'allais mettre. Et toi, ça va ? »

Bien sûr, le risque pourrait être d'accorder trop d'importance à sa mise, d'en faire trop, ou par réaction, pas assez, le mieux se situant probablement dans un juste milieu. Je ne me survends pas mais, par mes choix, mon style, je révèle des choses de moi[4]. Les préoccupations vestimentaires sont sans doute davantage féminines que masculines, encore que si les hommes le reconnaissent moins, ils s'en soucient bien plus aujourd'hui.

Bon, on est vendredi soir, vous avez un peu de mal à dormir, c'est normal. Concentrez-vous un peu sur votre respiration en la laissant se faire sans effort, puis lisez un livre ou regardez un DVD.

Comment entrer en contact ?

➤ *Si vous êtes une femme*

Et que vous voulez l'amener à fendre la foule et à venir vous inviter : regardez-le à plusieurs reprises (plus de quatre secondes) et souriez-lui. Dans 60 % des cas, ça marche ! Contre 0 % si vous regardez vos chaussures et faites la tête[5].

Encore plus tactique pour être superattirante sans avoir à vous creuser la tête ? Jouer avec vos cheveux en inclinant la tête, vous remettre du rouge à lèvres, répéter cinq fois en sept minutes alternativement certains de ses gestes et certains ses propos pour qu'il se sente en intimité avec vous (vous lui plairez parce que vous lui ressemblerez[6]), prononcer plus de trois fois son prénom dans la soirée et surtout, résister à toute envie de faire de l'esprit car les hommes ne sont généralement pas séduits par les femmes qui ont de l'humour[7] (alors que quand ce sont eux qui nous font rire, nous les trouvons craquants[8], c'est vraiment trop injuste !). Pour les curieuses qui se demandent ce qu'ils apprécient chez nous : une certaine réserve, notamment sexuelle, surtout le premier soir, une manière d'être attentionnée, sincère, un intérêt subtil *via* le regard, une absence de soumission (si, si, persistez dans votre envie de manger une tête de veau, même s'il prend des pâtes), un style de communication axé davantage sur les faits que sur la relation (ça, c'est à garder pour le debrief avec les amies) et la manifestation d'un contentement car cela les valorise[9].

➤ *Si vous êtes un homme*

Il existe de nombreux sites bourrés de recommandations plus ou moins valables. Aux États-Unis, nombreux sont les gourous de la séduction et autres coaches pour hommes voulant séduire.

Voici de quelle manière l'un d'eux, Alan Roger Currie[10], détaille les quatre différentes possibilités pour communiquer et entrer en contact avec une femme qui vous plaît :

• Le *mode one* est hardi, intrépide, franc, simple, honnête, direct, décomplexé. L'homme y tient des propos audacieux, voire effrontés.

• Le *mode two* est plaisant, prudent, précautionneux, avisé, poli et tourne autour du pot.

• Dans le *mode three*, le comportement verbal est lâche, faux, trompeur, servile, fourbe, mensonger.

• Le *mode four* (et là c'est un festival) est colérique, amer, misogyne et vindicatif.

Comme vous l'imaginez, Alan Roger Currie recommande de développer un style *mode one*. Il le décrit comme infaillible pour faire tomber les femmes les plus jolies dans votre lit. Il explique s'être inspiré de films érotiques. Selon ces spécialistes autoproclamés, le recours à un langage explicitement sexuel, loin de faire fuir la gent féminine, serait un excellent moyen de parvenir à ses fins.

Cela dit, si l'on teste ces hypothèses par des études scientifiques, pour qu'un homme obtienne du sexe, il n'est jamais souhaitable qu'il aille droit au but[11]. Même auprès des femmes inscrites sur des sites libertins, la demande sexuelle directe aboutit très souvent à un refus[12]. Le *mode one* me semble donc comporter une familiarité inappropriée et être un mode de communication prématuré pour débuter une relation. Même si ce type de conseils laisse perplexe, cela permet de constater que les hommes se posent, autant que les femmes, des questions sur leur capacité à séduire et qu'ils doutent. Ils se préoccupent de nous, finalement !

Dans la vraie vie, comment aborder quelqu'un qui vous plaît ? Peut-être ne rien dire, peut-être laisser faire. Si, comme moi, vous êtes très malhabile pour vous lancer dans le niveau 1 de communication (ce qu'on appelle le niveau 1, c'est parler de la pluie et du beau temps), attendez un peu. En forçant votre nature, vous joueriez un jeu qui n'est pas le vôtre et que vous ne pourriez pas tenir très longtemps.

En réalité, le mieux, c'est d'attendre un peu que votre amygdale – pas celle au fond de la gorge, celle dans le cerveau – s'apaise. Pour cela, pensez à respirer, donnez-vous du temps.

Puis dites-vous que l'autre n'est pas un extra-terrestre et qu'il a probablement aussi peur que vous. Les premières choses que l'on dit ne sont que des manières de percevoir si l'autre est prêt à communiquer. Donc peu importe le contenu. Si il ou elle émet des signaux non verbaux de fermeture, vous serez bien content d'avoir juste dit quelque chose de banal sans vous prendre la tête. Si, en revanche, il ou elle lève la tête, vous regarde, rebondit, se creuse aussi la cervelle pour trouver quelque chose à dire, c'est bon, vous pourrez vraiment commencer à communiquer et poser des vraies questions, et vous intéresser vraiment à ses réponses. Normalement, la relation s'emboîtera si elle doit s'emboîter sans que vous ayez trop à réfléchir.

Le rendez-vous

On y est. Au jour J, à l'heure H.

➤ *Comment être à l'intérieur ?*

On a le cœur qui bat un peu vite. Le plus important, c'est de ne pas chercher à se calmer. D'arrêter de penser à des conseils du style « sois toi-même », c'est bidon. On n'est jamais soi-même dans un rendez-vous amoureux. On est crispé, tendu, on est tout sauf naturel. Et c'est normal. Être ému, stressé par un rendez-vous amoureux, c'est dans la nature humaine. On ne sera plus stressé quand on sera mort. Si, lorsque je ressens mon stress, je veux être calme, je double mon stress[13] car vouloir quelque chose, en l'occurrence être calme, c'est déjà du stress.

L'idée est plutôt de parvenir à se sentir un tout petit peu « à l'aise avec son malaise[14] ». Pour cela, on essaie de sentir son stress au niveau respiratoire, au niveau cardiaque, en dirigeant son attention dans son corps plutôt que dans ses idées, on le nomme et on l'accepte avec bienveillance : rien n'est plus normal que ce que je ressens là maintenant.

Pourquoi dans cette situation avons-nous tout intérêt à être campé sur l'expérience du moment et notamment sur nos sensations corporelles ? Lorsque l'attention est portée sur la respiration ou sur la sensation des battements du cœur, elle n'est pas fixée sur des pensées anxieuses comme : « Il va me trouver nulle », pensées qui déclenchent des émotions négatives, qui produisent à leur tour des signaux non verbaux et des comportements d'inhibition. Vous êtes à côté de la plaque quand l'autre vous pose une question. Vous vous dites : « Qu'est-ce que je dois répondre pour ne pas avoir l'air cruche ou pour ne pas qu'il voie ce que je ressens ? » Du coup, vous faites une réponse qui ne vous ressemble pas, tout en ayant l'air très mal à l'aise et tout ça ne vous fait pas un joli visage. Et plus vous serez dans la pensée, plus vous ruminerez : « Je n'aurais pas dû dire cela. J'ai été pathétique… », plus vous continuerez à autoproduire des doutes, de l'angoisse. Et des rides.

Pour sortir de ce cercle vicieux de l'auto-observation négative et des cogitations, il faut donc diriger son attention sur sa respiration et ses battements de cœur (qui explose), sauf que si on ne s'y est pas entraîné, cela risque d'être difficile.

Cela nécessite de s'y mettre un peu avant.

➤ *Comment être à l'extérieur ?*

Je porte aussi mon attention sur ma posture. D'une part, parce qu'une fois de plus, cela me permet d'échapper à mes questionnements négatifs, d'autre part, parce que vous aurez un plus joli maintien. Centrez-vous sur votre dos. Êtes-vous bien pour respirer ? Pour vous tenir droit, ne donnez pas l'ordre au haut de votre corps. Si on se dit « tiens-toi droit », on a tendance à remonter les épaules et le haut du dos. Résultat, la posture est un peu guindée, et on tient dix secondes, après lesquelles on s'avachit de nouveau. Dans certaines danses, on apprend, pour se tenir droit, à contracter plutôt le périnée et les fessiers que le haut du dos. On sangle les omoplates pour dégager les épaules et ne pas avoir la tête dans le cou. Si vous avez le temps de vous entraîner un peu devant votre miroir, vous verrez que le résultat postural n'a rien à voir. Par ailleurs, vous serez beaucoup plus à l'aise pour respirer et la respiration, c'est 40 % de l'émotion[15] !

En prenant l'habitude de vous tenir ainsi, le dos droit, les omoplates sanglées et la tête relevée, non seulement vous êtes plus gracieux et séduisant, mais vous vous musclez à bas bruit. Cerise sur le gâteau : vous influencez positivement votre humeur[16].

Autre chose : ne cherchez pas à dissimuler ce que vous ressentez, parce que ce faisant vous augmenteriez vos pulsations cardiaques et vous prendriez moins de plaisir à ce rendez-vous[17].

Et puis au pire, si vous paniquez, ne savez plus comment vous tenir et quoi faire, imitez la posture de votre partenaire pour augmenter sa sensation de proximité avec vous[18]. Ne soyez pas lourd, ne faites pas ça tout le temps, mais vous pouvez tenter de temps en temps l'affaire. Il croise les jambes, croisez les jambes.

➤ *Comment être dans le moment ?*

C'est le moment de vous décentrer de vous. Pendant le rendez-vous, mettez-vous dans la peau d'un journaliste qui aurait à faire un article extrêmement précis. Pour préparer cette chronique fidèle à la réalité, concentrez-vous sur chaque sens : observez la couleur de ses yeux, les habits portés, la couleur des murs. Sachez qu'en observant ces trois points, votre regard a dû balayer l'espace et que vous avez adopté le regard de quelqu'un d'affirmé, beaucoup plus engageant que si, rongé par l'angoisse, vous aviez passé le repas, les yeux dans l'assiette.

Puis regardez-le bien, observez ses signaux non verbaux d'appel, ses marques d'intérêt. Ils diffèrent un peu en fonction des sexes[19]. Regardez un peu dans ses yeux, pas trop longtemps car cela met mal à l'aise, passez au visage.

Continuez avec les autres sens : écoutez les bruits, les musiques, si vous avez cinq minutes, accessoirement les propos de votre interlocuteur ! Intéressez-vous à lui en étant attentif à ce qu'il est : sa façon de raconter les choses, de sourire, de réagir, de rire, de vous regarder, de se comporter… Pour répondre ensuite à la seule question qui vaille : « Est-ce qu'il me plaît ? Est-ce qu'il me charme ? »

La mauvaise question, c'est : « Est-ce que je lui ai plu ? » Vous n'êtes pas un objet qu'on prend ou qu'on jette. Vous êtes, vous, en situation de décider si l'autre vous convient ou non. Arrêtez de vous autojuger de manière hostile et reprenez le pouvoir. Répondez à la question : « M'intéresse-t-il ? Suscite-t-il quelque chose en moi ? Suis-je touché, charmé par l'autre, par une grâce ? Ai-je l'impression que l'interaction qui est en train de se produire est rare ? Est-ce que je suis là en ce moment sur un petit nuage ? Y a-t-il une magie qui opère ? »

Parce que si elle n'opère pas, qu'est-ce que vous en avez à faire de ne pas lui plaire, finalement ?

Et si elle opère, si vous êtes sur le petit nuage, ce sera très attirant et séduisant pour l'autre que de se sentir regardé avec intérêt, amusement, admiration…

Après le rendez-vous : faites le point

Le rendez-vous touche à sa fin, vous avez accumulé un certain nombre de sensations, d'impressions, d'émotions. Remerciez-le de ce moment, et tournez sept fois votre langue, dans votre bouche à vous, avant de proposer une suite. Après cette première fois, vous avez besoin que l'expérience décante, que les émotions accumulées aient le temps d'être digérées. Or parfois, on se laisse happer sans trop bien savoir où on en est.

Caroline avait connu Fabien chez des amis. Elle admirait son métier et avait été très intéressée par le récit de certains des voyages qu'il avait faits. En plus, il l'avait fait rire. Quand il l'a invitée à dîner, elle a accepté avec des attentes plutôt positives. Un quart d'heure avant le rendez-vous, il l'appelle pour lui dire qu'il serait en retard d'une heure parce que son ex-femme n'était pas encore passée prendre les enfants. Oups. Ça commençait mal. Elle s'était quand même dit : « Ça peut arriver, passe au-dessus de ça. » Pendant le repas, il parlait de son ex-femme avec rancœur tout en disant qu'il avait très bien digéré la séparation. Caroline a changé de sujet, l'amenant à parler de ses voyages, et ils ont pu rire de nouveau. À l'issue du rendez-vous, qui globalement s'était bien passé, elle s'était laissé embrasser.

Une fois seule chez elle, lorsque les émotions diverses ont pu décanter, Caroline s'est aperçue que ce qui prédominait en elle, c'était davantage des signaux d'alerte, de méfiance, que des signaux d'attraction. Elle regretta l'issue du rendez-vous.

Prenez du temps pour écrire le déroulement de la soirée, dans tous ses détails, en essayant d'abord de ne décrire que les faits. Ensuite, vous pouvez noter ce que vous avez vécu et la manière dont vous avez vécu chaque moment. Non, ce n'est pas du temps perdu. Cela vous permettra de le lire et le relire sans perdre une miette de ce moment s'il s'agit de *Mister Big* et si ce n'est pas *Mister Big*, cela vous aidera à travailler sur vos émotions et à vous connaître davantage pour le suivant.

Ensuite, relisez-vous et déterminez s'il vous a regardée de manière incitante et insistante, s'il a sorti le grand jeu (restau classe et non gargote cheap), s'il a fait le coq et vous a déballé son compte en banque, ses muscles, et ses performances dans tous les domaines… S'il a fait tout ça, c'est qu'il a craqué[20]. Si vous êtes un homme et qu'elle s'était pomponnée, maquillée, bien habillée, si elle a ri souvent mais donné aussi un peu de fil à retordre, c'est qu'elle a craqué. Oui, oui, les études sont formelles !

Laissez passer quelques jours et voyez quelles émotions et impressions surnagent, car elles vont sans doute fluctuer. Prenez ce temps pour savoir si il ou elle vous attire et si vous allez rappeler.

C'est un peu comme quand on fait les magasins. Une fois embarquée dans la fièvre acheteuse, on serait capable d'acheter sans discernement, parce que c'est en solde, parce que c'est joli dans le magasin… Or, si après avoir regardé, essayé, on résiste à l'achat et on se laisse un petit temps de réflexion, on observe que certaines affaires continuent de nous trotter dans la tête alors que d'autres non. À moyen terme, on est très contente d'avoir résisté à cette petite robe qui boudinait juste un peu.

En prenant le temps d'observer ce que l'on ressent, on retrouve son libre arbitre. De ce fait, on n'est pas manipulé par la théorie de l'engagement et par l'effet « pied dans la porte[21] ». On s'est laissé embrasser, on a dit oui à une première requête, en apparence anodine, et la probabilité que nous disions non à la seconde, en l'occurrence coucher ensemble, sera bien plus faible. Et si on s'apercevait après quelques jours de réflexions que, vraiment, ce type est un cauchemar, il sera beaucoup plus difficile de s'en dépatouiller après avoir couché avec lui qu'après un simple café.

Et à l'inverse, si cet homme est l'homme de notre vie, sachant que contrairement à ce que l'on pense, les hommes tombent plus rapidement amoureux que les femmes[22], en le laissant mijoter dans son jus, le temps de faire le point et d'y voir clair, vous vous rendrez encore plus désirable.

Comment se permettre d'être difficile ?

C'est difficile d'attendre et de faire attendre. Parce que l'on se place plus souvent comme objet de désir que comme quelqu'un pouvant désirer ou non.

C'est difficile aussi parce qu'il faut avoir confiance en soi et en l'avenir. Il arrive que, bien que l'on ait ressenti tout un tas de signaux négatifs lors d'un premier rendez-vous, on se dise : « C'est peut-être moi qui suis trop difficile. Il n'est pas si mal. Je ne vais plus jamais plaire à quiconque, donc je devrais m'estimer heureuse de plaire cette fois… »

Comment développer sa confiance et se permettre d'être difficile ?

• En identifiant les pensées toxiques et en les remettant en question : pour cela, repensez aux nombreuses fois dans le passé où vous avez été persuadé de ne plus jamais plaire. Êtes-vous resté seul finalement ? Rappelez-vous aussi la dernière fois où vous avez accepté de rester avec quelqu'un qui vous plaisait moyennement par peur de rester seul. Avez-vous été plus heureux dans cette relation que quand vous étiez célibataire ?

• En cherchant aussi les origines du manque de confiance. Comment réagissaient vos parents quand vous aviez des difficultés relationnelles avec autrui ? Vous écoutaient-ils ? Vous posaient-ils des questions sur ce qui s'était passé ? Vous faisaient-ils spontanément confiance ou bien donnaient-ils systématiquement du crédit à la personne avec laquelle vous vous sentiez mal en vous exhortant à vous remettre en question ?

Marine me racontait que lorsqu'elle avait présenté Benjamin à sa mère, celle-ci l'avait trouvé formidable, le gendre idéal. Elle était tout miel avec lui. Avec Marine, Benjamin était jaloux, possessif, il exigeait d'elle qu'elle interrompe ses activités de loisir. Il fouillait dans ses affaires, et lui a fait une scène terrible quand il s'est aperçu qu'elle avait eu des petits amis avant lui. Marine se sentait de plus en plus mal avec lui. Elle avait essayé d'en parler à sa mère, mais celle-ci lui avait rétorqué qu'elle était bien difficile, que l'on devait faire des compromis dans une relation, qu'avec son caractère, elle aurait beaucoup de mal à retrouver quelqu'un d'aussi bien… Marine mit plusieurs années à avoir le courage de se séparer de Benjamin. Elle se souvient aujourd'hui que sa mère avait été comme ça avec elle depuis toute petite ; lorsqu'elle avait des querelles à l'école, elle prenait systématiquement le parti de l'autre copine en disant à Marine qu'elle avait toute la responsabilité dans le problème. Marine ne s'est jamais fait confiance relationnellement et a toujours cru que, quand les relations se passaient mal, c'était sa faute. Elle s'est ainsi retrouvée engagée dans plusieurs relations amoureuses dans lesquelles elle ne se sentait pas bien. Elle a pu sortir de ce conditionnement en en prenant conscience avec compassion pour elle-même, c'est-à-dire en sentant physiquement et psychiquement combien elle souffrait, en accusant puis en pardonnant à sa mère qui finalement projetait sur sa fille ses propres doutes face à autrui.

Et maintenant, il reste à espérer

Si pour ne pas souffrir, vous vous persuadez que la personne que vous avez rencontrée et qui vous a plu ne vous rappellera pas ou qu'elle est trop bien et que ça ne marchera jamais, vous faites une grosse boulette. Je sais, je l'ai déjà faite.

Je suis tombée superamoureuse de quelqu'un que j'admirais beaucoup. On a passé une soirée ensemble. Après la soirée, dans ma tête, j'essayais de me persuader qu'il ne pouvait pas être amoureux de moi, que je devais me préparer à un échec. J'étais très négative. Bien évidemment, je l'ai placé, lui, dans la position de me choisir ou non. Or il est parti du rendez-vous avec la même peur que moi d'être rejeté. Il m'a rapidement appelée et écrit. Seulement, j'étais dans mes prédictions négatives, alors je trouvais que ce n'était jamais assez, j'étais sans arrêt insatisfaite et en demande de réassurance. Il a préféré mettre fin à la relation.

En développant son optimisme (voir page 206), on augmente les chances que les choses positives arrivent et les chances d'être heureux en amour[23]. Vous avez le choix : lisez vos horoscopes et ne gardez que les bons, faites des incantations magiques, sortez avec des amis qui sont heureux en amour… Sachez aussi que quand on est optimiste, on est de bonne humeur et qu'être de bonne humeur rend plus attirant.

CHAPITRE 9

Comment vivre la passion ?

L'attirance est réciproque, c'est même le total Zazazou. Vous êtes passionnément amoureux. Et ce n'est pas toujours facile à traverser.

La sentir dans le corps

Si vous pouvez vous concentrer sans penser à l'autre, si vous pouvez courir, faire des courses, travailler sans penser à l'autre, passez directement au chapitre suivant : vous n'êtes pas concerné par la passion. Si, en revanche, quoi que vous fassiez, tout vous ramène à l'être aimé : une couleur, la musique d'un groupe qu'il aime, des lettres dans le métro qui vous rappellent ses initiales…, là, c'est cuit.

Votre entourage essaie de vous mettre en garde ?

N'essayez pas de lutter. Lutter contre ça, alors que c'est si bon ? Et d'abord au nom de quoi, au nom de quel principe devrais-je m'interdire cet immense moment de plénitude ?

Apprenez plutôt à en profiter.

Comment ? Reconnaissez ce qui se passe en vous et jouissez-en maintenant, quand c'est là. Dans votre corps, observez où sont les sensations qui accompagnent cette félicité. Faites descendre votre conscience, en profitant des mouvements du souffle, dans ces sensations. Est-ce que vous sentez comme votre cœur bat, comme vous avez une sensation de chaleur au creux de l'estomac ? Ou bien l'énergie dans vos jambes ? Ou bien comme vous vous sentez léger dans la tête ? Observez et observez encore.

« Moi, ça me fait du chaud un peu partout. »

« Moi, ça me rend les battements de mon cœur beaucoup plus perceptibles. »

Des pensées vont passer en vous. Des projections. Vous allez imaginer la vie à deux, un bébé, alors que vous êtes à J+7 de la relation. Oui, c'est du délire. Oui, ce n'est pas rationnel. Mais ne cherchez pas à repousser ces pensées, cela les renforcerait. C'est l'histoire du chameau. Fermez les yeux et ne pensez pas au mot chameau. Essayez de tenir quelques minutes. Et bougez un doigt chaque fois que le mot vient malgré tout. Alors que vous n'aviez pas pensé au mot chameau depuis au moins quinze jours, il suffit qu'on vous donne la consigne de ne pas y penser pour que vous y pensiez beaucoup. Les obsessions amoureuses de la passion, c'est pareil. Plus vous essaierez avec la volonté de ne pas y penser, plus elles reviendront en force.

Amusez-vous plutôt à observer qu'elles sont là : « Tiens, je suis en train d'imaginer que j'ai un bébé de lui », ne vous jugez pas, ne vous engueulez pas. Allez juste chercher dans votre corps de quelle manière s'est traduit cet instant d'imagination ; chaleur dans le plexus, détente musculaire… C'est dans le corps que vous pourrez savourer.

Ne pas chercher à la contrôler

J'ai vu un film que j'ai beaucoup aimé : *Caramel*. L'histoire de quatre amies, qui travaillent dans un salon de beauté. Layale, jouée par la réalisatrice elle-même, est amoureuse d'un homme marié qui la klaxonne quand il a un peu de temps pour la voir. Elle vit au rythme des coups de klaxon, au grand dam de ses amies qui ont une véritable affection pour elle. Elles ont la délicatesse de ne pas lui faire la morale et de ne pas intervenir. Layale accourt, lâche tout séance tenante, guette un signe, fait sonner son portable par son petit frère pour être sûre qu'il est en état de marche. Elle est dans l'attente. Elle en perd toute fierté, tout amour-propre. Son espoir est ténu, rationnellement, elle sait qu'il ne quittera pas sa femme. Elle va jusqu'à rencontrer celle-ci pour s'évaluer (ou se dévaluer) elle-même. Le jour de son anniversaire, elle loue une chambre d'hôtel de passe car les autres hôtels de Beyrouth refusent de louer une chambre à un couple non marié. Elle passe la journée à récurer la chambre, à préparer un nid douillet pour passer la soirée avec lui. Il envoie finalement un SMS où il lui dit qu'il ne pourra pas venir. C'est à partir de là, de ce moment où les choses sont allées trop loin pour elle, qu'elle parvient à faire le choix de rester sur sa chaise quand le klaxon sonne.

On fait de son mieux. Il faut absolument considérer les relations amoureuses comme des expériences, et pas comme des réussites ou des échecs. Contrôler quoi ? Quand tout échappe. C'est uniquement en faisant des expériences qu'on peut apprendre. Et cela prend du temps d'apprendre, surtout dans ce domaine. Oui, je n'ai pas pu m'empêcher d'aller vers lui alors qu'il était distant. Si j'avais eu un peu de fierté, un peu de contrôle sur moi-même, j'aurais joué les princesses évanescentes. Sauf que je n'y suis pas arrivée. Je peux me féliciter. Cette expérience me permet d'apprendre à m'accepter telle que je suis, imparfaite.

Oui, bien sûr, il y a tous les autres qui ont l'air de mener leur vie amoureuse de façon irréprochable. Ceux qui vont vers les bonnes personnes, ceux qui savent se faire attendre juste ce qu'il faut. Le déroulé de leur histoire est un véritable modèle. Sauf que vous n'en voudriez pas de leur Chouchou, reconnaissez qu'avec le temps, il a un peu l'air éteint, il n'est pas très affirmé, il fait un peu pantin.

Alors bien sûr, aujourd'hui, vous avez l'air moins rationnel, vous lui téléphonez un peu trop souvent, vous couchez avec lui un peu trop tôt, vous ne vous respectez pas toujours, mais vous apprenez à vous vivre. Et puis : réfléchissez bien, observez bien, vous ne réagissez pas tout le temps comme ça. Il y a des moments où vous vous laissez aller et il y a aussi des moments où vous avez l'air inaccessible, mystérieuse.

Il y a une grande différence entre la manière dont vous vivez les choses à l'intérieur de vous et ce qui peut transparaître. Vous vous êtes conduite de façon distante hier (c'était pour le faire réagir, mais ça, lui ne le sait pas). Et il vous croit distante tout court.

Dans le film *Le Sauvage* de Jean-Paul Rappeneau, Catherine Deneuve campe une jeune femme au tempérament passionné et tempétueux. Elle s'accroche à un homme un peu sauvage qui ne manifeste pas de réciprocité. Il n'a qu'un but, se débarrasser d'elle. Or elle le colle littéralement, le suit partout, démolit son bateau pour qu'il ne la quitte pas. Un soir, ils couchent ensemble. Au réveil, elle lui révèle qu'elle l'aime de façon très touchante. Il lui propose du café puis lui demande de s'en aller. Elle tourne les talons, s'installe ailleurs, se débrouille seule, le snobe, lui pose un lapin. Et il ira la chercher, très amoureux, au bout du monde. Oui, c'est un film, non ce n'est pas la réalité, mais si, un peu quand même. Ce qui est très juste dans ce film, c'est que les sentiments ne deviennent pas conscients à la même vitesse chez chacun, les comportements amoureux sont très labiles chez une même personne et chez soi-même. L'équation a trop d'inconnues pour pouvoir présager à coup sûr une issue négative ou positive.

Donc, en ce qui concerne vos comportements amoureux que vous aimeriez davantage contrôler, observez qu'ils sont tels ou tels maintenant mais n'en déduisez pas de généralisations sur vous dans l'amour. Vous venez d'appeler Jean-Yves. Vous lui avez dit que vous aviez superenvie de le voir aujourd'hui mardi. Il a répondu qu'il n'était pas dispo ce soir. Point. N'en concluez pas que vous êtes une perdante sans fierté et que vous ne serez jamais aimée. Remplacez cette règle sur vous-même par l'énoncé du contexte : je l'ai appelé ce soir et il n'était pas disponible. Ça me contrarie. Point.

Il n'est jamais possible, quelque énergie qu'on y mette, de contrôler la passion, de s'y soustraire. C'est une émotion trop intense. Par définition, elle est incontrôlable. On peut la contrôler lorsqu'elle est absente. Contrôler une émotion intense, c'est vouloir refroidir un liquide qui bout en soufflant dessus[1]. Vouloir la contrôler, c'est se mettre du stress. Le stress est une émotion. Et une émotion + une émotion = deux émotions. Résultat ? Une passion renforcée et des nœuds dans la tête.

Alors, si on l'acceptait plutôt telle qu'elle se présente …

Tenter d'apprivoiser l'incertitude

Dans la passion, les oscillations émotionnelles sont très amples et les oscillations cognitives suivent : je l'aime, il m'aime, je suis heureuse. Quelques heures après : il ne m'aime pas, c'est sûr, sinon il m'aurait rappelée. Ma vie est terne, je ne serai jamais heureuse, je n'obtiendrai jamais ce que je veux, je suis tellement désespérée…

Quand on aime passionnément, l'absence génère beaucoup d'incertitude et les souffrances sont très vives. Or l'incertitude est une source d'inconfort notoire chez tout être humain.

Moins on a de possibilité d'influer sur les événements, plus on ressent de stress. Quand un amour ou une passion débute, on ne connaît pas l'autre. On ne sait pas ce qu'il pense, comment il ressent et vit les choses. Alors on y pense tout le temps dans l'espoir de comprendre et de prévoir davantage. Mais on plaque sur l'autre notre façon de penser et de ressentir. Et souvent nos propres démons. On ne veut plus être dans ce stress. Pour en sortir, on a des pulsions à agir. On l'appelle pour voir, on lui fait des demandes de réassurance, on s'agite et on s'en veut juste après parce qu'on se dit qu'on a été envahissant, et qu'à cause de cela, notre prédiction va se réaliser. Lorsqu'on est atteint de toxicomanie, on a besoin de sa dose de toxiques, on fait tout pour se la procurer, on la consomme, on éprouve un bien-être de quelques instants, puis on ressent de nouveau le manque. Plus on consomme, plus l'intervalle de temps entre la prise et les sensations de manque s'amenuise. Rappelez-vous, l'amour génère des modifications biologiques similaires à la toxicomanie.

Ce sera très dur mais essayez de ramener coûte que coûte votre esprit à l'instant présent. Essayez de faire durer le plaisir lors de la « prise », c'est-à-dire lorsque vous êtes ensemble. Lorsque vous voyez l'être aimé, lorsque vous recevez un message de lui ou d'elle, essayez de vous concentrer sur l'instant, de sentir ce qui se passe dans votre corps.

Vous est-il arrivé de souhaiter quelque chose très fort ? Une jolie maison par exemple ? Vous avez mis de l'argent de côté, passé du temps à la concevoir, à vous imaginer la décorer ? Vous pensiez que, une fois propriétaire de cette maison, vous seriez heureux ? Et puis vous signez, vous emménagez, vous êtes dans votre nouvelle maison qui correspond à votre rêve. Et là, passé l'euphorie, c'est comme un vide. Vous pensiez que vous seriez heureux et vous voilà vide.

Cela vous est-il arrivé dans vos relations amoureuses précédentes ? Vous étiez convaincu qu'une fois que vous sortiriez avec X ou Y, vous seriez la plus heureuse des personnes ? Et puis vous sortez avec X et vous vous rendez compte que vous retrouvez ce vide. Alors vous attribuez cette sensation à la personnalité de X, en vous disant que vous l'aviez idéalisé mais que finalement c'est un toquard ! Mais avec Y, ça a été pareil. Et à force, des doutes émergent. N'est-ce pas le problème universel du désir, de la tension qu'il génère et du vide que laisse sa satisfaction ?

Bon, là, j'essaie de vous convaincre que désirer est un leurre. Mais c'est aussi un leurre que désirer ne plus désirer. On n'y arrive jamais vraiment. Mais c'est bien d'être consciente qu'on ne sera pas tellement plus heureuse quand il nous aura appelée, qu'il sera là avec nous, qu'il nous aura demandé en mariage si on n'est pas heureuse tout de suite.

Ce temps de l'attente et de l'incertitude peut aussi être goûté comme le nectar de la passion. Dans quinze ans, si vous vivez ensemble, vous ne vous souviendrez pas des trois jours précédents, vous serez sans doute dans un quotidien confortable, mais qui vous laissera peu d'émotions vives et donc de souvenirs. En revanche, vous n'aurez pas oublié les moments que vous êtes en train de vivre maintenant. Paradoxalement, vous souffrez beaucoup mais vous êtes en train de vivre le meilleur. Vous aimez la passion ? Eh bien la passion, c'est ça.

Travaillez un tout petit peu sur cette tolérance à l'incertitude. Comment ? En vous exposant progressivement et régulièrement à des situations de non-contrôle, de stress dans d'autres domaines. Restez dans le stress en rentrant bien dans ses sensations et observez que ce stress, s'il est toléré, s'estompe peu à peu et que les questions et les doutes qui l'accompagnaient disparaissent.

La deuxième chose, c'est de pouvoir remettre le temps en perspective. Quand on est dans l'incertitude, le temps est arrêté. On a la sensation que ce mal-être va durer toujours. Rappelez-vous la dernière fois que vous avez douté, eu peur... Comment cela s'est-il passé réellement ? Est-ce que ça a duré toujours ? Comment cela s'est arrêté ? Rappelez-vous la dernière fois où vous étiez fou amoureux ? Aujourd'hui, quand vous repensez à cette personne, qu'en pensez-vous ? N'êtes-vous pas soulagé que cette histoire soit finie ?

Troisième piste : l'incertitude est difficile à vivre quand l'issue qu'on voit à la situation est négative. On en a déjà un peu parlé, cela s'appelle le pessimisme. On tolérera d'autant mieux l'incertitude que l'on croit à un avenir positif. Du coup, pas besoin de se faire du mouron car les choses se passeront bien, forcément. Il est possible de devenir optimiste. Avec des exercices réguliers. Quotidiens. C'est tout le domaine d'étude actuel de la psychologie positive dont les résultats sont assez probants[2].

Prenez un petit cahier et écrivez chaque jour 5 choses positives qui vous sont arrivées. Tous les jours. Pendant vingt et un jours. On dit qu'il faut vingt et un jours pour mettre en place une nouvelle habitude. Là, il faut mettre en place l'habitude de diriger l'attention, non pas sur les choses négatives qui vous arrivent et qui confirment vos croyances, mais sur des événements positifs qui vont peu à peu en avoir raison.

Obsessions et rêveries : lutter ou s'y plonger

Il veut vous voir.

La joie : quelques minutes, voire quelques heures. Puis que se passe-t-il ? On se met à penser. Au début, on est dans des rêveries agréables. On se projette dans un futur à deux, à plus ou moins long terme : prochaine nuit l'un près de l'autre, week-end en amoureux, voire vie en commun…

Puis on commence à être dans le manque. Et là, de petits doutes s'immiscent subrepticement.

Des doutes sur soi : Il (elle) ne m'a pas rappelé depuis ce matin, il a changé d'avis, il ne pense plus à moi, je ne suis pas assez mince, pas assez intelligent ou trop ceci ou cela.

Des doutes sur l'autre : il n'est peut-être pas généreux, un peu bébête...

Des doutes sur l'avenir : ça ne marchera jamais.

Des doutes sur le passé : j'aurais dû lui dire ceci plutôt que cela. Je n'aurais pas dû lui montrer ça... Il a dû croire que j'étais aux abois quand je lui ai demandé ce qu'il faisait le week-end prochain. Etc.

Quels sont les processus de la pensée à ce moment-là ? On anticipe en pensant à plus tard. Et on rumine en passant des heures à penser au passé. On culpabilise.

Charlotte m'a rapporté les pensées qui s'étaient agitées en elle alors qu'elle était amoureuse de David. « Je lui avais envoyé un petit mot la veille, il ne m'avait toujours pas répondu. Je me disais qu'il avait mieux à faire. J'ai reçu un SMS à 7 heures le matin où il me disait qu'il pensait à moi. Là, j'étais tellement heureuse que je ne pensais pas, je crois. Puis, comme j'étais en vacances, je suis allée au cinéma voir un film dans lequel un homme ne cherchait qu'à élargir son palmarès de conquêtes sexuelles. Je me suis alors dit que tous les hommes ne pensaient qu'au sexe et qu'il n'y avait aucune raison qu'il échappe à la règle. Puis en revenant, j'ai croisé un couple amoureux dans la rue. Je me suis dit qu'ils n'étaient peut-être pas tous comme ça. Puis je me suis affalée sur le canapé et j'ai commencé à penser à la première fois où il m'embrasserait. J'imaginais un baiser très sensuel et je fantasmais ensuite sur la fois où on ferait l'amour. Ça a duré quelques minutes. Puis d'un seul coup, je me suis dit : "Si ça se trouve, il va m'embrasser comme un pied et ça va me donner envie de me sauver en courant alors que ce qu'il est me plaît beaucoup." Puis je me suis demandé : "Est-ce qu'il ne faut pas passer au-dessus de ça ? Est-ce que le sexe est vraiment important ?" En fait j'ai passé quasiment ma journée à penser à lui et à l'amour en général mais je n'ai jamais eu une seule fois la même pensée. »

C'est à ça que sert, entre autres, l'observation de nos pensées. À observer qu'elles fluctuent, donc qu'elles ne sont pas des faits, qu'elles traduisent un ressenti qui est présent maintenant et qu'il faut apprendre à nommer et à accepter : amour, désir, colère, inquiétude, sentiment de complétude, attente... À observer qu'elles sont impermanentes et que les pensées comme les émotions changent sans arrêt. Ce n'est qu'en les observant de près régulièrement qu'on peut en être persuadé et ainsi prendre de la distance avec nos pensées négatives[3]. On s'observe en train de se dire : « Il ne pense pas à moi », on sait que c'est une pensée qui traduit que nous ne nous faisons pas confiance, que nous sommes un peu triste là maintenant, mais on sait aussi qu'elle changera dans quelques heures et que cette pensée n'est pas un fait.

Dans tous les cas, lorsqu'on rêve, on n'est pas dans l'instant présent. Le problème de l'instant présent, c'est qu'à côté de ces rêveries, il est plutôt ennuyeux et banal. Certains affirment[4] que l'on ne peut pas tomber passionnément amoureux si l'on est content de notre présent. L'état amoureux passionné surgirait quand on s'ennuie dans le quotidien, quand on se sent un peu vide et sans valeur. Il suffit alors que quelqu'un nous manifeste de l'écoute, de l'empathie, nous conforte par un certain enthousiasme dans notre volonté de changement pour que bingo, nous tombions raide dingue.

C'est en utilisant cette hypothèse que nous allons voir comment tenter de sortir de la passion, soit parce qu'elle n'est plus partagée, soit parce que nous nous méfions de nous-même et que nous ne souhaitons pas nous laisser embarquer trop loin par une relation passionnelle, ou bien parce que nous craignons de nous emballer pour de mauvaises raisons.

Comment sortir des impasses
de la passion ?

La passion amoureuse envahit à tel point l'esprit qu'il est parfois extrêmement difficile de recouvrer la raison.

Dans *Le Bourreau de l'amour*, Irvin Yalom raconte l'histoire d'une femme qui a vécu vingt-sept jours de passion amoureuse, vingt-sept jours d'une grande histoire d'amour qui a pris fin brusquement et sans explication de son amant. C'était il y a huit ans et depuis le temps s'est arrêté. Elle se repasse en boucle les vingt-sept jours, elle adresse à son ex-amant des messages qui restent sans réponse, elle a essayé différentes thérapies sans succès et annonce à son psy qu'elle va de toute façon mettre fin à sa vie qui n'a aucun sens. Pendant les six mois durant lesquels il la suit, rien ne marche. Il ne parvient à créer aucune relation avec elle, il ne parvient pas à lui faire investir son présent, de quelque façon qu'il prenne les choses, rien ne bouge. Jusqu'à ce qu'il décide de convoquer celui dont elle était amoureuse. Son idée est que seule la réalité pourra la sortir de ses obsessions. Elle a trois questions à lui poser : Que s'est-il passé ? Pourquoi est-il resté silencieux ? Que ressent-il pour elle aujourd'hui ?

Je ne vous dirai pas comment cela se termine…

En pratique

• Accueillez toutes les émotions qui vous traversent avec beaucoup de compassion pour vous-même, sans vous juger.
• Essayez de sortir un peu et de vous distraire. Au début, ce sera poussif. Vous irez au cinéma et l'histoire d'amour que vous verrez dans le film vous ramènera à votre amour. Vous irez voir des amis, vous irez à des fêtes mais vous vous y sentirez étranger. C'est courant et c'est NORMAL. Ne vous coupez pas trop du monde. Gardez des amis et des rituels sociaux. Privilégiez les

amis gentils, les personnes de votre famille compréhensives et affectueuses. Laissez de côté les donneurs de leçons et les évitants émotionnels.

• Occupez-vous. N'attendez pas que cela vous empêche complètement de penser à votre passion. Cela vous coûtera d'agir. Vos hobbies habituels vous paraîtront pâlichons. Explorez-en d'autres en faisant attention, cette fois, au chemin. Rappelez-vous, ce n'est pas le moment où vous avez obtenu votre baccalauréat dont vous vous souvenez le plus, mais bien des années au lycée qui vous y ont amené. Là, c'est pareil. Soyez attentif aux gens que vous allez rencontrer quand vous allez vous inscrire, quand vous débuterez une activité nouvelle, même si pour l'instant, tout cela vous paraît bien insipide en comparaison de l'intensité de vos sentiments. Vous stockez quand même beaucoup de souvenirs.

• Gardez des repères de routine ; douche, repas, sans rien en attendre. Faites du mieux que vous pouvez pour fixer votre attention sur vos sens pendant ces moments, mais considérez comme tout à fait normal que votre esprit parte deux cent cinquante fois vers elle ou lui. Surtout ne vous attendez pas à être transformé émotionnellement par vos activités.

• Dans les moments d'accalmie émotionnelle, pensez à des projets un peu fous qui vous font rêver : voyager, écrire un livre, apprendre une ou des langues étrangères[5], et faites de petits pas dans ces directions : achetez un bouquin sur New York, du papier pour écrire, la méthode Assimil de serbo-croate…

• Et si cette passion s'achevait brusquement ? « Une vraie âme sœur est probablement la personne la plus importante que tu rencontreras jamais, parce qu'elle abat tes murs et te réveille d'une claque. La raison d'être de ta rencontre avec David, c'était de te secouer, de te faire quitter ce qu'il te fallait quitter, de t'écorcher un peu l'ego, de te montrer ce sur quoi tu butes et ce dont tu es dépendante, de te briser grand le cœur afin qu'une nouvelle lumière puisse y pénétrer, de t'acculer à un désespoir et une perte de contrôle tels que tu étais obligée de transformer ta vie. Tu es comme un chien dans une décharge, bébé, tu t'obstines à lécher une boîte de conserve vide, à essayer d'en extraire coûte que coûte de quoi te nourrir. Et si tu n'y prends pas garde, cette boîte va rester coincée à jamais sur ton museau et rendre ta vie misérable. Alors lâche-la[6]. »

Pour lâcher la boîte coincée dans le museau, si cela se finit, il va falloir se confronter avec la réalité. Pour ça, il faut trouver le bon moment. Il faut se sentir suffisamment solide, avoir suffisamment pleuré. Il faut avoir suffisamment rempli sa vie d'autres petites choses, événements, loisirs ou amis qui nous procurent de petites joies. Puis, quand on se sent prêt, il faut y aller, se libérer de l'attente qui tue à petit feu, de l'espoir qui n'a plus de raison d'être et qui nous fait perdre complètement confiance en nous et en la vie.

C'est ce qu'a fait Marine qui était amoureuse de Paul depuis plusieurs mois. Ils ne s'étaient vus que deux fois. Elle gardait cette passion dans sa tête pour échapper à son quotidien. Un soir, elle s'est sentie prête ; elle lui a téléphoné. Jusque-là, elle lui écrivait par mail. Il répondait de temps en temps, alimentant la flamme de loin en loin, la laissant dans l'expectative. Quand elle s'est annoncée au téléphone, il a été surpris. Elle a demandé si elle le dérangeait, il a dit… oui. Elle a compris, viscéralement, que c'était sans issue. Elle le savait intellectuellement. Elle s'est sentie honteuse quelques instants après cet appel. « Pourquoi est-ce que j'ai eu besoin de cela ? Pourquoi est-ce que je n'ai pas pu comprendre avant ? » Seulement, elle a pu passer à autre chose.

En résumé, c'est quand on se sent prêt que l'on peut affronter la réalité, et l'accepter. Tant que nous avons besoin de l'illusion de nous sentir aimé pour trouver la force de nous reconstruire, faisons-le. Qui cela gêne-t-il ? Ce sont nos pensées. Elles nous appartiennent et elles n'atteignent personne !

À partir de ce moment, quand on a eu la force de faire face au fait que l'autre ne partage pas nos sentiments, où on est vraiment seul, on pourra sortir du trou, et rire, un peu, puis bien se traiter, même si, pour l'instant, à cause de notre passion, on ne s'est pas donné beaucoup d'importance.

Enfin, après un temps qui peut être très variable, de quelques mois à quelques années, on n'a même plus envie de le voir et on se dit échappé belle !

Le vrai amour, cela rend heureux.

CHAPITRE 10

Comment faire évoluer
son profil amoureux ?

On n'a pas été suffisamment sécurisé affectivement dans l'enfance. Devons-nous toute notre vie traîner ce handicap ?

La manière dont on s'attache n'est pas gravée dans le marbre et peut évoluer avec les circonstances extérieures. Oui, mais celles-ci sont peu sous notre contrôle.

Alors, quels sont les moyens de changer ses propres croyances, comportements et sentiments ?

La littérature scientifique s'attache davantage à décrire et à observer les différents styles d'attachement et leurs particularités qu'à proposer et à évaluer des modalités de changement. Les différentes propositions ci-dessous sont donc surtout issues de l'expérience clinique.

Pour atténuer son style d'attachement insécure, le travail sur soi doit comprendre l'identification des pertes précoces, le traitement des séquelles émotionnelles laissées par les relations insécurisantes avec les figures d'attachement, le changement et la réorganisation du système de croyance, et enfin, un travail sur les réactions physiologiques relatives aux relations d'attachement.

Avant de commencer, faites le petit test suivant :

Après avoir travaillé sur vous au moyen des exercices proposés tout au long de ce chapitre, vous pourrez refaire ce test et suivre vos progrès.

Pour compléter ce questionnaire inspiré de l'ASM (Attachment Style Measure[1]) à 13 items, il vous faut, à chacune des questions, répondre de 1 « fortement en désaccord » à 7 « fortement en accord ».

1. Je trouve cela relativement facile d'être proche de quelqu'un.
2. *Je ne me sens pas très à l'aise d'avoir à dépendre d'autres personnes.
3. Je me sens à l'aise avec le fait d'avoir des personnes qui dépendent de moi.
4. Je me soucie rarement d'être abandonné par les autres.
5. *Je n'aime pas les gens qui sont trop proches de moi.
6. Je suis mal à l'aise quand je suis trop proche des autres.
7. Je trouve difficile de faire complètement confiance à autrui.
8. Je suis nerveux chaque fois que quelqu'un s'approche trop de moi.
9. Les autres veulent souvent que je sois plus intime avec eux que je ne le souhaite.
10. Les autres rechignent à être aussi proches de moi que je souhaiterais.
11. Je crains fréquemment que mon partenaire ne m'aime pas vraiment.
12. *Je me soucie rarement que mon partenaire me quitte.
13. Je veux souvent fusionner complètement avec les autres et ce désir les effraie et les fait fuir.

Pour faire les totaux, additionnez les chiffres. Pour les questions 2, 5 et 12, inversez : si vous avez répondu 1, comptez 7 et inversement, si vous avez répondu 2, comptez 6 et inversement, si vous avez répondu 3, comptez 5 et inversement, si vous avez répondu 4, comptez 4.

Les items 1 à 5 concernent l'attachement sécure. Faites le total (en tenant compte de l'inversion des points pour les questions 2 et 5).

Les items 6 à 9 concernent l'attachement évitant. Faites-en le total (en inversant la cotation seulement pour la question 12).

Les items 10 à 13 concernent l'attachement anxieux. Faites-en le total.

Je prends conscience de mes problèmes d'attachement

➤ *Pas coupable, mais responsable*

Tant que l'on est persuadé que nos problèmes amoureux sont liés à une mauvaise conjonction de planètes, on subit les choses et on ne peut pas agir. On n'est pas coupable de ce que l'on a subi dans l'enfance, ce n'est pas notre faute si on n'a pas été bien ou suffisamment aimé. Il n'y a aucun doute sur le fait qu'on était un enfant qui méritait de l'amour et que l'on n'est pour rien dans le fait que l'on n'a pas bénéficié d'assez d'affection et d'attention.

Si on n'est pas coupable de ce que l'on n'a pas reçu dans le passé, en revanche, on est responsable des souffrances que l'on ressent aujourd'hui dans le présent. Personne d'autre ne peut en assumer la charge. Si on est perpétuellement insatisfait de ce que l'on vit affectivement, ce n'est pas l'autre, et ce qu'il ne fait pas, qui en est la cause. Si on réfléchit bien, n'a-t-on pas ressenti cette insatisfaction avec à peu près tous ses partenaires ? On doit accepter la responsabilité de ce ressenti pour ne plus persister dans cette situation. C'est la seule chance que cela se modifie.

Si, comme certains attachés évitants, on ne souffre pas spécialement de la manière dont on fonctionne en amour, mais si, en revanche, on fait souffrir notre entourage, il serait d'abord intéressant d'évaluer notre motivation aux changements en fonction de l'importance que l'on accorde à une relation, puis de se livrer à un petit travail d'introspection. Ces reproches reçus d'être trop fermé, de ne jamais se livrer, est-ce la première fois qu'on les entend ?

➤ Pourquoi et comment ?

Pourquoi en prendre conscience ? Comment voulez-vous changer votre manière de choisir des partenaires, de vivre des expériences sociales, si pour l'instant vous ne savez pas que vous avez un filtre gris devant les yeux ? Tant que vous aurez ce filtre, quelles que soient les expériences affectives que vous vivrez, même roses, vous les verrez grises. Persuadé qu'on ne peut vous aimer, à votre anniversaire, vous retiendrez, contre cinquante manifestations d'affection, la cinquante et unième dans laquelle Machin vous a regardé avec méchanceté.

Sans conscience de votre tendance à l'attachement anxieux, vous continuez à croire qu'on va vous abandonner et vous orientez vos comportements en étant trop en demande, ou très agressif, de manière que cela continue d'arriver.

Sans conscience de votre tendance à l'attachement évitant, vous continuez à croire que vous devez vous méfier des autres et vous vous comportez inconsciemment de manière suffisamment hostile pour qu'en effet, les autres aient aussi envie de vous faire du mal.

Comment prendre conscience de votre attachement insécure ? Le premier temps consiste à repérer vos croyances relationnelles centrales et dysfonctionnelles. Pour cela, rien de mieux que l'auto-observation quotidienne. Pensez à la semaine qui vient de s'écouler et notez tous les moments dans lesquels vous n'avez pas été seul. Essayez de repérer *a posteriori* vos ressentis. On se souvient toujours mieux des moments ayant suscité des émotions, qu'elles aient été positives ou négatives.

Notez-les, ainsi que les pensées que vous vous souvenez avoir eues à ce moment-là.

Sur son cahier Esther a écrit ceci :

Vendredi : café en terrasse avec Clara qui n'a pas le moral.
– *Émotion* : indifférence.
– *Pensée* : elle n'est jamais satisfaite de rien.

Puis appel téléphonique de Marthe. Esther n'y répond pas, mais consulte le message.
– *Émotion* : agacement.
– *Pensée* : franchement, cela n'était pas la peine de me déranger pour ça !

Ses enfants rentrent de l'école et lui posent des questions.
– *Sensation* : oppression.
– *Pensée* : vivement qu'ils aillent au lit. C'est quand ils dorment que je me sens le mieux avec eux.

Footing avec deux amis qui courent plus loin devant.
– *Émotion* : exaltation.
– *Pensée* : c'est génial de courir seule dans la nuit.

D'après ces quelques situations du cahier d'Esther, on observe qu'elle est mal à l'aise avec la proximité affective, comme c'est le cas chez les personnes ayant un style d'attachement évitant.

Soyez ensuite attentif aux généralisations relationnelles contenues dans votre cahier : repérez toutes les fois où vous tirez des conclusions d'une expérience unique, les phrases contenant des « jamais », des « toujours », des « tout le monde », des « personne », des « chaque fois que »… Essayer de remarquer comme vous déformez les faits à travers les fameuses « distorsions cognitives[2] ».

Peut-être commencez-vous à avoir une idée de votre style. Avec l'*Adult Attachment Interview*, le premier test d'attachement de la page 62, vous avez déjà écrit votre histoire d'une traite, sans réfléchir : d'où vous venez, quels sont les événements qui ont jalonné votre existence… Vous vous êtes raconté en détail, puis relu quelques jours plus tard, en étant attentif au style, à la narration.

Les moments de rupture dans le ton que vous avez employé sont des moments cruciaux, c'est-à-dire des événements de votre vie qui n'ont pas été intégrés. Travaillez d'abord sur ces expériences émotionnelles intenses en vous rendant à la page 173.

Ensuite, relisez-vous encore et repérez les douleurs et les sentiments qui se sont répétés et qui se répètent aujourd'hui. Si vous avez repéré un sentiment douloureux itératif, travaillez sur vos schémas de l'enfance en vous rendant page 170.

Une fois que vous aurez utilisé les deux précédentes techniques émotionnelles de travail sur les traumatismes et les schémas, il vous sera beaucoup plus facile de modifier vos comportements excessifs de dépendance ou d'indépendance : rendez-vous en page 177.

Le travail sur vos schémas vous aura permis de déceler vos croyances sur vous, sur le monde, sur les autres. Vous allez pouvoir les atténuer en vous entraînant à diriger *autrement* votre attention surentraînée à ne percevoir que ce qui conforte vos croyances douloureuses sur vous, les autres et l'amour (*cf.* page 180).

Enfin, en vous rendant page 183, vous allez veiller à modifier votre régulation cardio-respiratoire, souvent perturbée chez les attachés insécures[3].

Après cela, l'insécurité affective ne sera plus qu'un mauvais souvenir[4] !

Je travaille
mon intelligence émotionnelle

On sait surtout combien l'intelligence émotionnelle est importante quand on observe ce qui se produit chez ceux à qui elle manque. C'est le cas de personnes ayant des lésions dans une de ces trois localisations émotionnelles cérébrales (lésions du cortex préfrontal ventro-médian, lésions amygdaliennes ou lésions de la région insulaire). Elles ont de grandes difficultés de jugement, surtout dans les prises de décision. Il leur est impossible de faire face à des demandes sociales ou environnementales. Elles font donc des choix désastreux dans leur vie personnelle et sociale. Ce déficit d'intelligence émotionnelle est indépendant de l'intelligence cognitive[5], l'intelligence tout court.

L'intelligence émotionnelle, cela comprend la faculté d'empathie, la reconnaissance et l'utilisation de ses sentiments, notamment dans le management des relations sociales et l'autocontrôle[6].

L'intelligence émotionnelle, c'est donc, entre autres, savoir reconnaître et réguler ses émotions, notamment ses émotions négatives.

Or les difficultés d'attachement et les difficultés de régulation émotionnelle sont extrêmement liées. Ainsi, les personnes capables d'intégrer en souplesse les émotions positives et négatives sont généralement des attachés sécures. Alors que les personnes ayant un nombre extrêmement restreint, ou à l'inverse très élevé, d'émotions négatives sont plus souvent des attachés insécures.

La (dys)régulation des émotions a, en effet, comme fonction dans l'enfance de maintenir la relation avec la figure d'attachement. Ainsi, les enfants (futurs attachés évitants) qui font fréquemment l'expérience du rejet, ont tendance à minimiser leurs émotions négatives de manière à éviter d'autres rejets. Les enfants (futurs attachés anxieux) dont le parent n'est pas assez stable affectivement ont tendance, eux, à maximiser l'expression de leurs émotions négatives pour attirer davantage l'attention du donneur de soins fréquemment inapte, indisponible ou incapable de donner de l'amour. L'enfant s'assure ainsi d'une proximité et d'une protection optimales[7].

À l'âge adulte, pour détricoter tout cela et sortir de son fonctionnement anxieux ou évitant, il va donc falloir développer son intelligence émotionnelle et prêter davantage d'attention à ses émotions[8] en y consacrant quotidiennement quelques dizaines de minutes. De quelle manière procéder ? En apprenant à ressentir ses émotions négatives dans le corps, à les nommer avec des mots et à les accepter avec le plus de compassion possible (voir technique page 176). On s'aperçoit assez vite que c'est en observant ainsi les pensées et les sensations qui constituent les émotions, qu'elles durent le moins. On fait croître son intelligence émotionnelle et on améliore la qualité de nos liens affectifs.

➤ *Je soigne ma difficulté à ressentir*

Nous venons de le voir, pour développer son intelligence émotionnelle et diminuer son attachement insécure, il faut d'abord ressentir les émotions. L'attachement insécure est en effet particulièrement lié à l'impossibilité de ressentir, appelée aussi *trouble dissociatif*. Il prédispose à répondre aux stress et aux traumatismes de l'existence sur ce mode de la dissociation pathologique[9]. Lorsqu'on souffre de trouble dissociatif, on se coupe des perceptions, de la réalité, des sensations, des émotions, on se déconnecte pour ne pas avoir mal comme avant. Ce faisant, on se fait encore plus de mal. Tout se passe comme si, suite à une douleur extrême dans le passé, occasionnée par une blessure physique majeure, on avait ensuite systématiquement recours à des antalgiques puissants de type morphine lors d'éraflures bénignes. Par peur de souffrir à nouveau, on devient toxicomane et on souffre de plus en plus.

L'attachement évitant et le trouble dissociatif sont intimement liés[10]. La détection des expériences traumatiques et les techniques émotionnelles proposées dans ce chapitre sont d'une grande aide. Si vous pensez avoir un trouble dissociatif, commencez par la technique « J'écoute mon cœur », page 183.

➤ Je soigne ma difficulté à identifier et à exprimer mes émotions

Accorder de l'importance à ses émotions n'est pas seulement une activité de névrosés nombrilistes. L'alexithymie, c'est-à-dire la difficulté à identifier et à nommer ses émotions est, en effet, étroitement liée à l'attachement insécure, qu'il soit anxieux ou évitant[11]. Les alexithymiques ont davantage de problèmes affectifs, de divorce, de séparation et de solitude que les autres. Parce qu'ils n'expriment pas ce qu'ils ressentent (forcément, puisqu'ils ne savent pas eux-mêmes ce qu'ils ressentent), ils sont perçus comme moins attachants[12] et ils sont donc moins susceptibles de susciter et de garder l'amour.

C'est pourquoi en travaillant à modifier son alexithymie, sa difficulté à identifier et à nommer ses émotions, on va modifier son style d'attachement. Comment apprendre à écouter et étiqueter ses émotions ?
• En y accordant de l'importance chaque jour.
• En notant régulièrement les moments saillants de la journée et en s'appliquant à se demander ce qui a été ressenti.
• En prêtant attention à ses douleurs physiques et aux pensées qui les accompagnent, l'association des deux constituant une émotion que l'on doit apprendre à nommer. Par exemple, si au moment où j'ai mal à l'estomac dans un contexte professionnel exigeant, je suis en train de penser aux reproches que ma femme va me faire ce soir quand je vais rentrer tard, je suis pro-

bablement en train d'éprouver une émotion de type appréhension ou inquiétude.

• En élargissant progressivement son vocabulaire émotionnel, un peu comme si on apprenait chaque jour quelques mots d'une langue étrangère.

• En apprenant à dire « je » et « nous[13] » et non pas « on » ou « tu » (et oui, simplement changer les pronoms peut avoir une influence sur la personnalité, sur l'alexithymie et même sur la santé physique[14]).

• En s'exerçant à parler aux autres, non pas des situations et des faits, mais de ce qu'on y a ressenti.

• En constatant alors que leur intérêt pour soi et sa conversation s'en trouvent accrus.

Progressivement, après quelques semaines de ce travail, on constate que les autres sont plus proches, qu'on craint moins d'être abandonné et qu'on est moins enclin à soupçonner une malveillance chez les autres.

Je repère la répétition de mes scénarios de vie et je travaille mes schémas affectifs

Les schémas précoces inadaptés et les problèmes d'attachement sont étroitement liés et rattachés les uns aux autres[15]. Leurs interconnexions laissent penser qu'en travaillant les uns, on modifie les autres.

L'attaché insécure anxieux *maintient* un schéma d'abandon-carence affective[16], c'est-à-dire qu'à la suite d'expériences répétées d'abandon et de manque affectif dans l'enfance, il s'est forgé l'idée d'une immuabilité de ces données affectives et il vit, la peur au ventre, à l'âge adulte, de revivre ces circonstances.

L'attaché insécure évitant *contre-attaque* son schéma d'abandon-carence affective en reproduisant malgré lui auprès de ses partenaires ce que lui-même a vécu enfant.

Un schéma d'abandon[17] se réactive dans des situations amoureuses, dès lors qu'il se produit un petit éloignement. Cela peut être lors d'un silence, d'une absence de quelques minutes ou de quelques heures, ou bien lors d'un désaccord. Ces situations, en apparence anodines, réactivent d'intenses émotions douloureuses rattachées au schéma d'enfant insécurisé affectivement. Quand vous étiez petit, on vous laissait souvent seul. Et votre mémoire d'enfant a enregistré des moments de vide infinis (l'enfant n'a pas la notion du temps, il vit dans l'instant). Rien ne lui a été laissé pour qu'il se sécurise (paroles rassurantes, petits mots doux, doudou ou objet transitionnel, câlins), rien qui puisse lui tenir chaud au cœur en l'absence de ses parents. L'enfant a mémorisé cela viscéralement et devenu adulte, il a extrêmement peur de revivre ces mêmes douleurs. Au moindre signal qui lui évoque le passé, en l'occurrence l'éloignement physique ou psychique de son partenaire, ses émotions deviennent extrêmement intenses et dévastatrices.

Il faut d'abord prendre conscience du caractère excessif de ces émotions présentes. Pas pour les juger négativement. Non, juste se dire que ce qu'on ressent là est très fort, plus fort que la situation ne le supposerait. Il s'agit donc d'une réactivation du schéma et on ne doit ni laisser cela en plan, ni harceler son partenaire pour qu'il rassure. (J'ai déjà essayé, ça a été une catastrophe.)

Non, on s'isole dès qu'on peut et on ferme les yeux pour une bonne demi-heure.

Extrait d'une séance de travail sur les émotions d'Éric :

« Je repense à ce que je viens de ressentir avec Sophie qui est partie voir ses copines. J'étais furieux, prêt à la laisser tomber. Je lui ai fait la tête, je ne pouvais pas m'en empêcher.

C'est fort à 9 sur 10, et là, j'ai encore envie de tout casser. Dans mon corps, je ressens une grande tension musculaire un peu partout, j'ai mal à l'estomac, ça me brûle. J'essaie de faire descendre ma respiration dans mon estomac pour sentir davantage ma douleur et cela me donne envie de pleurer, mais je me retiens. Si je laisse mon esprit vagabonder vers quand j'étais petit, je me revois faire les quatre cents coups pour attirer l'attention, tout le monde n'avait d'yeux que pour mon frère Marc qui était plus beau et plus intéressant que moi. Ma mère s'occupait de lui sans arrêt et j'avais, moi, sans arrêt la sensation de l'agacer. Quant à mon père, il passait son temps à travailler et ne prêtait attention qu'à mes résultats scolaires. Un souvenir précis ? Je me revois aller vers ma mère car je pleurais. Elle m'a regardé d'un air absent et au bout d'un moment, elle m'a dit : "Tu ne m'apporteras donc que des soucis, tu crois que je ne suis pas assez malheureuse comme ça ?"

C'est vrai que j'étais pénible. J'ai la sensation de ne jamais satisfaire, de décevoir, et le sentiment qu'on va me rejeter très rapidement. Je suis sûr que Sophie en a marre, d'ailleurs.

Et là, je me laisse pleurer. Un mélange de maintenant et de quand j'étais petit. J'essaie de me couper en deux, comme m'a dit la psy, et de prendre le petit garçon dans mes bras, mais je n'y arrive pas. Alors juste je pleure. Je me dis que je n'ai pas eu de chance, que ce n'était pas ma faute si ma mère était malheureuse et mal dans sa vie, je me dis que je n'ai pas eu assez d'amour et que c'était dur pour ce petit garçon de grandir, que s'il faisait des bêtises, ce n'est pas parce qu'il était méchant, mais juste parce qu'il avait besoin que l'on s'intéresse à lui et qu'on l'aime. C'est pas ta faute, bonhomme, t'as rien fait de mal. Tu mérites d'être aimé. J'suis là, bonhomme. Je ne te lâcherai pas. »

Cette technique d'autoreparentage est à pratiquer quand nos émotions sont très fortes. Elle est destinée à supprimer les racines de notre sentiment douloureux et à abraser la partie excessive, inadaptée de nos émotions actuelles.

Comment pratiquer la technique d'autoreparentage
— S'isoler.
— Repenser à une situation de la journée où on a ressenti une grande souffrance.
— Graduer l'intensité du sentiment d'abandon sur 10.
— Isoler la douleur dans son corps et aller respirer dedans pour la sentir davantage.
— Laisser vagabonder son esprit vers son enfance.
— Laisser remonter des images ou des souvenirs.
— Imaginer qu'on est un grand auprès du petit qu'on a été et, comme si c'était un enfant qu'on aime bien, le laisser raconter ce qu'il ressent, le serrer fort, le défendre en imaginant se mettre en colère contre ceux qui lui ont fait du mal et le rassurer.
— Une fois que le corps est tranquille, repenser et revenir à la situation présente et regraduer la souffrance sur 10.

Cette technique permet d'atténuer la douleur et de la rapporter à des proportions acceptables, plus adaptées à l'événement.

Après la pratique de cet exercice émotionnel, Éric a observé une nouvelle manière de voir les choses : quand Sophie reviendra, je pourrai lui dire plus calmement que j'ai été vexé qu'elle me prévienne au dernier moment de sa sortie, plutôt que de lui faire la tête pendant dix jours en ruminant l'idée qu'elle me prend pour un imbécile.

Je repère et je traite mes traumatismes

L'histoire des attachés insécures comporte des traumatismes qui rendent difficile l'acquisition d'une capacité à « mentaliser », fonction acquise normalement lors des relations d'attachement sécures précoces.

Quand on souffre d'un attachement insécure, il est extrêmement difficile d'y voir clair dans son propre fonctionnement mental et, *a fortiori*, dans celui des autres. Les traumatismes subis inhibent la capacité de différencier nos états mentaux de ceux d'autrui. On est persuadé qu'ils pensent comme nous. C'est un phénomène adaptatif dans l'enfance, un réflexe de défense qui perdure et se généralise, à l'âge adulte, à toutes les relations d'attachement[18].

Il est important, pour atténuer ses difficultés d'attachement, de faire face aux émotions douloureuses[19] résultant de ces expériences traumatiques[20].

Si les événements que vous avez subis dans votre enfance sont extrêmement graves (inceste, violence, abus...), faites-vous d'abord accompagner par un thérapeute spécialisé dans les séquelles traumatiques[21].

S'il s'agit d'expériences traumatiques « affrontables », essayez de travailler seul.

• Dans un premier temps, listez les moments les plus douloureux de votre vie, puis de votre enfance, en les laissant s'imposer à vous et en les notant dans l'ordre dans lequel ils arrivent.

• Pour chacun des événements douloureux de votre vie, qu'il s'agisse d'expériences amoureuses difficiles, d'abandons passés, de honte d'enfant... prévoyez de consacrer une soirée de travail où vous serez sûr d'être tranquille.

• Commencez par raconter chacun de ces souvenirs par écrit avec tous les détails. Déterminez quel moment représente la partie la plus difficile de ce souvenir puis quelle image, quand vous fermez les yeux, représente ce moment. Vous zoomez en quelque sorte.

• Puis laissez la respiration se faire dans votre corps, toute seule, sans effort, et soyez attentif aux sensations physiques inconfortables que vous éprouvez ainsi qu'aux émotions négatives que vous ressentez quand vous pensez à cet instant. Évaluez sur 10 à combien vous vous sentez mal quand vous regardez cette image.

• Essayez de voir ce que vous pensez de vous de négatif quand vous regardez cette image. « Je suis nulle », « Je suis coupable », « Je suis seul »… et notez sur 100 à combien vous en êtes persuadé, non pas intellectuellement, mais viscéralement (de manière irrationnelle). Par exemple, quand Véronique regarde l'image dans laquelle, à l'âge de 6 ans, après s'être blessée au visage, elle pleurait devant sa maman qui continuait de se maquiller, la pensée sur elle qui résonne encore aujourd'hui est : « Je ne mérite pas l'amour. » Elle sait rationnellement que ce n'est pas vrai, mais c'est ce qu'elle ressent « dans ses tripes » et elle en est persuadée aujourd'hui à 80 %.

• Faites une liste des retentissements que vous supposez que ce souvenir a eus dans votre vie d'aujourd'hui et notez pour chaque argument le niveau de gêne. Notez toutes les suppositions qui vous viennent à l'esprit, sans chercher à déterminer si elles sont justes ou non. Cette liste et les graduations serviront de moyen de surveillance de l'efficacité de votre travail et de la pertinence de votre hypothèse. Voici un extrait de la liste de Véronique :

– À cause de cet événement, j'ai sans arrêt la sensation de ne rien valoir et cela me gêne aujourd'hui à 8 sur 10.

– J'ai la sensation qu'à cause de cela, je me sens en permanence mauvaise, gêne à 9 sur 10.

– Je suis persuadée que les hommes dont je tombe amoureuse ne peuvent pas s'intéresser à moi et j'en suis persuadée dans mes tripes à 9 sur 10.

– J'en fais trop pour me rendre indispensable car je suis persuadée que sinon, on me laissera tomber et cela me pollue à 8 sur 10…

• Une fois cette liste terminée, vous allez vous exposer aux souvenirs, c'est-à-dire les revivre émotionnellement en ressentant, en nommant et en acceptant avec compassion vos souffrances, de manière qu'elles cessent de se réactiver sans fin dans le présent.

Comment pratiquer l'exposition aux souvenirs ?

— Prévoyez trente minutes d'isolement.

— Fermez les yeux.

— Gardez votre attention quelques minutes sur votre respiration sans chercher à la calmer ou à la modifier, par exemple en fixant votre attention au niveau des ailes du nez, puis des côtes, puis de l'abdomen et en observant dans chacun de ces endroits comment la respiration se fait.

— Puis centrez-vous sur la région des battements du cœur. Tâchez, sans forcer, de percevoir à cet endroit les mouvements respiratoires.

— Regardez l'image qui représente le traumatisme comme si elle était projetée sur un écran et repassez-vous cette image plusieurs fois en faisant comme si vous respiriez jusqu'à l'écran.

— Observez ce qui se passe dans votre corps. Une douleur apparaît quelque part ? Essayez de suivre l'expiration jusqu'à cette douleur. Votre conscience se rapproche progressivement de la douleur en profitant de chaque mouvement du souffle. Restez près de cette douleur sans chercher à la soulager, comme s'il s'agissait d'un malade pour lequel vous ne pouvez rien faire, sauf rester là, à côté de lui en lui tenant la main.

— Au bout d'un moment, votre attention va sans doute partir ailleurs. Une préoccupation, une émotion, une autre image, une autre sensation, un souvenir vont faire irruption. Vous allez juste suivre ce par quoi votre attention est attirée. S'il s'agit d'une production mentale (pensée, image, souvenir, préoccupation), projetez-la sur un écran imaginaire et visionnez-la plusieurs fois en respirant dans votre tête, comme si vous respiriez jusqu'à l'écran et, s'il s'agit d'une sensation, « respirez dedans ».

— S'il s'agit d'une émotion, nommez-la, observez combien elle est présente et ne cherchez pas à la soulager ou à la rationaliser. Laissez-la être et soyez présent à cela.

— Régulièrement, repartez de la cible et laissez venir.

Faites ce travail d'exposition aux souvenirs plusieurs fois d'affilée. Vous risquez d'être touché, de pleurer, d'être ému, d'avoir mal un peu partout dans le corps. Tant mieux ! C'est que vous êtes réellement en train de faire face à vos émotions. Vos pensées vont dans tous les sens, sans suivre d'ordre chronologique ? Tant mieux ! Vous êtes bien dans le système de stockage des émotions, dont l'organisation est un peu particulière.

Au bout de trois-quatre séances de quarante-cinq minutes à une heure, reprenez votre liste de retentissements supposés et réévaluez vos niveaux de gêne. Si les scores diminuent, cela signifie que vous avez fait la bonne hypothèse et que vous avancez bien.

S'ils stagnent, essayez de choisir un autre événement dans votre liste qui a peut-être davantage impacté votre présent.

En réalisant ce travail, vous allez progressivement améliorer votre humeur et diminuer les intrusions traumatiques[22] et les croyances erronées sur vous-même. Vous aurez moins de comportements d'évitement, vous améliorerez votre santé et diminuerez votre détresse psychologique[23].

Je ne cherche pas à être indépendant

Dans nos cultures occidentales, être « dépendant » est un gros mot, un signe de faiblesse. Et pourtant, se rapprocher des autres, en avoir besoin dans certaines circonstances est une des caractéristiques de l'attachement sécure et permet un fonctionnement humain ! Contrairement aux vieilles idées éducatives, ce sont les mamans qui soulagent leur enfant quand il pleure qui ont les enfants qui pleurent le moins à l'âge d'1 an[24].

À l'âge adulte, le désir d'être rassuré dans l'adversité par son partenaire n'est ni puéril ni malsain. Il est normal. Non, vous n'êtes pas trop « dépendant ». Être trop dépendant, c'est demander du soutien tout le temps, ne rien faire seul ou bien c'est donner du soutien à l'autre alors qu'il n'en a pas besoin, et l'empêcher d'explorer.

➤ Attaché anxieux, j'accepte ma dépendance...

Bien sûr, les attachés anxieux qui ont tendance à se préoccuper beaucoup de l'autre, à l'idéaliser, sont les premiers à être étiquetés « dépendants[25] ».

Mais chercher à ne plus l'être serait complètement contreproductif. Arrêtez de vouloir être indépendant à tout prix. C'est en acceptant d'être « dépendant » et avec l'aide d'un partenaire sensible, qui répondra de manière adéquate à votre besoin, que vous pourrez tranquillement promouvoir votre indépendance et votre « autosuffisance[26] ».

Comment savoir si votre partenaire accepte la dépendance ?

– Vous a-t-il assuré qu'il serait là si vous aviez besoin de lui ?
– Est-il présent quand il faut faire face à des problèmes ou bien a-t-il tendance à les fuir ?
– Vous soutient-il de manière délicate et sensible quand vous le sollicitez ?

Si ce n'est pas le cas, son attitude va générer encore plus de dépendance et d'anxiété chez vous.

Essayez d'en parler ensemble. Dites-lui qu'en situation difficile, s'il vous assure de son soutien émotionnel, il vous aidera mieux à vous autonomiser que s'il vous apporte un soutien factuel ou matériel inapproprié[27]. Vous vous moquez qu'il vidange votre voiture, mais vous avez besoin qu'il vous écoute et qu'il vous serre dans ses bras là, maintenant.

Dites-lui que cela a été prouvé scientifiquement. Affirmez-lui que plus il acceptera que vous ayez besoin de lui à court terme, plus vous deviendrez indépendant, mieux vous atteindrez vos objectifs seul et plus saurez le laisser tranquille à moyen terme (compter six mois). Dites-lui que s'il veut vous aider, il faut faire comme quand on réduit une fracture : aller d'abord dans votre sens.

➤ *... et je multiplie les dépendances*

Vous avez besoin d'être rassuré ? Prenez conscience de votre besoin puis exprimez-le. Téléphonez à votre sœur en lui disant combien vous avez besoin de son réconfort et allez la voir. Pareil avec vos amis, téléphonez-leur en leur disant qu'ils vous manquent, que vous avez besoin qu'ils vous rassurent parce que vous vous sentez seul, triste, perdu, effrayé... Si vous ne faites pas ça tous les quarts d'heure, cela ne va pas les éloigner de vous, mais au contraire, renforcer votre lien. Ou bien encore, allez vous faire dorloter chez vos parents ou auprès de gens affectueux. Le choix de votre interlocuteur est crucial. Veillez à vous entourer d'interlocuteurs empathiques[28].

➤ *Attaché évitant, j'y vais doucement*

L'extrême besoin d'autonomie des attachés évitants[29] peut être pour eux une source de culpabilisation. Or la culpabilisation est le plus sûr moyen de ne pas obtenir de changements. Plus on se culpabilise, moins on parvient à agir.

Il est peut-être plus difficile encore pour les hommes évitants de s'engager dans une relation, car ils s'attendent à y ressentir de l'insatisfaction et ils savent aussi qu'ils y seront captifs, que cette relation sera de longue durée puisqu'ils y éviteront les conflits[30]. Le projet les emballe donc moyennement et présenté comme cela, on les comprend.

Les attachés évitants qui redoutent et donc évitent de fréquenter des amis, de se livrer, de faire confiance à leur partenaire doivent, comme les attachés anxieux, passer par une première phase d'acceptation de leur fonctionnement, c'est-à-dire apprendre à s'observer sans jugement, avec compassion, en étant attentifs à leur souffrance. Plus ils développeront cette attitude bienveillante envers eux-mêmes, plus ils pourront, à moyen terme, aller tout doucement vers les autres et faire des expériences progressives de confiance.

Sidonie avait un attachement évitant très prononcé, surtout après sa dernière rupture. Elle s'isolait des autres, travaillait tard, ne cherchait pas à voir ses amis qu'elle jugeait incapables de l'aider ou de la soutenir. Elle ne cherchait pas non plus à s'en faire d'autres. Elle a commencé à travailler l'acceptation en observant combien finalement elle souffrait, y compris physiquement, de la solitude. Et peu à peu, elle s'est surprise à sourire aux gens qu'ils l'entouraient, qu'elle ne voyait même plus, puis à accepter d'aller boire un café avec une collègue, puis à oser se confier à une amie. Son réseau social est en train de s'accroître et sa méfiance relationnelle s'amende peu à peu.

J'apprends à voir l'autre tel qu'il est et non comme je crains qu'il soit

L'attaché insécure focalise son attention de tous les jours, non sur la globalité de sa vie, mais essentiellement sur sa vie amoureuse, c'est-à-dire sur son partenaire. De surcroît, il la focalise sur ses propres failles et sur celles de son partenaire[31]. Il choisit de retenir ce qui conforte ses présupposés sur l'incapacité du partenaire à le satisfaire. Pour sortir de ce schéma, il faut d'abord en être conscient et déterminer sa prédiction affective centrale. Est-ce « on ne va pas m'aimer, on va m'abandonner », ou est-ce « on va me faire du mal » ?

L'une de ces deux croyances, solidement implantée chez l'attaché insécure depuis ses premières relations d'attachement de l'enfance, conditionne sa manière de retenir et d'observer les comportements de l'autre. Si je suis persuadée qu'on va m'abandonner, je ne vais retenir de ma journée avec Thomas que l'heure où il est allé voir son copain et pas les douze autres qu'il a passées avec moi. Si je suis persuadée qu'on va me faire du mal, je ne vais retenir que son soupir face à une de mes étourderies et pas les conseils qu'il m'a demandés pour son job.

Pour sortir de ce prisme de perception, il faut effectuer un travail volontaire d'observation des données contradictoires de notre prédiction. Notre prisme est si ancien que le traitement de l'information se fait automatiquement. Il faut donc faire un effort pour trouver des faits qui invalident nos croyances.

Si ma croyance est « on ne va pas m'aimer », je dois prendre la croyance à 180 degrés. Ce sera donc « on m'aime, on m'aimera ». Puis chaque jour, on notera ce qui étaie cela. Le travail quotidien d'écriture est indispensable pour créer une nouvelle habitude. Ce n'est pas le repérage d'une expérience unique lors d'une journée qui pourra effacer le sillon qui a été creusé à la suite de plusieurs années d'interaction avec notre figure d'attachement, ce sont des observations quotidiennes pendant au moins plusieurs mois. Je sais que c'est enquiquinant, mais ce n'est que comme cela qu'une nouvelle habitude pérenne prendra place, si on tient compte des lois neuroscientifiques sur la plasticité cérébrale.

Donc, on va noter : « Franck m'a souri », « Olivier m'a fait un compliment », « Ma fille m'a fait un câlin », « Caro m'a payé mon café », « Marina m'a proposé une sortie vendredi »…, de petits faits quotidiens qui s'opposent à la croyance que l'on n'est pas aimable.

Idem pour la croyance « je dois me méfier des autres qui vont me faire du mal » : on choisit la croyance opposée « je peux faire confiance » et on est attentif aux événements pouvant conforter cette nouvelle idée. Ainsi, on intègre toutes les informations, les négatives – on savait très bien faire – et maintenant

les positives. Cette capacité d'intégration des deux types d'information améliore l'attachement et la confiance en soi[32]. Cool.

Par ailleurs, on sait que les individus évitants, par exemple,
s'intéressent peu aux pensées intimes de leurs partenaires ainsi
qu'à leurs sentiments[33]. Les attachés anxieux, quant à eux, s'y
intéressent trop et mal, ce qui revient au même. Il va donc falloir se déconditionner dans sa façon d'appréhender l'autre. Non,
l'autre n'est pas prévisible. Non, je ne le connais pas par cœur.
Est-ce que je connais le prénom de ses collègues ? Est-ce que je
connais ses aspirations du moment ? Est-ce que je suis capable
de visualiser ce qu'il vit, ce à quoi il fait face et ce dans les
détails ? Qu'est-ce que je connais de son passé, en dehors des
grandes lignes ? Est-ce que je sais quels ont été les moments les
plus marquants de sa vie, dans le positif comme dans le négatif ?
Ce qui est assez amusant, c'est que plus on s'intéresse authenti-
quement à l'autre, sans jugement, plus il est intéressant, plus on
s'y attache et plus il est attaché !
Dernière étape pour être sécure, il faut développer des stratégies affectives, comportementales et cognitives basées sur les
compromis[34], la flexibilité et la réciprocité[35]. Ni trop, ni trop
peu avec un partenaire compréhensif. Aller dans son sens avec
bonne foi, sans se renier quand il a raison, ne pas prendre une
de ses critiques ponctuelles sur un de nos comportements pour
une entreprise de démolition, cesser de penser en tout ou rien
quand une interaction négative s'est produite, savoir donner
sans compter ni attendre quoi que ce soit en retour et observer
le bien que ça nous fait à nous !

J'écoute mon cœur

La fréquence des battements de notre cœur est influencée par deux systèmes de régulation qui échappent à notre contrôle direct. Le système sympathique a tendance à accélérer le cœur pour faire face à toute situation de stress, et le système parasympathique a tendance à le ralentir pour le préserver dans la durée. Ces deux systèmes sont en balance permanente et cette balance se module en fonction des différentes situations auxquelles on fait face.

Une trop forte réactivité du système sympathique lors d'un stress génère, à la longue, des risques cardio-vasculaires[36], immunitaires[37], mentaux[38] (dépression, anxiété, stress chronique, colère…) non négligeables alors qu'une prédominance du parasympathique en situation de stress augure de meilleures capacités de régulation des émotions[39]. Le sympathique n'est donc pas si sympathique ! (oui, je sais, pas terrible comme jeu de mots, mais c'est juste pour pouvoir retenir que le « bon » système est le parasympathique et non le sympathique).

L'hypothèse a été émise que cette prédominance de l'un ou de l'autre de ces systèmes, relativement stable de l'enfance à l'âge adulte, pourrait être la résultante de la qualité des interactions enfant-donneur de soins, *via* la sécrétion d'ocytocine, hormone de l'attachement, impliquée dans la régulation du système nerveux autonome au niveau hypothalamo-pituitaire. Ainsi, les enfants insécures expérimenteraient moins d'allègement du stress *via* l'ocytocine et développeraient, par conséquent, moins de réactions parasympathiques au stress[40]. Adultes, ils sont moins capables de réguler leurs émotions et leurs comportements de manière efficace.

On a aussi observé chez les personnes dont le contrôle parasympathique est réduit, qu'elles vivent davantage seules, sont plus souvent célibataires et sont entourées de moins de support social[41].

C'est pourquoi des techniques augmentant le contrôle para-sympathique, par exemple la relaxation[42], ou l'exposition aux souvenirs et aux émotions, telle que je l'ai présentée page 176, ou le fait de porter intentionnellement son attention sur les émotions positives[43] sont importantes à développer.

Comment développer des émotions positives[44] ?

— S'isoler.

— Fermer les yeux.

— Porter l'attention sur sa respiration, en la laissant se faire toute seule, sans chercher à la contrôler, à la calmer : d'abord quelques minutes au niveau des ailes du nez, puis au niveau des côtes, puis au niveau de l'abdomen, puis dans la région du cœur.

— Essayer, mettre l'intention, sans s'affoler si on n'y parvient pas, de percevoir les battements du cœur.

— Laisser venir à votre cerveau (n'y réfléchissez pas, attendez qu'elle arrive) une expérience positive de la journée : compassion, plaisir, affection, gentillesse…

— Installez-vous dans cette expérience, repassez-vous la scène plusieurs fois, en étant attentif à vos sensations et éventuellement à vos pensées.

— Notez-la ou les sur un petit journal de bord de façon à favoriser leur stockage dans la mémoire à long terme, avec éventuellement une note d'intensité sur 10.

Vous ne connaissez pas d'émotions et de sentiments positifs ?
Qu'à cela ne tienne ! Voici une liste :

Abandon	Bonne humeur	Euphorie	Motivation
Admiration	Comblement	Exaltation	Optimisme
Affection	Compassion	Extase	Passion
Allégresse	Complicité	Ferveur	Penchant
Amitié	Confiance	Fierté	Plaisir
Amour	Contentement	Foi	Proximité
Amusement	Curiosité	Fougue	Rayonnement
Apaisement	Désir	Générosité	Réconfort
Appartenance	Dévouement	Harmonie	Reconnaissance
Attachement	Douceur	Inclination	Respect
Attention	Émerveillement	Intérêt	Satisfaction
Attirance	Enchantement	Joie	Sérénité
Ardeur	Enthousiasme	Jovialité	Solidarité
Béatitude	Entrain	Jubilation	Tendresse
Bien-être	Épanouissement	Légèreté	Transport
Bonheur	Estime	Liberté	Volupté

Et il doit y en avoir encore plein d'autres. Que vous pouvez
noter.

En vous entraînant chaque jour à travailler cette technique,
vous allez augmenter le stockage de vos émotions positives, et
augmenter votre bien-être[45]. Vous allez aussi diminuer votre
stress et augmenter votre immunité. Indirectement, vous allez
améliorer la sécurité de votre style d'attachement.

Je résume

Maintenant que vous savez tout et que vous êtes en train de
vous exercer, refaites le petit test chaque mois de manière à suivre vos progrès. Ils seront mesurables à l'augmentation de points
dans l'attachement sécure et à la diminution des totaux dans l'un
ou dans l'autre ou dans les deux attachements insécures.

Si vous souffriez de colère et de sentiments de perte intenses, d'hostilité, si vous critiquiez facilement autrui, si vous étiez susceptible, sans empathie, si vous étiez persuadé que les autres n'étaient pas fiables, si vous étiez sans arrêt partagé entre le sentiment d'être trop nul ou trop bien pour les autres, si vous viviez vos relations avec autrui comme effrayantes ou, au contraire, comme ne valant pas la peine, si vous aviez la sensation d'avoir peu de support affectif autour de vous, si vous aviez peur de la proximité ou de l'intimité avec autrui, si vous détestiez idéaliser l'amour et si vous passiez votre temps à vous critiquer et que ces temps-là sont révolus, vous êtes sorti de l'attachement évitant.

Si vous passiez votre temps à vous occuper d'autrui de manière compulsive, si vous vous sentiez surchargé et sous-apprécié, si vous rompiez rapidement vos relations après les avoir pourtant idéalisées, si vous étiez envahi d'un envahissant désir de réciprocité de votre partenaire dans la relation, si vous étiez sans arrêt en quête de nombreux contacts et de déclarations d'affection, si vous vous surinvestissiez émotionnellement dans une ou des relations, à en être dépendant, si vous perceviez les autres comme difficiles à comprendre, imprévisibles, si vous étiez jaloux, possessif, sujet à de grandes amplitudes émotionnelles, voire avec des idées suicidaires et que tout cela n'est plus, vous êtes sorti de l'attachement anxieux.

Et voilà le travail.

CHAPITRE 11

Comment réussir
sa vie sexuelle ?

Réussir sa vie sexuelle ? Tout un programme ! Surtout quand on sait que les problèmes ne sont jamais que sexuels, mais aussi affectifs, émotionnels.

Dans la plupart des difficultés sexuelles, la solution est très simple : diminuer le contrôle par le cerveau et développer le lâcher prise, c'est-à-dire se reposer sur le système nerveux autonome. Très simple à comprendre, très compliqué à faire.

Première consigne : ne pas les analyser en termes de normal ou de pas normal, car s'échelonner ou vouloir être performant est une manière d'essayer de contrôler et ainsi d'aggraver les problèmes. Alors, sans dénier ses difficultés et ses souffrances, il est préférable de les considérer en termes de satisfaction ou de non-satisfaction pour soi, pour la relation ou pour le ou la partenaire plutôt qu'en se comparant à autrui.

Comment résister au désir ?

La question peut se poser de ne pas céder à son désir, de ne pas avoir de rapports là maintenant alors qu'on en a très envie, par exemple pour ne pas avoir d'enfant, ou bien pour des raisons religieuses. Mais on peut aussi vouloir ne pas céder au désir dans le début d'une relation, pour des raisons hédonistes : on veut prendre le temps parce qu'on aime jouir de l'attente, celle qui décuple les sensations lorsqu'on assouvit enfin le désir. C'est un peu comme ces enfants auxquels on propose de donner un bonbon tout de suite ou bien quatre bonbons demain. Iné-gaux devant cette tolérance à la frustration, on peut résister au désir de manière plus calculée, parce que l'on souhaite donner une chance à cette relation de s'inscrire dans la durée, ou parce que l'on veut se faire désirer (ceci est aussi valable pour les hommes qui n'aiment pas forcément tous être considérés comme des *sex toys*), parce qu'on veut faire durer le plaisir ou parce qu'il s'agit de votre meilleur ami(e). Cela peut être aussi parce qu'on va faire du mal et se mettre dans des difficultés ; on est engagé avec quelqu'un d'autre. Ou bien encore parce que l'autre ne partage pas votre désir.

Toutes ces bonnes raisons s'opposent à la présence physio-logique du désir qui pousse automatiquement au rapprochement dans une perspective de satisfaction immédiate. Il se manifeste par des sensations physiques, une imagerie et une orientation des pensées vers le sexe ou l'amour. C'est très dur d'y résister mais il faut se souvenir que c'est aussi un état TRANSITOIRE.

➤ Faire face au désir

La première étape, c'est de le reconnaître. Ce n'est pas si évi-dent. Parfois, les choses se passent si vite, qu'elles ont à peine le temps d'être mentalisées ou « conscientisées ». Et les réveils sont difficiles.

Pour que le désir passe par notre conscience et que, de ce fait nous puissions recouvrer la liberté consciente de faire un choix d'action, il faut être dans l'observation attentive et régulière de ce qui se passe dans notre corps. Ce qui n'est pas une mince affaire, surtout lorsqu'on souffre de trouble dissociatif, que l'on a du mal à sentir ses sensations physiques en raison d'une expérience émotionnelle négative passée trop intense (trouble dissociatif).

Leslie, lors de ses premiers rapports sexuels, est tombée sur un garçon qu'elle désirait et qu'elle aimait, qui n'a eu aucun égard pour elle. Elle s'est sentie responsable et coupable de cette mauvaise expérience qu'elle a gardée pour elle. Dès lors, sa vie sexuelle n'a pu s'épanouir. Lors de rapports ultérieurs avec d'autres partenaires, elle s'est coupée systématiquement et inconsciemment de ses sensations, de peur de ressentir de nouveau ce désir puis l'horreur de la première fois. Elle désirait et se donnait en étant absente d'elle-même et le vécu traumatique s'est ainsi perpétué.

Il lui a fallu revenir émotionnellement sur ce traumatisme en s'exposant aux émotions négatives puis apprendre à cultiver l'attention aux sensations dans son corps pour retrouver une sexualité plaisante.

On a tous et toutes la sensation de « sentir » notre corps. Or, si nous le sentions vraiment, nous ne resterions pas dans des situations toxiques. Sentir vraiment comme nous y souffrons physiquement nous en ferait sortir à toutes jambes. D'autres fois, nous SAVONS que nous sommes fatigués, mais si nous SENTIONS véritablement cette fatigue, nous irions au lit bien plus rapidement. À des degrés divers, nous sommes donc facilement « dissociés ».

Dessinez-vous une croix dans la main et chaque fois que votre regard la croise, observez votre respiration et les battements de votre cœur. La plupart du temps, c'est à peine si l'on respire. Sentir le désir, c'est se brancher sur nos deux hauts lieux émotionnels que sont cœur et respiration. Rien qu'en dirigeant notre attention régulièrement sur ces deux endroits, nous décèlerons bien mieux toutes nos émotions. Nous en serons donc moins les victimes inconscientes. Une fois que, grâce à cette attention au corps, le message est donné à notre cortex : « Tiens, tu es en train de ressentir un fort désir », nous allons pouvoir examiner les conséquences éventuelles que pourrait avoir sa satisfaction.

➤ Réfléchir à la décision d'y résister ou non

Pour prendre une décision, il faut examiner les avantages et les inconvénients d'y céder ou d'y renoncer en comparant le poids des conséquences à court et à long terme[1].

Sonia, qui venait de faire la rencontre de Jérôme, avait très envie de faire l'amour avec lui dès la première fois qu'ils sont sortis ensemble. Ils étaient en vacances. Ils habitaient à plus de 500 km l'un de l'autre. Elle ne le connaissait pas particulièrement, mais elle le trouvait physiquement très attirant. Ils étaient disponibles l'un et l'autre. Elle savait avoir besoin de temps pour s'attacher à quelqu'un. Elle ne risquait donc pas de souffrir de la séparation qui interviendrait à brève échéance. Percevant ses sensations troubles, elle fit l'examen des conséquences (pas de risque sanitaire car elle avait des préservatifs, pas de risque de rupture douloureuse car la fin des vacances était proche, pas d'interdiction morale ni religieuse de son côté ni de celui de Jérôme, clarté et congruence des attentes de l'un envers l'autre). Pas de conséquences à long terme envisagées. Cet examen motivationnel a ainsi abouti, pour Sonia, à la décision de céder à son désir, et elle n'a pas ressenti de regret ultérieur. Mais il s'est agi d'un vrai choix conscient.

Dans des circonstances à peu près identiques, Géraldine, se sachant fleur bleue et très prompte à tomber amoureuse, a pris la décision de résister au désir. Dans une expérience antérieure, elle avait mis beaucoup de temps à se remettre d'une amourette de vacances dont elle était ressortie avec des sentiments d'abandon et de trahison très douloureux. Sachant, de plus, avoir besoin de temps pour se sentir sexuellement à l'aise avec un partenaire, elle a décidé que le jeu n'en valait pas la chandelle et elle a laissé Frédéric tout à sa frustration.

À la réflexion, le passage à l'acte n'est pas à ce point imminent (concrètement, il peut rarement se réaliser dans la seconde) que nous ne puissions trouver quelques minutes pour réfléchir. Cela nous laisse donc le temps de dresser la liste évoquée ci-dessus des conséquences supposées, des avantages et inconvénients à court et à long terme du passage à l'acte comme de son renoncement.

Pour Thomas, la liste a été la suivante :

	Coucher avec Sandrine, ma collègue	
	Avantages	Inconvénients
Court terme	— Plaisir — Assouvissement de la tension	— Aucun
Long terme	— Aucun	— Risque de perturbation au travail

	Résister à mon envie de coucher avec Sandrine	
	Avantages	Inconvénients
Court terme	— Irai me coucher tôt car suis fatigué	— Serai tendu et frustré
Long terme	— Relation professionnelle préservée — Elle va peut-être cesser de croire que le monde est à ses pieds	

Les avantages à long terme du renoncement ont donné à Thomas la motivation pour ne pas craquer.

➤ *Cesser de s'autoduper*

On peut parvenir à atténuer le désir et empêcher le passage à l'acte, si c'est ce que nous souhaitons après examen, grâce à des actions mentales.

Le désir nous pousse à penser dans le même sens que notre besoin de satisfaction. Nous allons ainsi être envahis par des pensées que l'on peut qualifier de soulageantes ou permissives[2], ou bien par des attentes positives[3] :

- « Ce sera sans conséquence. »
- « L'important c'est l'instant. »
- « Je me protège donc je ne prends aucun risque. »
- « Cela va me faire du bien et m'empêchera de penser à mes soucis du moment. »
- « Je pourrai facilement me détacher de cette personne ensuite. »
- « Demain matin ? Je ressentirai la même chose qu'aujourd'hui. »
- « Je connais mal cette personne, mais je la sens bien. »
- « Il n'est peut-être pas comme les autres, il n'a peut-être pas seulement envie de coucher avec moi. »
- « Ma femme ou mon mari n'en saura rien et ça ne changera rien à notre relation. »
- ...

Ce sont ces pensées qui peuvent nous pousser à aller au-devant des problèmes. Les modifier peut nous aider à nous conduire différemment.

Il faut d'abord repérer cette pensée *permissive*, puis l'examiner, en utilisant une technique de *restructuration cognitive* :

• On évalue d'abord le degré de croyance viscérale que nous avons dans cette pensée. Anne, par exemple, se disait : « Je pourrai facilement me détacher de cette personne », elle a évalué qu'elle en était persuadée à 80 % sur le moment.

• On calcule ensuite le nombre de fois où l'on a eu cette pensée et le nombre de fois où les choses se sont *effectivement* passées comme cela. Anne a calculé que sept fois, elle avait été persuadée qu'elle ne s'attacherait pas à telle personne avec qui elle voulait faire l'amour. Or, en réalité, elle s'est attachée cinq fois et en a souffert, et les deux fois où elle ne s'est pas attachée, elle a ressenti une sorte de dégoût et de honte le lendemain d'être dans le même lit d'un homme qu'elle n'aimait pas.

• On se repasse en détail le film de la dernière fois où on a eu ce type de pensée. Pour Anne, c'était cet été. Elle s'est remémoré sa nuit avec David et surtout, elle s'est remémoré la peine qu'elle a eue quand, le lendemain, il a été distant avec elle.

• On se renseigne. Anne, à qui j'ai conseillé de lire des articles sur le sexe et l'attachement, a découvert que les relations sexuelles faisaient sécréter de l'ocytocine, hormone de l'attachement. Il lui a donc semblé plus difficile de souscrire à sa pensée initiale.

• On repère ses distorsions cognitives ou comment on déforme la réalité. Sommes-nous en train de généraliser, de penser en noir ou blanc, de grossir le négatif et de diminuer le positif ? Tirons-nous des conclusions sans preuve ?

• Enfin, au vu de ces nouvelles réflexions, on réévalue son degré de croyance. Pour Anne, il est passé à 10 %. Et elle n'a pas couché avec Hubert le premier soir comme elle en avait eu envie initialement. Snif !

> ➤ *Si le désir est irrésistible, assumons*

Le désir n'est pas seulement présent ou absent. Son intensité peut être très variable.

Nous venons de voir que travailler à modifier ses pensées pouvait aider à atténuer le désir et empêcher le passage à l'acte, quand nous avions envie d'y céder pour de mauvaises raisons par exemple. Cette technique est efficace quand le désir n'est pas trop intense.

Quand il l'est au point que nous ne puissions absolument pas l'atténuer en travaillant nos pensées, quand nous luttons de toutes nos forces, mais que la volonté est impuissante face à notre émoi, dans ce cas, plutôt que de chercher à y résister, soyons dans la *pleine conscience*. Sentons-le, nommons-le, acceptons-le, et assumons d'y céder.

Au niveau alimentaire, il a été montré[4] que plus nous nous interdisons d'aliments et nous imposons de restrictions, plus nous augmentons l'effet rebond et la prise de poids à moyen et à long terme. Renier l'existence du désir ou se l'interdire, c'est ajouter de la honte ou du stress au désir. Or honte et stress sont deux émotions qui s'accompagnent de sensations physiologiques (*l'arousal*). Celles-ci vont augmenter l'arousal du désir, le décupler, nous allons avoir encore plus de mal à y résister, nos comportements vont totalement échapper à notre contrôle. Alors, au lieu de le rejeter ou de le nier, acceptons-le avec bienveillance avant d'agir.

Comment atteindre l'orgasme[5] ?

La question est le problème : plus on est concentré sur l'attente d'un résultat, plus on risque de ne pas y parvenir. Vouloir jouir, c'est se stresser. Et le stress et l'orgasme ne font pas bon ménage. Donc premier conseil : ne pas se concentrer sur l'orgasme, mais sur le chemin qui peut y mener. On sait que la sexualité comprend 5 phases[6] : les préliminaires, phase essentiellement émotionnelle et mentale comprenant rituels et parades érotiques, la stimulation érotique avec les caresses et les baisers, la dilatation, c'est-à-dire l'hypersensibilité et la turgescence vaginale et clitoridienne ainsi que l'érection du pénis, puis l'orgasme et la relaxation. Il y a donc possibilité de profiter de trois phases avant l'orgasme. Et c'est une des pistes les plus productives : « Chaque moment sexuel devrait pouvoir se suffire en soi[7]. »

Chez l'homme, les choses sont plus faciles, l'orgasme est quasiment automatique. Chez la femme, non. Chez la femme, l'orgasme ne peut se produire que lorsque le cortex est débranché[8]. Ce n'est donc pas en y pensant, en le voulant absolument, en l'implorant de toutes nos forces que nous allons l'atteindre. Car là, nous ne sommes que dans le cortex. Ce n'est pas non plus en voulant ne pas vouloir. Parce que là nous y sommes aussi (dans le cortex) !

Toute la difficulté réside dans le fait que l'orgasme est possible dans une abolition volitionnelle (un lâcher prise) alors que l'extrême tension qui le précède pousse à le désirer ardemment. Que peut-on faire alors ?

➤ *Apprendre*

On peut se renseigner, lire et démonter certaines idées reçues sur la sexualité. La sexualité, ce n'est pas un don inné, cela s'acquiert avec l'expérience et la connaissance. Soixante-dix-sept pour cent des femmes n'ont eu leur premier orgasme que vers 35 ans[9]. Non, l'orgasme vaginal n'a pas à être qualifié de mature en opposition à l'orgasme clitoridien ; les temps et les connaissances ayant évolué depuis le siècle dernier, on peut remiser ces jugements d'un autre temps par-devers nous.

Il est aussi important de savoir que certaines maladies (tumeur à prolactine) et certains médicaments impactent le désir et le plaisir comme, par exemple, l'Androcur® pour l'acné, la pilule Diane®, le lithium, médicament pour stabiliser l'humeur, les neuroleptiques, certains antidépresseurs... Avant de partir dans de longues recherches psychologiques, n'hésitez pas à demander un avis à votre médecin ou à votre pharmacien, et à vous renseigner sur les effets secondaires de vos traitements.

➤ Prendre soin de soi, créer des moments d'intimité et stimuler le désir

Pour les couples avec enfants, le choix se restreint générale-ment au soir, une fois que les enfants dorment. Moment où on est crevé, où le taux de testostérone de monsieur est le plus bas de la journée. Ne serait-il pas possible de se débloquer un week-end « sexe » une fois par mois, de changer un peu de style de vie[10] ? Faire garder les enfants par les grands-parents ou chez des amis et se faire un week-end torride ? Institutionnaliser ce week-end permet en plus d'anticiper le plaisir. Préparez-vous. Si vous vous sentez sexy, vous l'êtes. Quittez ce vieux survêt et cette vieille culotte certes très confortables, mais réellement moches. Soyez sûr de votre charme, bien dans votre corps, un corps propre, doux, parfumé, entretenu par une activité physi-que régulière. Achetez-vous de jolies lingeries, passez du temps à choisir vos habits… Ces moments peuvent également générer des montées de plaisir.

C'est l'empilement de ces stimulations qui vous fera toucher la cloche tout en haut. Et puis, tant qu'à faire, choisissez plutôt votre week-end au moment de la pleine lune, il paraîtrait que l'activité sexuelle y est accrue chez 30 % des femmes.

➤ Mettez-vous en condition

Évacuez le stress[11]. Si c'est pour penser à votre topo à faire pour demain, ce n'est pas la peine. Tâchez de vous détendre mutuellement en disant des choses tendres, en offrant un petit cadeau, en servant votre boisson préférée… Touchez-vous l'un l'autre davantage, vous créez encore un palier d'excitation. Se toucher, s'effleurer en se croisant, les caresses sur la joue, sur les lèvres, l'air de rien, se prendre dans les bras, les massages du dos, des pieds, des mains… sont des moyens de faire parler sa sensualité avant d'être au lit et d'être attentif à celle de l'autre. Regardez aussi comment l'autre bouge, regardez ses mains, ses jambes, ses fesses… Et hop, encore un palier.

➤ Faites des apprentissages à deux

Évitez d'avoir des rapports pendant quelques jours pour vous concentrer uniquement sur les préliminaires[12]. À celui ou celle qui caresse de faire ressentir à l'autre toutes les sensations. (On peut corser la difficulté en interdisant même les caresses dans les zones génitales, les seins et l'anus. On appelle ça le *sensate focus*[13]). Proposez cela comme un jeu. La première fois, je vous rassure, ce sera une catastrophe. Tous les deux, vous allez glousser et vous sentir incongrus. Mais avec le temps, vous allez apprendre à vous centrer sur les sensations liées aux caresses en laissant la respiration se faire toute seule, sans effort, à trois reprises au moins, et en essayant de percevoir que l'expiration se fait jusqu'à l'endroit stimulé. Cela suppose un partenaire hédoniste qui veuille bien apprendre à prendre le temps. Parfois vous serez surpris. Essayez de guider l'autre. Ne vous donnez pas de limites de temps ni de durée.

Rappelez-vous, *quand on est une femme*, on a peur d'être regardée et jugée sur nos imperfections physiques. L'appréhension stimule le système adrénergique qui empêche la lubrification. Cette peur nous empêche donc de nous laisser aller (c'est une des raisons pour lesquelles il vaut mieux faire l'amour avec quelqu'un qu'on connaît bien et en qui on a confiance). On met en place des évitements comme fermer les yeux ou essayer de ne pas penser, mais ces manières de dissocier renforcent à moyen terme le malaise et verrouillent à court terme toute possibilité d'orgasme. Or, le meilleur moyen de traiter une peur, c'est de s'y exposer progressivement[14]. Essayez de lister les parties de votre corps qui vous complexent en graduant le niveau de gêne pour chacune. Puis, très régulièrement et très progressivement, incitez votre partenaire à s'y attarder. Visuellement d'abord, par le toucher ensuite, en commençant bien sûr par la zone qui crée le moins de gêne. Attendez, respirez et observez. Votre peur et votre mal-être vont croître, puis atteindre un plateau, se stabiliser et enfin redescendre. Au haut de la courbe, vous aurez sans doute des pensées négatives (je suis moche, mal foutue...). Observez-les comme étant des pensées liées à votre malaise. Sachez que ce ne sont pas des faits et que, sans que vous ayez rien à faire, elles vont se dissiper et être remplacées par des pensées plus clémentes. Refaites l'expérience plusieurs fois sur la même zone et vous serez surprise de constater que votre mal-être disparaîtra petit à petit. Vous deviendrez de plus en plus à l'aise avec votre corps et avec le fait qu'on le regarde et qu'on le touche. Choisissez bien votre compagnon de jeu. Vous n'êtes pas obligée de le mettre complètement dans le coup. Mentez-lui. Dites-lui par exemple qu'il est le premier à vous regarder et à vous toucher à cet endroit, que cela vous trouble et que vous aimeriez bien qu'il le refasse.

Pour les hommes, le problème est finalement le même. S'ils sont centrés sur leurs performances, ils ne pourront être ni dans le plaisir, ni dans le lâcher prise. Ils doivent donc apprendre à développer leur sensualité globale et apprendre à connaître des sensations différentes. Il faut distinguer l'orgasme, comme quelque chose de global, de l'orgaste qui est une décharge, pouvant être obtenue lors de la masturbation, mais qui est généralement moins satisfaisante. Ainsi, un homme éjaculateur précoce faisant des efforts pour se retenir ressentira une décharge orgastique, mais pas d'orgasme. S'il se sent menacé par une mauvaise performance, il aura une réaction automatique de contraction. Or, le sexe est une « éponge », pour qu'il devienne dur, il faut se détendre, lâcher prise en étant dans la régulation nerveuse automatique, celle qui s'oppose à la régulation nerveuse cérébrale, c'est-à-dire la volonté et le contrôle. Donc, dès qu'il y a des questions, des « est-ce que…, je ne vais pas y arriver, elle va…, il faut…, pourvu que…, et si ?… », il ne faut pas essayer de les chasser, c'est impossible, mais il faut rediriger son attention sur les sensations. L'attention pouvant rarement se trouver sur deux choses en même temps, la rediriger sur les sensations physiques empêchera les pensées intrusives et négatives de développer leur toxicité. Par ailleurs, à distance de l'acte sexuel lui-même, l'homme aura peut-être intérêt à remettre en question certaines de ses croyances sur l'importance du sexe, éventuellement même certaines de ses valeurs, et revenir à l'idée qu'il n'y a pas que le sexe dans la vie d'un couple, que la relation a de l'importance.

Comment communiquer avec son partenaire au sujet du sexe ?

➤ *Communiquer, est-ce vraiment nécessaire ?*

On lit partout qu'il faut communiquer sur la question du sexe. On lit aussi partout que les femmes aiment communiquer alors que les hommes sont plus orientés vers les actes et les solutions[15]. On dit aussi que les hommes ne voient que les seins et les fesses des femmes qui, elles, les regardent de façon plus globale[16]. Il doit bien y avoir une part de vrai dans tout cela.

Mais franchement, homme ou femme, la communication autour du sexe, c'est souvent lourdingue. Les explications de texte ou les demandes trop contractuelles (du genre : « Est-ce que ça te dirait de… ») sont souvent des tue-l'amour.

Dans un certain nombre de manuels, on entend dire qu'on découvre les goûts de l'autre en discutant. Quel ennui !

Et si plutôt que de blablater, on apprenait à sentir, en faisant très attention aux sensations qui se produisent en nous, là maintenant, alors que l'autre nous touche. Si, au lieu de demander à l'autre s'il aime ce qu'on est en train de lui faire, on l'observait :

son regard, son souffle, la tension de ses muscles, et j'en passe…, tous ces signes qui sonneront bien plus juste que la réponse forcée aux variations sur le thème : « Alors, chérie, heureuse ? »

Si on rééquilibrait notre corps et notre cerveau ? Si en faisant l'amour, on était plutôt dans le premier que dans le second ?

La communication trop verbale est à consommer avec modération dans ces moments-là. Excitation « animale » et prise de tête ne font pas vraiment la paire.

➤ Testez

Tout ce qui précède est bien évidemment à prendre avec nuance. Je ne préconise pas un retour à l'état sauvage avec le remake de la guerre du feu, mais juste de rééquilibrer des tendances quand elles sont excessives.

Des précautions sont à prendre avant de démarrer une incitation sexuelle, comme vérifier l'humeur de l'autre pour éviter de lui sauter dessus sauvagement s'il a envie d'un plan romantique et câlin. Cela risquerait de grincer. Ce n'est pas possible de ressentir les mêmes envies au même moment, mais il arrive que la forte envie de l'un contamine l'autre. C'est le désir qui crée du désir. Donc, essayez de lancer quelques perches (délicates), des allusions verbales par exemple, et n'y allez pas s'il y a grimaces et froncement de sourcils.

➤ Si vous voulez vraiment vous prendre la tête, faites ça ailleurs

Si vraiment, vous avez envie de parler de sexe avec votre partenaire, ne faites pas de reproches : « Tu ne fais jamais ci… », ce serait le meilleur moyen de le braquer sur le sujet. Lisez tous les deux des livres érotiques ou excitants sur le sujet qui vous préoccupe, c'est alors le livre qui communiquera pour vous.

Avant de parler, essayez d'écrire pour vous ce qui ne vous convient pas, de manière à circonscrire le problème. C'était quand la dernière fois que c'est arrivé ? Comment ça s'est passé exactement ? Qu'avez-vous ressenti ? Y a-t-il eu des moments où ça marchait bien ? Réfléchissez aussi à des solutions. L'autre ne pourra vous satisfaire si vous-même ne savez pas ce qui vous plairait. Non, ce n'est pas son boulot. On est soi-même le principal responsable de son plaisir. Délimitez ce qui est de l'ordre de la relation et de l'ordre du désir. Si vous n'avez pas pu avoir d'érection parce qu'on vous a mal parlé, les solutions ne seront pas les mêmes que si vous n'avez pas pu bander parce que vous pensiez à une autre. Quand vous aurez délimité le problème, alors vous pourrez l'aborder.

Évitez le ton scientifique ou chirurgical qui fait un peu viande froide, le ton gnangnan, et choisissez des mots simples et clairs. Ou alors faites passer les messages sous forme de narration, de fantasmes, de rêves érotiques, des approches indirectes qui peuvent être plus porteuses que l'attaque frontale.

S'il y a quelque chose de rédhibitoire dans ce que l'autre fait ou dit, dites-le vite ou mieux encore, agissez vite. Retirez sa main, sa bouche… doucement, mais fermement et emmenez-le ailleurs.

Le sexe, on l'a vu, est étroitement lié à l'état psychologique et aux émotions. Les hommes souffriront aussi moins de pannes et de dysfonctionnements sexuels[17] quand ils feront davantage face à leurs émotions et que cet apprentissage-là sera moins culturellement un problème de « gonzesses ».

➤ *Traitez les expériences sexuelles traumatisantes*[18]

Les premières expériences sexuelles peuvent être traumatisantes. Plus elles ont eu lieu précocement, plus le risque de complications émotionnelles ultérieures est important. L'adolescence est un moment où toutes les expériences sont faites avec

une intensité accrue. On n'est préparé à rien. En tant qu'adolescente, on n'est absolument pas préparée à l'avidité sexuelle
désaffectivée des jeunes éphèbes. Et en tant qu'éphèbe, on peut
être surpris par la complexité du « support ».

En consultation, moi et mes confrères et consœurs[19] voyons
un certain nombre de jeunes filles ou de femmes dont la sexualité a été brisée par des premières expériences malheureuses :
des attouchements subis, une fellation trop précoce et trauma-
tisante, un premier partenaire moqueur et bavard avec ses
camarades… ou, pire encore, un viol ou un inceste. Ces traumatismes nécessitent impérativement d'être traités.

Si la perspective de rapports sexuels ou de certaines pratiques sexuelles habituelles crée en vous des états de panique ou
de mal-être très intenses, essayez de faire le point sur votre
passé sexuel. Déterminez les expériences traumatisantes, celles
dont l'évocation suscite du dégoût, de la honte, un sentiment de
culpabilité, de l'angoisse, de la peur… Choisissez celle qui vous
semble impacter le plus votre vie sexuelle d'aujourd'hui et dressez une liste des retentissements que vous supposez qu'elle a
eus.

Joséphine se souvient avec beaucoup de dégoût et de honte
qu'elle a fait une fellation à un garçon dont elle voulait se faire
aimer. Elle est persuadée que ce souvenir est responsable de
l'impossibilité qu'elle ressent de faire ça à son mari qu'elle aime
et en qui elle a confiance aujourd'hui, du dégoût qu'elle ressent
pour elle-même et sa personnalité (intense à 7 sur 10), pour son
corps (10 sur 10) et pour tout acte sexuel (6 sur 10).

Essayez de zoomer pour avoir le moment de ce souvenir le
plus difficile, puis de zoomer encore pour obtenir une image
qui illustre la partie la plus difficile de l'événement. Graduez sur
10 toutes vos sensations physiques négatives, chacune de vos
émotions et chacun de vos sentiments douloureux.

Quand Joséphine se remémore ce moment, elle revoit la
scène en détail, ressent une grande tension dans le thorax à 9

sur 10, une nausée avec sensation de vomissement imminent à 10, et une sensation de faiblesse généralisée à 7. Elle peut à peine regarder cette image, tellement elle a honte, à 10. Elle est triste à 8.

Attachez une croyance négative à cet événement. Quand vous regardez cette image, qu'est-ce qu'elle vient dire de vous qui résonne comme vrai encore aujourd'hui ?

Est-ce que ce qui vous vient sont des pensées du style :

– « Je n'ai pas le contrôle. »
– « Je suis impuissant(e). »
– « Je suis nul(le). »
– « Je suis laid(e). »
– « Je ne mérite pas d'être aimé(e). »
– « Je suis coupable. »
– « J'aurais dû…. »

Notez à combien vous en êtes persuadé viscéralement quand vous regardez cette image.

Joséphine, quand elle regarde la scène, se dit immédiatement : « Je suis une salope », et elle en est persuadée dans ses tripes à 95 %.

Puis exposez-vous en reprenant la technique décrite en détail page 176 pendant trente à quarante-cinq minutes. Vous verrez que cela vous semblera long, surtout lorsqu'on revient sur des choses très douloureuses.

Plusieurs fois au cours de l'exposition, revenez sur la cible, c'est-à-dire sur l'image, les sensations et la pensée, et observez ce qui a changé par rapport au début. Est-ce que l'image est plus floue, est-ce que vous voyez les choses de plus loin, est-ce que vous pensez différemment, est-ce que les sensations nociceptives sont les mêmes qu'au début ?

Le lendemain et les jours suivants, faites le point sur ce qui change en vous.

Retravaillez cette scène et cette histoire jusqu'à ce qu'il n'y ait plus de sensations ni d'émotions douloureuses. Quand, en regardant cette image, votre malaise est à 0 et votre degré de croyance dans la pensée négative est aussi à 0, ce souvenir sera traité.

À force de la regarder dans les yeux, cette image va perdre de son pouvoir de nuisance et la croyance viscérale que vous êtes une mauvaise personne ou que vous avez mérité quoi que ce soit de négatif va se transformer.

Cette exposition sera difficile et douloureuse, mais cela en vaut la peine. Joséphine a fait quatre séances d'exposition.

Elle ne ressent plus de dégoût lorsqu'elle fait l'amour avec son mari, elle apprécie davantage son corps (reste un petit dégoût à 2), elle n'a plus honte, elle est persuadée, dans ses tripes, qu'elle est quelqu'un de bien car elle a réattribué la responsabilité de cette expérience et à l'homme avec qui cela s'était produit et à ses parents qui ne lui avaient jamais prodigué ni tendresse, ni intérêt véritable et qui ne s'étaient jamais souciés de la protéger dans sa vie amoureuse.

CHAPITRE 12

Comment passer
de la passion
à l'amour qui dure ?

Faire de cette histoire amoureuse une expérience personnelle positive en développant par exemple son estime personnelle ou en travaillant son optimisme, œuvrer pour la relation en se basant sur l'hypothèse que nos comportements influenceront les siens sont des possibilités de gérer ce passage d'un état où tout est de l'ordre de l'évidence, où la motivation et le plaisir vont d'eux-mêmes, à un état plus lucide, plus tranquille et plus « construit », communément appelé l'amour.

Changez votre manière de voir

Faut-il croire en l'amour ? Oui, il est intéressant d'être positif et confiant dans notre avenir amoureux. Rappelez-vous, la manière dont nous pensons l'amour influence nos comportements, les comportements de notre partenaire et la dynamique relationnelle, et cela, dès l'adolescence[1]. Une conviction positive : « Je suis certaine que cela va marcher avec George », amène mon attention à sélectionner les faits confortant ma croyance : je n'observerai dans ses attitudes que les moments où il aura été attentionné et amoureux, et cela induira chez moi des comportements plus avenants. Rassurée, je me montre avec George confiante et amoureuse. Et notre idylle a de ce fait toutes ses chances. Si on est un optimiste.

Si on a un profil pessimiste, en revanche, des espérances trop positives ne prédisent rien de bon pour la suite. Au contraire, la descente est encore plus raide et la déception plus grande[2]. Donc, si vous avez plutôt un profil pessimiste, méfiez-vous de vos attentes quand elles sont très positives, ou bien choisissez quelqu'un avec qui vous vous sentez affectivement dans la mesure, ou bien encore changez votre manière de penser et travaillez à devenir optimiste, pas seulement concernant cette relation mais en général. En résumé, si je suis quelqu'un de positif, y croire m'aidera à ce que ça marche et si je suis quelqu'un de négatif, il vaut mieux soit que je ne me fasse pas trop de film au sujet de cette idylle, soit que j'apprenne à voir le verre à moitié plein dans tous les secteurs de ma vie, solution intéressante puisqu'en développant un optimisme global, vous aurez davantage d'émotions positives et cette humeur à tonalité positive vous aidera à moins focaliser l'attention sur vous-même[3].

➤ Comment passer du pessimisme à l'optimisme ?

Tout comme développer de l'ouverture à autrui, de l'assurance en soi-même, un réseau social et partager les tâches, développer l'optimisme est un élément jugé essentiel pour l'épanouissement d'un couple. Plus on cultive cela, plus on se perçoit comme satisfait, plus on est engagé dans la relation et plus on aime[4]. Pour peu que notre partenaire fasse de même, c'est le nirvana[5].

Le défi va consister à apprendre à interpréter différemment les événements vécus.

Face à un week-end réussi en amoureux, il va falloir, non plus vous dire : « C'est le hasard, cela ne va pas durer entre nous et cela m'étonnerait que ça arrive de nouveau », mais : « Grâce à moi, grâce à la manière dont j'ai organisé cela ou grâce à la manière dont je me suis comporté, ce week-end était réussi. Il n'y a aucune raison pour que ce ne soit pas souvent le cas. »

Lors d'une dispute ou d'une soirée ratée, il va falloir remettre en question des pensées du style : « C'est ma faute, de toute façon, en amour, je n'ai jamais eu de chance, notre relation ne va jamais marcher, nous ferions mieux de rompre tout de suite », et se dire plutôt : « Ça arrive dans tous les couples et c'est quand même exceptionnel que nous passions une soirée aussi tendue. Mais on a eu tous les deux une journée difficile, et cela ira beaucoup mieux demain. »

Régulièrement, il faut débusquer ses évaluations négatives des faits – évaluations qu'on prend généralement pour des vérités objectives – et s'acharner à les transformer.

Face à un événement positif, apprenez à penser à l'origine, à observer que ce n'est pas la première fois que cela vous arrive et de ce fait, à vous persuader qu'il ne restera pas isolé.

Face à un événement négatif, entraînez-vous au contraire à l'attribuer au hasard, à la partie incontrôlable de l'existence, et à l'envisager comme un accident plutôt que comme l'indicateur d'une destinée. En effet, les couples qui durent sont ceux qui externalisent la cause des difficultés qu'ils rencontrent[6], qui les voient à l'extérieur du couple et non dans la relation.

Une deuxième piste pour changer votre manière de voir, pour diminuer votre pessimisme[7] et votre tendance à l'insatisfaction[8], consiste à vous exercer à voir le positif chez l'autre : pour cela, tenez un journal de gratitude[9] dans lequel chaque jour, vous associerez à cinq événements repérés, le sentiment éprouvé. Focalisez-vous sur les éléments de la relation.

Aujourd'hui, il m'a demandé ma recette de rattes au beurre pour son week-end entre gars et, c'est idiot, mais je me suis sentie utile et valorisée, il m'a écoutée attentivement quand je lui ai parlé de mon travail et je me suis sentie comprise, il m'a dit qu'il était vraiment attaché à moi et cela m'a touchée, et il a pris son temps pour me faire l'amour et cela m'a excitée.

On dit qu'il faut un mois d'exercices quotidiens pour changer une habitude. S'entraîner régulièrement est donc la seule garantie de changement. Cela vaut la peine car vous allez atténuer votre pessimisme et favoriser le passage de la passion à l'amour en gagnant en satisfaction et en bien-être.

➤ *Comment voir l'amour pour y être heureux[10] ?*

Sachant que nous avons tous des façons d'aimer différentes, comment cultiver la plus bénéfique pour nous ? N'en va-t-il pas de l'amour comme du bonheur ? La manière dont on le conceptualise n'influence-t-elle pas la manière dont on le vit, les attentes que l'on en a et l'épanouissement que l'on en retire ?

Certains voient l'amour comme une succession d'aboutissements. Ce sont les rois du « je serai heureux quand... ». Ils subordonnent, par exemple, leur bonheur à la rencontre de LA personne : « Je serai heureuse quand j'aurai rencontré l'homme de ma vie. » Constatant alors qu'ils ne sont pas aussi heureux qu'ils l'imaginaient, ils poursuivent leur quête d'un bonheur, se persuadent qu'ils seront heureux quand ils seront mariés, puis quand ils auront beaucoup d'enfants, puis quand ils auront une belle maison, puis avec une autre personne. Persuadés qu'ils ne seront heureux que quand ils auront atteint leur but, ils ne le sont jamais.

D'autres voient l'amour comme un enchaînement de plaisirs successifs sans perspective au-delà de l'instant présent. À la quête perpétuelle d'objets de désir toujours plus stimulants et à la satisfaction du plaisir succèdent rapidement le vide et l'ennui. Convaincus que le bonheur se trouve uniquement dans le chemin, ils ne se fixent pas de buts, ne construisent rien à long terme et finissent par s'assécher et par développer de l'amertume et du cynisme.

Puis il y a les pessimistes et les évitants qui sont persuadés qu'ils ne peuvent en rien influer leur vie sentimentale et que, de toute façon, soit l'amour n'existe pas, soit ils ne le rencontreront jamais.

Et si l'amour, c'était du plaisir maintenant et de la construction pour plus tard ? Faut-il opposer le plaisir là maintenant éprouvé avec celui ou celle qu'on aime à l'engagement et à la construction de l'amour ?

Et si on envisageait le bonheur en amour, non pas comme quelque chose que l'on obtiendra un jour, ce qui est impossible vu que l'amour est par essence fugace et insaisissable, non plus comme une succession de rencontres sans but, mais plutôt comme un chemin à vivre, escarpé pour tout un chacun, comportant des moments de désirs dont la satisfaction ne doit arriver ni trop rapidement ni trop lentement ?

Autrement dit, la souffrance faisant partie intégrante de la vie (ce n'est pas moi qui le dis, c'est Schopenhauer[11]) et de l'amour, être heureux en amour, c'est être perpétuellement dans l'oscillation entre le désir (au sens large) pour l'autre et sa satisfaction, mais le temps entre les deux ne doit être ni trop court, sinon il ne suscitera plus ni désir ni intérêt chez nous, ni trop long, sinon on souffrira trop. Inversement, nous devons nous employer à susciter du désir en lui (ou elle) en lui échappant un minimum et à le satisfaire en nous rapprochant de manière intermittente et savamment dosée. On ne peut aimer très longtemps une personne entièrement soumise ni quelqu'un de totalement indépendant[12].

Être heureux en amour, ce ne sera donc pas un état de béatitude permanente, ça, ce sera quand nos cendres se mélangeront au-dessus du pont de Madison. Être heureux en amour, ce sera vivre une alternance de hauts et de bas avec davantage de hauts que de bas.

➤ *Comment voir l'autre pour que ça dure ?*

Avec la durée d'une relation se creusera un écart entre l'amour idéalisé et la réalité, écart suscitant inévitablement des modifications dans les sentiments et dans les comportements de l'un envers l'autre. Faut-il s'idéaliser, se voiler la face, prendre sur soi et dépasser son ego[13], être le plus rationnel possible ?

Certains affirment que pour qu'un mariage soit heureux et dure, il faut voir l'autre de la manière la plus positive possible. D'autres, au contraire, prêchent pour une perception juste et objective du partenaire. En réalité, il semblerait qu'il faille mélanger les deux. Un mariage heureux est un mariage où l'on voit le positif de manière globale et le négatif de manière spécifique[14] : il est là le secret. George est quelqu'un de super-gentil, c'est un amour mais hier, après avoir tourné avec Brad et Matt dans *Ocean Twenty Two*, il est revenu un peu ronchon.

Si on a une idée préétablie positive sur l'autre et qu'on ne prête pas attention à ce que l'autre fait qui pourrait nous faire changer d'avis, le couple peut être heureux et durer.

À l'inverse, si on est quelqu'un d'objectif, de rationnel, sans idée préétablie ni négative ni positive sur l'autre, cela peut aussi marcher pour peu qu'il se tienne à carreau et ne commette pas trop de boulettes, car chacun de ses comportements et des informations le concernant changera la manière dont on le perçoit[15].

Les illusions positives sur l'autre peuvent protéger le couple dans les périodes de doute et de conflit. Si on prend le parti de l'idéalisation, à la fin, on finit par partager la vision idéalisée de soi-même que nous renvoie l'autre. T'as raison, George, je suis géniale. L'amour n'est du coup pas aveugle, mais préscient puisqu'il crée ce qu'il voit[16].

Être conscient que nous cultivons une manière positive de voir l'autre, que nous cultivons une illusion en quelque sorte, ne retire rien à l'affaire[17]. Cela fait partie intégrante de la relation amoureuse. Dans la phase passionnelle de l'amour, cela se fait tout seul ; dans la phase suivante, on peut développer cette façon d'être. On observe celui ou celle que l'on aime et on est attentif à tout ce que fait notre moitié de très pertinent dans des domaines importants pour nous. Ainsi, pour Rachel qui compte, parmi ses valeurs, le respect entre les êtres, la délicatesse et la courtoisie que manifeste Frédéric quand il conduit ou quand il est avec de nouvelles personnes font qu'elle le perçoit comme un être d'une humanité extrême. Elle sent que ses proches ne souscrivent pas complètement à son enthousiasme mais elle s'en moque un peu.

Les personnes qui se sentent moins positivement regardées par leur amoureux(se) lisent les événements de manière plus stressée et se sentent plus facilement blessées. Du coup, elles se comportent de façon plus agressive envers leur partenaire. Alors que les personnes qui se sentent valorisées par le regard de l'autre répondent à des blessures en se rapprochant de leurs partenaires[18]. Ainsi, en regardant votre amoureux(se) avec des paillettes dans les yeux, vous l'amènerez à se rapprocher de vous.

Augmentez votre confiance en vous

➤ *Pourquoi ?*

Lorsqu'on a une *basse estime de soi*, on réagit aux circonstances nous amenant à douter de nous-même, par une méfiance accrue sur le regard de notre partenaire : ils m'ont trouvé nul lors de la réunion au travail, elle doit aussi me trouver nul (elle n'a jamais osé me le dire). Quand on n'a pas confiance en soi, on sous-estime la façon positive dont l'autre nous voit, et on se met à le percevoir, parfois, de manière un peu mesquine (je me trouve moche dans le miroir, il me dit que je suis désirable, et je pense intérieurement qu'il me dit ça de manière intéressée parce qu'il a envie de faire l'amour ce soir). Résultat : on se sent de moins en moins bien dans la relation[19].

À l'inverse, lorsqu'on vit des réussites, par exemple professionnelles, on peut surestimer l'acceptation et l'amour de notre partenaire.

Du fait de notre mauvaise estime de soi, nos aléas professionnels, positifs ou négatifs, se répercutent sur nos perceptions amoureuses et cela n'est pas très bénéfique pour l'avenir de la relation[20].

Si l'on a une *haute estime de soi*, en situation où nous doutons de nos capacités et de nous-même, nous sommes encore plus convaincu de l'acceptation bienveillante de notre partenaire et de son soutien. On utilise alors la relation comme une ressource pour s'affirmer[21] : ils m'ont trouvé nul lors de la réunion au travail, mais elle m'aime et cela me donne le courage d'aller de l'avant.

Dans une situation expérimentale[22] dans laquelle on a fait croire que le partenaire percevait un problème dans la relation amoureuse, les personnes qui n'avaient pas confiance en elles en ont tout de suite conclu que l'amour et l'engagement de leur partenaire étaient en train de s'éteindre. De ce fait, elles sont devenues désobligeantes et se sont éloignées de lui. Face à la même situation, les personnes ayant une bonne estime d'elles-mêmes n'en ont pas tiré de conclusions sur la relation. Elles ont fait face au problème et sont allées l'aborder avec leur partenaire.

➤ *Comment*[23] ?

Selon le spécialiste français de l'estime de soi, pour l'augmenter, il y a trois chantiers à mettre en œuvre :
• Tout d'abord modifier le rapport à soi-même. Pour cela, il est nécessaire d'approfondir sa connaissance de soi en travaillant pour réunir, accepter et assumer :

- les parties de soi inconnues de nous mais connues des autres et pour cela, on les interroge ;
- les parties de soi connues de nous mais inconnues des autres ; pour cela, on s'entraîne à se révéler ;
- les parties de soi inconnues tout court mais en devenir et pour cela, on explore des situations nouvelles.

Dans toutes ces situations, on se prépare à être transitoirement dans l'inconfort. C'est tout à fait normal d'éprouver de la gêne ou de l'anxiété quand on s'affirme ou quand on apprend des choses sur soi. De même, quand on affronte de nouvelles expériences, il est normal d'être stressé. Faire face à ces émotions est le signe que vous vous dépassez, que vous êtes en train de vous affranchir de la peur qu'elles génèrent et finalement, vous serez surpris d'éprouver un sentiment de libération et davantage de bien-être. Un petit mal pour un grand bien.

En résumé, listez ce que vous aimez, connaissez, réussissez et appréciez en vous puis tout ce que vous n'aimez pas, ne connaissez pas, ne réussissez pas et n'appréciez pas en vous. Essayez d'assumer ces caractéristiques en les exprimant, à l'occasion, à vos proches puis à des personnes plus éloignées. Par exemple, révélez que vous êtes ignorant en politique, que vous appréciez les séries télévisées, que vous êtes un expert en course à pied, mais que vous vous trouvez trop matérialiste. Puis, interrogez vos amis sur vous, sur ce qu'ils apprécient et n'apprécient pas en essayant de ne pas vous mettre sur la défensive lorsqu'ils vont vous répondre, mais de prendre plutôt le temps d'y réfléchir. Enfin, dressez la liste des domaines qui vous attirent et commencez à vous programmer des explorations par étapes successives. Ainsi, pour mes 40 ans, j'aimerais courir un marathon, je n'ai jamais couru, je me renseigne sur Internet sur les programmes d'entraînement pour les nuls. Je vais m'acheter de nouvelles baskets et demain, je me programme une petite course d'un quart d'heure.

• Le deuxième chantier concerne le changement dans sa manière d'envisager l'action. Augmenter sa dose d'autosatisfaction en réalisant des activités, quelles qu'elles soient, est une source d'estime de soi ayant des répercussions sur la relation amoureuse. Plutôt que de ruminer sur ce que m'a dit Jules hier, je m'absorbe dans le tri de mes vêtements d'hiver ou dans la mise en album de mes photos de vacances et quand il revient, je ne pense même plus à sa remarque, car je suis contente de moi et de ce que j'ai fait de mon après-midi.

On peut aussi se fixer un domaine dans lequel on a envie d'exceller et mettre des actions en œuvre pour y progresser : sport, activités créatives, cuisine, lecture, culture, politique… On arrête de s'en vouloir lorsqu'on n'a pas été parfait (on ne sera parfait qu'au musée Grévin), on se répète que l'on fait des expériences, et que chaque expérience, positive ou négative, est une occasion d'apprendre et de progresser.

• Enfin, dans le troisième chantier, on se confronte réellement aux autres. On ose leur dire, avec empathie, ce que l'on pense, même si on n'est pas d'accord, et on observe qu'ils nous aiment toujours même s'il leur faut un peu de temps (et d'émotions) pour accepter notre opinion. On essaie de leur dire aussi ce que l'on ressent car même si nos émotions ne sont pas les mêmes que les leurs au même moment, l'expression des nôtres nous rendra attachants. Enfin, on ne tarde pas à leur dire ce que l'on veut pour éviter les bombes à retardement. Quand on n'est pas bien, on essaie de faire appel à eux, on arrête de penser comme un insécure évitant et on se rend compte qu'à dose modérée, les autres aiment nous être utiles pour peu qu'on sache aussi être reconnaissant. On se crée un cercle de personnes qui nous admirent et nous estiment, de personnes qui nous aiment, de personnes qui peuvent nous aider logistiquement ou matériellement et de personnes qui peuvent nous renseigner et nous informer. Ce n'est pas parce que l'on est avec quelqu'un que l'on néglige de développer notre réseau. Ce soutien rend fort dans la relation, diminue la dépendance relationnelle. Même si passer du temps avec ses amis ou ses connaissances procure moins de bien-être dans l'immédiat que d'être sous la couette avec son loulou, on n'oublie pas que c'est une manière de se rendre désirable puisqu'on échappe à l'autre momentanément, que l'on aura des choses à lui raconter qu'il ne connaît pas, que c'est une manière de se sentir solide puisqu'il n'est pas le seul sur qui l'on puisse compter et que c'est important pour se sentir plus sûr de soi. Bien évidemment, développer du soutien social nécessite de la disponibilité et de la réciprocité. Nous devons aussi être là pour les autres quand ils en ont besoin.

Communiquez, pensez à vous disputer, faites face aux différences

➤ *Observez les problèmes et les différences*

• Lister les problèmes. Après les dix-huit mois à trois ans au-delà desquels (lorsque) la passion s'achève, les problèmes apparaissent. Ils étaient négligés jusqu'alors car ils étaient jugés sans importance, comparés à l'intensité des sentiments. Seulement voilà, les hormones, c'est fini.
• Identifier et lister les changements que l'on attend de l'autre.
• Les hiérarchiser par ordre d'importance pour soi. Distinguer les changements cruciaux pour soi, les comportements de l'autre qui heurtent nos valeurs, des comportements moins fondamentaux que nous pouvons tolérer.
• En ce qui concerne les comportements que nous jugeons fondamentaux car ils heurtent nos valeurs, il est important de parler, pour ne pas accumuler de rancœurs. Il FAUT exprimer ces demandes-là. L'idéal est de délivrer ces messages à dose filée, en choisissant son moment, lors d'un instant de complicité, ou lorsqu'on est détendu. La manière dont nous allons dire les cho-

ses doit être affectueuse, sans minimiser pour autant l'importance que ce changement que nous attendons, a pour nous.

• Identifier les projections que je fais sur l'autre. Repérer les demandes de changements qui nous concernent, celles sur des comportements que nous n'aimons pas, d'abord, en nous-même. Puis travailler à s'accepter soi, et y travailler beaucoup. Plus on a un schéma de perfectionnisme pour soi, plus on est intransigeant avec l'autre. Plus on s'acceptera tel que l'on est, c'est-à-dire imparfait, plus on acceptera les imperfections de son partenaire et de ses enfants.

➤ *Communiquez*[24]

Dans des questionnaires sur la communication que l'on a fait passer à des couples, on s'est aperçu que les conjoints insatisfaits se percevaient comme communiquant bien mieux que leur partenaire[25]. Paille et poutre ?

Pour résoudre des problèmes dans le couple, on peut considérer la communication comme unité fondamentale d'analyse. On ne se regarde pas l'un l'autre, mais on regarde ensemble vers un problème. Le présupposé est que si l'un modifie quelque chose dans la séquence d'interaction, cela peut changer toute la séquence et donc la relation, chacun étant responsable à 50-50 des changements dans la communication.

La manière dont communiquent les couples insatisfaits a ses caractéristiques : on n'est pas clair, on comprend mal ce que dit l'autre, on est peu attentif aux messages non verbaux, on est moins constructif et bien plus négatif que positif. On réagit du tac au tac, on fait constamment de l'œil pour œil dent pour dent, on ne prend pas le temps, on réagit au quart de tour.

Selon les grands spécialistes canadiens du couple, les principes pour une bonne communication consistent à :

• Faire des messages clairs et précis, sur un même sujet (de manière à se donner une chance de solutionner le problème) et

dans lesquels on dit ce que l'on pense et ce que l'on ressent (mais pas pendant deux heures).
• Dire (ou montrer) ses sentiments positifs. Non, elle ne sait pas que vous la trouvez craquante et attendrissante quand elle dort.
• Dire le négatif en commençant ses phrases par « je » ou « cela me ». Donc on évite « tu es un crétin » et on dit plutôt : « Cela me tape sur les nerfs quand tu regardes le foot toute la journée. » Si, si, ça change quelque chose. Sur le foot, il peut agir, sur sa crétinerie, non.
• Essayer de toujours faire une demande avant de faire une critique. « Mon chéri, j'apprécierais que tu sortes les poubelles ce soir », plutôt que : « Grrr, j'en ai ras le bol, c'est tout le temps moi qui les descends. » Tout en écrivant, j'entends une petite voix me dire : « Mais, pourquoi ce serait à toi de demander de sortir la poubelle ? Tu n'es pas sa mère. S'il vivait seul, il les sortirait sans qu'on le lui demande. » Bon, mais on en revient au sujet-qui-fâche du partage des tâches. Et je n'ai pas de recettes miracles. Dans ce domaine, c'est à chacun(e) de connaître et de faire avec ses seuils de tolérance (ou d'intolérance).
• Éviter les pulvérisations déguisées, les scuds ou les sarcasmes du style : « C'était bien ce que tu as fait. C'est pas souvent ! »
• Apprendre aussi à écouter. Comme pour les politiques, on essaie que le temps de parole soit également réparti. Si vous parlez de plus en plus, ne vous étonnez pas que l'autre parle de moins en moins. ÉCOUTEZ en posant des questions, par exemple.
• De temps en temps, un peu mais pas trop, communiquer sur la communication. Cela s'appelle de la métacommunication[26] !

➤ Disputez-vous

Pour améliorer la satisfaction du couple, il ne faut pas éliminer les conflits. Aborder les inévitables différences et désaccords est bien plus porteur que de prendre sur soi et d'accumuler des « bombes à retardement[27] ».

Nous venons de voir que la résolution des problèmes dans le couple peut se structurer autour d'un travail sur la façon de communiquer. Mais dans le cadre des conflits, on est obligé d'envisager une autre façon de voir. Travailler sur la forme de la communication est rarement suffisant, cela peut même s'avérer contre-productif.

Les difficultés du couple peuvent aussi être la résultante des difficultés de l'un et de l'autre et notamment des difficultés émotionnelles. Le problème du couple insatisfait est alors constitué par la difficulté de chacun à composer avec ses propres émotions négatives. Le temps mis à retrouver un état d'équilibre après un conflit ou une opposition peut être, selon la personne, de quelques heures, quelques jours ou quelques semaines. Celui qui met des semaines à digérer des émotions négatives (inévitables dans un désaccord) sera beaucoup plus fuyant lors de la négociation de problèmes épineux, amenant l'autre, qui pense que tout peut être résolu par la communication et dans la minute, à insister pour obtenir une réponse. On entre dans un cercle vicieux dérobade-agression. Il serait réellement illusoire de faire croire que la façon de dire les choses, à elle seule, peut permettre d'éviter les émotions négatives dans le couple.

Chacun doit donc se responsabiliser de ses émotions, apprendre à y faire face et ne pas en charger l'autre. Il existe des moyens pour cela[28]. Celui qui met du temps à faire face aux émotions postconflit devra prendre pour cible des interactions récentes et visiter ses sensations négatives, laisser venir des souvenirs amplifiant ses émotions présentes et les revivre émotionnellement. Celui qui devient agressif face à la dérobade de l'autre devra faire face à son sentiment d'impuissance, le sentir, le nommer et l'accepter[29]. Il observera que ses pensées sont agitées, que sa façon de s'exprimer était réactive et échappait à son contrôle, et que, ce faisant, il a perdu de vue son objectif : aimer l'autre, en être aimé et avancer ensemble. Il prendra conscience avec beaucoup de bienveillance pour lui-même qu'il s'est placé, en insistant, dans une logique à court terme de type réduction immédiate de la détresse. Ayant davantage de compassion pour lui-même, il sera plus clément envers son partenaire et verra dans son attitude moins d'intentionnalité agressive. Non, ce n'est pas forcément uniquement pour me faire de la peine ou me pourrir la vie qu'il ne m'a rien dit. C'est peut-être tout simplement parce qu'il est démuni ou impuissant. Après avoir accueilli ses propres émotions, on est beaucoup plus apte à prendre le temps et à faire l'effort de comprendre le point de vue de l'autre.

Abordez les questions importantes surtout concernant les enfants, leur éducation, la répartition des tâches. Il ne s'agit pas de graver des lignes de conduite de façon définitive, mais d'anticiper des solutions prenant en compte les divergences. Le couple ira beaucoup moins bien après la grossesse[30]. En parler avant est essentiel ; qui se lèvera la nuit, comment le couple se préservera-t-il des moments, comment réaménager le travail, comment faire garder l'enfant, qui fera les démarches pour trouver une nourrice ?... Des frictions et des désaccords vont surgir, mais ne vaut-il pas mieux qu'ils apparaissent maintenant ? Une fois que le bébé est né, les habitudes se prennent vite et on peut, sans s'en rendre compte, se retrouver aux antipodes du fonctionnement de couple que l'on aurait aimé avoir. De là à remettre en question l'amour qui nous lie, il y a un pas malheureusement assez rapidement et couramment franchi.

Enfin, s'engueuler est une bonne chose, surtout si on augmente la communication des affects positifs le reste du temps. C'est l'absence d'affects positifs exprimés qui prédit une séparation dans les années à venir, pas l'existence de conflits[31].

Comment rester un couple heureux ?

— Première chose : listez les épines irritatives en n'en négligeant aucune.
— Détaillez-les.
— Hiérarchisez-les par ordre d'agacement.
— Cherchez prioritairement les causes des problèmes à l'extérieur du couple. Vous n'avez pas assez de temps pour vous ? Ce n'est pas SA faute mais la faute de l'organisation globale, du temps passé dans les transports, du lave-vaisselle qui est tombé en panne... Ce sont les couples qui fonctionnent comme ça qui passent le cap.
— Puis communiquez.

Développez la tendresse

On se donne la main, on se touche, on se caresse souvent, on se fait des petits cadeaux, on se donne des petits noms tendres (pas trop ridicules quand même).

**Les quatre secrets des couples
qui vécurent heureux longtemps[32]**

— Les hommes y manifestent davantage de tendresse, y parlent plus et regardent plus leur femme.
— Les femmes y réduisent leur temps de parole et s'y plaignent moins.
— Ils évitent d'interagir immédiatement sur le coup de la colère.
— Ils partagent des activités agréables (y compris les enfants[33]).

Traitez votre problème de jalousie

D'abord, avant de se stigmatiser comme « jaloux », on essaie d'accepter ce sentiment. La jalousie est un sentiment universel, présent dans d'innombrables cultures[34]. On se rassure car elle va diminuer avec le temps et la stabilité du couple[35]. C'est normal qu'on soit jaloux au début, on ne connaît pas bien l'autre, on est donc plus vigilant.

Marie est extrêmement jalouse de son petit ami. Dès qu'il part en déplacement, elle le soupçonne de la tromper. Quand ils vont ensemble chez des amis, elle est persuadée qu'il est attiré par les femmes présentes et elle lui fait généralement la tête quand ils repartent. Elle fouille souvent ses affaires, regarde ses mails et ses SMS. C'est très difficile à vivre pour elle et pour lui. Elle n'a pas spécialement vécu d'événements traumatiques passés pouvant expliquer cela. Elle a été une petite fille normalement choyée.

Ensemble, nous nous sommes rendu compte que sa jalousie survenait dans des moments de solitude ou de vide alors que lorsqu'elle se sentait entourée et utile, ce symptôme ne survenait pas. Dans cette forme de jalousie, on fait donc un travail sur l'estime de soi comme décrit plus haut.

Dans les cas extrêmes de jalousie délirante (voir page 95), un traitement médicamenteux est recommandé. On peut utiliser un neuroleptique comme l'Orap® par exemple[36], traitement qui doit être prescrit par un médecin.

Parfois la jalousie a lieu d'être. L'autre nous trompe effectivement. Sans Denise qui a changé ma façon de voir, je vous aurais écrit une tirade du style : partez à toutes jambes, s'il vous trompe, c'est mauvais pour vous. Or Denise m'a raconté sa vie, et son expérience m'a amenée à reconsidérer mes idées toutes faites sur le problème de la tromperie. Denise, à l'âge de 40 ans, a appris que son mari avait une aventure avec une autre femme. Puis un enfant avec elle. Denise a énormément souffert, mais elle aimait passionnément son mari. Elle n'a pas voulu le quitter. Elle a souffert d'une jalousie intense. Mais le temps a aussi fait son œuvre. Trente ans après, Denise est heureuse du choix qu'elle a fait, car elle aime toujours son mari et ils se sentent bien ensemble. Elle accepte qu'il passe du temps avec l'« autre ».

Son histoire m'a beaucoup heurtée personnellement et je sentais en moi un certain nombre de jugements et de colère envers son mari. Mais c'était de mes émotions qu'il s'agissait, pas des siennes et je n'avais pas à lui imposer ma façon de ressentir.

C'est donc à vous de voir si vous serez à même de ne pas être envahi chaque jour qui vous reste à vivre ensemble par la trahison, si vous pouvez pardonner et faire avec.

Cultivez l'admiration

Admirer est important dans l'amour, au sens de considérer avec étonnement ou enthousiasme.

Admirer ne doit rien nous retirer et ne doit pas nous faire nous sentir inférieur. L'admiration excessive sabote généralement les interactions. On ne parvient pas à être soi. De plus, on fait peur à l'autre qui ne se sent pas vraiment aimé pour lui-même. On lui fait porter une trop lourde responsabilité en subordonnant notre confiance en soi à la sienne. Il faut alors développer sa confiance en soi et cesser de se juger par rapport à l'autre en termes de mieux ou de moins bien.

Admirer, ce n'est pas se rassurer sur soi avec une qualité de l'autre qui nous manque ; je dois bien être brillante car il est brillant et il est avec moi.

Admirer, c'est davantage qu'apprécier.

La « bonne admiration » est celle qui porte sur les valeurs, les éléments constitutifs de la personnalité, sur ce que l'autre est fondamentalement et non pas sur ce qu'il fait. Ce n'est donc pas l'« effet groupie ». C'est une de mes amies qui a inventé ce concept. Elle était sortie avec un chanteur de blues qu'elle n'aimait pas véritablement. Elle m'avait emmenée à un de ses concerts. Elle était restée à le regarder tout près de la scène, fascinée. Comme je m'étonnais, elle m'avait expliqué qu'elle était en plein « effet groupie », c'est-à-dire qu'elle ressentait une vague de désir liée à la musique qu'il était en train de produire. Elle aimait beaucoup sa voix, pas ce qu'il était en tant qu'homme.

Ce n'est ni idéaliser ni s'illusionner en faisant totalement abstraction des défauts de l'autre, mais c'est avoir la capacité de s'étonner encore de ce qu'il est, tout en étant conscient de ses imperfections. Quand on idéalise, on ne parvient ni à voir, ni à intégrer les éléments négatifs concernant la personne que l'on aime et le couple ne dure pas[37].

L'admiration ne doit pas être destructrice ou dévoratrice, elle doit être motrice et constructive. Intégrée dans un lien amoureux, elle le renforce et pousse à progresser et à se développer[38].

> ## Connaître l'autre

Voir l'autre de manière biaisée positive et bien le connaître ne sont pas deux choses incompatibles[39].

Pour connaître l'autre, il faut s'intéresser à lui et l'interroger même après dix années de vie commune. Combien de personnes sont surprises, alors que leur mariage est terminé, de découvrir à quel point elles ont méconnu leur partenaire.

Ce qui distingue les couples qui durent de ceux qui ne dureront pas, c'est le niveau de spécificité et d'exactitude dans la connaissance de son partenaire[40]. Alors, comment développer un savoir précis sur l'autre ? C'est tout simple : avec des questions précises ! Par exemple, êtes-vous capable de le visualiser de manière précise dans sa journée sans vous ? Savez-vous exactement ce qu'il fait, comment il se comporte, ce qu'il ressent, ce qu'il vit ?

Quand vous lisez un livre, des images se forment dans votre tête. Avez-vous des images dans la tête, de son enfance et de son adolescence ?

Savez-vous ce qui le fait rêver, ce qui l'a marqué ?...

L'écoutez-vous réellement quand il vous parle ? N'avez-vous pas tendance à l'interrompre parce que vous croyez savoir ce qu'il pense ou bien parce que vous avez envie de lui communiquer ce que vous pensez, vous-même, par exemple de sa famille, en essayant de le faire adhérer à vos opinions sur elle ?

Une thérapie peut-elle sauver le couple ?

Aux États-Unis, le risque qu'un premier mariage se termine par un divorce est de 50 à 67 %. Et visiblement, on n'apprend pas avec l'expérience puisque le risque de divorcer est majoré de 10 % si l'on se marie une seconde fois. On sait que la séparation et le divorce ont des conséquences non négligeables sur la santé mentale et physique des deux protagonistes[41]. Ils augmenteraient aussi la probabilité de survenue d'un accident automobile, de suicide, de violence, d'homicide, diminueraient l'immunité et augmenteraient la mortalité[42]. Séparation et divorce ont également un effet sur les enfants[43] incluant la dépression, le retrait, des problèmes de santé, une diminution des compétences sociales et des performances scolaires[44]...

Alors, pourquoi ne pas tenter une thérapie ? Les trois quarts des couples qui tentent l'aventure rapportent généralement un bénéfice immédiat dans leur satisfaction à deux. Malheureusement, les thérapies de couple ne donnent pas forcément des résultats probants à long terme, les bénéfices ne persistant que pour un tiers à la moitié des couples[45].

Existe-t-il des thérapies plus utiles que d'autres pour le couple ?

Les thérapies comportementales s'attaquent à la modification des comportements dans le couple, prenant par exemple comme cible les difficultés de communication et s'appliquant à mettre en place de nouvelles aptitudes. Cette sorte de thérapie a été bien évaluée. Il existe même des compilations des études d'efficacité sur le sujet, appelées méta-analyse. Elles montrent qu'à la suite d'une thérapie comportementale de couple, les gens communiquent mieux mais ne sont pas tellement plus satisfaits de leur vie conjugale[46].

Pourquoi ?

• Soit parce que l'un des membres du couple est figé dans une attitude. Sa collaboration et sa motivation au changement sont absentes. Or ce sont les deux piliers d'une thérapie comportementale. Ça ne peut donc pas marcher.

• Soit parce qu'il y a tellement de sujets d'opposition et de discordes dans le couple qu'il est extrêmement difficile d'en extraire un spécifique sur lequel travailler.

• Soit parce que les attentes de changement de l'un se heurtent à l'atteinte de la structure de l'autre. Vouloir que notre grand timide devienne extraverti et volubile relève de l'utopie.

S'appuyant sur les points forts des thérapies comportementales de couple, et avec l'idée d'en contourner les impasses, s'est développée la thérapie comportementale intégrative de couple[47] (IBCT). Elle combine les stratégies de changement des thérapies comportementales à des stratégies d'acceptation émotionnelle. Le thérapeute doit faire en sorte que l'enjeu ne soit plus de faire changer l'autre, mais d'être présent à sa douleur avec une véritable compassion, ce qui favorisera un retour de l'intimité. Encourageant l'expression et la libération de la tristesse, plutôt que celle de la colère ou du retrait, l'IBCT suscite une autre façon de voir le problème et du coup de le résoudre[48]. Si George m'apprend dans l'émotion pendant la séance de thérapie, qu'il ne me parle pas de ses soucis de travail parce qu'il a peur de me perdre et peur que je ne l'admire plus, je vais bien évidemment être touchée et plus en mesure de le regarder avec tendresse quand il ira s'isoler dans le jardin.

La comparaison des résultats entre thérapie de couple uniquement comportementale et thérapie de couple intégrative comportementale est en la faveur de l'IBCT sur le niveau de satisfaction conjugale[49].

Il est donc important, si vous vous engagez dans ce type de travail à deux, d'avoir un thérapeute qui propose des stratégies de changement (l'idéal est de repartir avec des tâches à faire à la maison) et qui est aussi à même de favoriser dans la séance un climat de compassion.

Dans tous les cas, pour qu'une thérapie de couple marche, il faut que chacun admette sa part de responsabilité dans le fonctionnement du couple[50].

Comment se préparer pour un nouvel amour ?

Prendre un peu de temps avant d'entamer une autre histoire d'amour, digérer la rupture pour être émotionnellement disponible à une nouvelle personne, apprendre à être seul pour éviter un lien de dépendance ultérieur, renforcer l'amour de soi et des autres, transcender… beaucoup de choses à faire en peu de temps. Alors, comme disait souvent la regrettée sœur Emmanuelle : Yalla !

Traverser la rupture

Le départ de celui ou celle que l'on aimait est un événement incontrôlable. Pour traverser la douleur que représente la perte de cette personne qui ne veut pas ou ne peut pas revenir, tenter d'agir sur le problème en essayant par exemple de comprendre pourquoi elle est partie aggravera notre état et nos émotions négatives car cela amènera à des ruminations douloureuses pérennisant la douleur. De même qu'essayer de garder le contact, surtout pendant les deux premières semaines, augmentera la tristesse et pérennisa l'amour.

Afin d'atténuer l'impact de la séparation, il ne nous reste donc plus qu'à faire face aux émotions. Mais ne risque-t-on pas de se faire submerger par elles ? Ne vaudrait-il pas mieux en dénier l'existence ? Oui, mais pas facile de faire semblant d'aller bien. Lucas essayait de s'étourdir et d'oublier en sortant beaucoup. Avec ses amis, il essayait de faire bonne figure tout en ayant du mal à se concentrer. Il se sentait en décalage avec eux. Il trouvait les sujets de conversation ennuyeux et futiles. Tentant de donner le change en ne montrant pas qu'il souffrait, il avait un air hautain et était parfois un peu agressif et méprisant. Il rentrait de ses sorties avec un sentiment de culpabilité et un dégoût de lui.

C'est toute la délicatesse de ce passage et c'est pour cette raison qu'il ne faut surtout pas être manichéen et diversifier le plus possible les moyens de traverser la rupture.

Au début, il va être préférable de s'occuper des intrusions émotionnelles ; alternance de bouffées de haine, de bouffées d'amour, de moments de sidération... Dans le mois suivant la rupture, la colère peut prendre le pas sur la tristesse et l'amour. Plus les émotions vont fluctuer, mieux le deuil de la relation s'effectuera. Si l'on est coincé dans un même état émotionnel (par exemple la colère, ou bien la tristesse), on risque de mettre du temps à faire le deuil, voire d'avoir des complications.

Généralement, c'est la colère qui passe le plus vite, la tristesse va ensuite s'amender progressivement et enfin les sentiments amoureux vont disparaître.

➤ *Pour l'instant, travaillez seul*

Plus on raconte ce qui nous arrive, plus... on va mal[1]. Plus les gens passent de temps à parler de leurs sentiments concernant la rupture, plus le mal-être qu'elle occasionne dure. Pourquoi ? Parce que exprimer ce que l'on ressent ne doit intervenir pour soulager qu'après avoir ressenti dans le corps, nommé et accepté ses douleurs. Les autres, sauf s'ils vous aidaient dans ce processus, ne feraient que raviver la plaie sans la panser. Une plaie que l'on montre à tout le monde, mais que l'on a anesthésiée, dont on ignore les causes et dont on n'accepte pas la présence est une plaie condamnée à s'infecter et à s'aggraver.

Surtout, n'entendez pas par là qu'il faille que vous restiez seul, vous allez avoir besoin de soutien, mais pour travailler sur vos émotions, il vaut mieux que vous soyez seul ou avec un thérapeute.

➤ Visitez le passé émotionnellement une heure par jour

Trop en parler aux autres fait aller plus mal, cependant éviter la douleur, repousser les pensées et faire stoïquement comme si rien ne s'était passé, fait aller plus mal aussi[2].

Plus on refuse de pleurer sur soi avec compassion, plus notre peine dure. Caroline avait essayé de serrer les dents après la séparation d'avec son ami. Son entourage l'exhortait à se bouger, à prendre sur elle. Et cela faisait trois ans que malgré toute sa volonté, malgré des efforts énormes de volonté, elle pensait à lui nuit et jour et sa souffrance était toujours aussi intense et invalidante, la démobilisant de son travail et d'elle-même. Dès que la tristesse ou les obsessions apparaissaient, elle portait un jugement en se disant : « Je suis nulle de penser encore à lui ; je devrais ne pas être triste. » Ce faisant, elle rajoutait du mal au mal.

Prenez une heure par jour. Oui, c'est beaucoup, mais c'est ça ou la télé, la junk-food et l'alcool qui vous anesthésieront, certes, mais qui vous feront grossir et vous maudire.

Faire face aux souvenirs : la rupture, si vous avez du courage émotionnel, est une formidable opportunité de travail sur soi et d'avancée personnelle. C'est le genre de phrase qui fait lever les yeux au ciel quand on souffre, là maintenant, mais dont la pertinence sera plus perceptible dans quelques mois, je vous le promets.

Commencez par écrire votre histoire avec la personne que vous aimiez et qui n'est plus là. Soyez précis. Détaillez des souvenirs, autant de positifs que de négatifs. Oui, faites aussi l'effort de vous souvenir de mauvais moments ensemble car il y a un risque, dans cette période, d'idéaliser la relation *a posteriori*.

Donnez des détails, des précisions. Décrivez les expériences qui vous font le plus de peine. Fermez les yeux, visualisez-les, observez ce qui fait le plus mal, ressentez la douleur dans votre corps. Remarquez toutes les croyances que vous y associez (je suis nul, j'aurais dû, je ne mérite pas d'être aimé, je suis laid, je ne contrôle rien…). Pleurez autant que vous en aurez besoin. Revenez sur le souvenir plusieurs fois, jusqu'à ce que vous puissiez regarder la scène plus tranquillement. Utilisez la technique page 176 et prenez le temps de bien graduer vos émotions, vos sensations et le degré de croyance dans la pensée négative que vous associez à l'image. Refaites cette graduation régulièrement après vous être exposé. Avec le temps et en faisant face avec bienveillance aux émotions fortes que cela suscitera, vous allez non pas oublier, mais désactiver ces souvenirs.

Repensez ensuite à des ruptures précédentes : écrivez de quelle manière vous y avez fait face et réutilisez les bons « trucs », les choses qui vous avaient aidé.

➤ Modifiez vos scénarios de vie

Demandez-vous pourquoi vous tenez absolument à être aimé par quelqu'un qui ne vous aime pas en retour. Cela ne vous rappelle rien ? Si vous avez découvert en écrivant vos histoires amoureuses qu'une même douleur se répétait (abandon, rejet, sentiment de ne pas avoir de place, de ne pas être reconnu ou considéré…), vous devez revenir sur les expériences passées et les revisiter émotionnellement en laissant pleurer, en défendant et en rassurant le petit enfant que vous avez été. Pour cela, imaginez qu'on fasse subir tous ces rejets, ces abandons, etc. (et tous ces souvenirs qui vous passent par la tête quand vous vous exposez aux émotions) à un enfant que vous aimez. Voyez, les yeux fermés, ce que cela suscite en vous comme émotions et laissez-les surgir[3]. Autoreparentez-vous.

Vous allez ainsi développer davantage de sécurité intérieure affective et modifier vos croyances négatives.

Apprendre à être seul

C'est dur d'être seul. Bien utilisée, la solitude peut faire avancer, aider à repartir autrement, à redéfinir les priorités, les valeurs, les choses importantes dans sa vie mais bon, de là à dire que l'on apprendra à se passer de l'attachement et de l'amour, c'est une autre affaire. L'attachement fait partie de nous, c'est comme ça. Vouloir ne pas être attaché, c'est se prendre pour Dieu ou pour je ne sais quelle force surhumaine. Le héros d'*Orange mécanique* n'était pas attaché. En me détachant de l'attachement, est-ce à lui que l'on va ressembler ?

Avancer quand on est seul demande deux fois plus d'énergie et de courage. À la fin, on est aussi deux fois plus fier.

➤ *Utiliser son sentiment de solitude*
pour se poser les bonnes questions

Pour apprendre à être seul, il faut considérer le manque d'amour comme le symptôme d'ajustements inadéquats dans notre vie.

À quel moment dans la journée est-ce que je me mets à penser au fait que je me sens seul ? Est-ce aussi aigu quand je m'éclate dans mon travail ou quand je suis absorbé par un loisir qui m'enthousiasme ?

Secteur par secteur, faites un bilan : mes amis, mon travail, mes relations avec ma famille ?

• Oui, je m'embête dans mon travail. Ce mal qui me prend aux tripes va me donner une énergie nouvelle pour me sortir de ce ronronnement professionnel. De toute façon, je ne peux pas être plus mal, donc autant prendre des risques et oser mettre en place des changements. Comment ça, à quoi bon ?

• Et mes amis ? Sont-ils vraiment mes amis ? Avec lesquels me sens-je réellement compris ? De qui me sens-je vraiment proche ? Qui ai-je envie d'aller voir ? Avec qui ai-je envie de me faire une soirée filles (ou gars) ? Avec qui n'ai-je pas peur de montrer que je peux aussi aller mal ? N'est-ce pas le moment de faire le tri ? D'ailleurs, avec un peu de chance, il va se faire tout seul. Parce que vous n'aurez pas envie de vous forcer avec certaines personnes – et c'est un signe – et que d'autres, vous voyant mal, prendront leurs jambes à leur cou. Laissez-les courir. Ces personnes-là pensent que les émotions ne font pas partie de la vie et elles ont cinquante ans de retard. De là à penser qu'elles sont intellectuellement limitées… Ce n'est pas moi qui l'ai dit.

• Et mes loisirs ? Est-ce que j'ai réellement envie de faire du football ? Non, j'en fais, je ne sais même plus pourquoi. Moi, j'ai toujours rêvé de faire de l'escrime mais je n'ai jamais osé. Oui, mais je suis trop vieux, c'est trop loin, blablabli blablabla… Non, le moment, c'est maintenant. Pareil, y a rien à perdre. Tant qu'à être mal, autant que ça serve.

Et puis ne faites plus vos courses au même endroit, surtout, bousculez vos habitudes. Arrêtez les pizzas et inscrivez-vous à un atelier cuisine, changez votre hygiène de vie, faites du sport, développez des distractions.

• Et le sens de la vie ? Le sens de ma vie, c'est quoi ? Ce vide intérieur, ce sentiment de solitude et de ne pas être raccordé au monde, cette sensation de vacuité de l'existence, ce sentiment d'inutilité ; suis-je seul à traverser ces marécages ?

Dans le film *La Femme coupée en deux* de Chabrol, l'héroïne tombe passionnément amoureuse d'un homme plus âgé qu'elle,

reconnu socialement, mais blasé et vide. Elle vit cette histoire
pleine d'amour et de confiance. Au début, lui est intéressé par la
nouveauté et par la petite résistance qu'elle lui oppose. Il se lasse
vite. Pour se sentir fugacement exister, il suggère des jeux nau-
séeux auxquels elle se soumet parce qu'elle est éprise. Puis lassé,
il la quitte. Le cœur brisé, elle se marie avec un autre homme,
plus jeune mais vide, vivant parce que happé par le désir de la
posséder. Une fois marié, il devient blasé lui aussi. Projetant sur
son ex-rival la cause de son mal-être, il le tue.

Rien n'a distingué ces deux hommes. Chabrol n'illustre-t-il
pas combien la course à la possession de biens, de sensations,
d'un être peut être insatisfaisante ? Et si on a la malchance
d'obtenir toujours ce que l'on croit vouloir, comme on peut
sombrer dans le désabusement, le cynisme et le vide ?

Au procès, l'héroïne retrace son histoire, en révélant, sans
honte, combien elle a aimé. Elle a l'air… pleine.

À l'occasion d'une rupture, nous risquons d'avoir à nous
poser des questions assez générales, mais aussi lors d'une crise
du milieu de vie[4], ou lors d'une difficulté professionnelle… C'est
à l'occasion de déboires amoureux personnels que Nietzsche,
Schopenhauer, Kierkergaard, et d'autres philosophes, chacun
plus ou moins épanoui en amour[5], se sont penchés sur le sens
ou les sens de l'existence. Pour certains, ce n'est que débarrassé
des illusions de l'amour que l'on peut faire face à ces véritables
questions.

Savoir que nous nous questionnons sur les mêmes thémati-
ques que Schopenhauer, c'est quand même renarcissisant, non ?
Notre chagrin d'amour n'est ni banal, ni prosaïque, ni superfi-
ciel. Il va être un moyen de se rapprocher des autres humains et
d'observer à quel point on est tous dans la même galère, l'occasion de lire, de réfléchir, de réorienter sa vie en cherchant plus
de sens, de mettre en place une nouvelle façon de faire face au
quotidien en pratiquant la méditation, la pleine conscience ou
peut-être le moyen de développer une spiritualité…

234 • PETIT GUIDE DE L'AMOUR HEUREUX

➤ Puis développer du lien social à petits pas

Nous avons besoin de soutien émotionnel, d'attention, de stimulation positive et de comparaison sociale. S'affilier, établir et maintenir des relations avec les autres durables, positives et significatives[6] est un besoin fondamental. Nous ne pouvons pas nous suffire à nous-même, nous n'arriverons à rien tout seul. Être entouré nous empêchera de déprimer et moins déprimé par notre séparation, nous serons plus entouré[7]. Poule et œuf. Ce sera bon pour notre santé *via* les systèmes nerveux et endocriniens[8].

Vous venez de passer du temps avec vous-même. C'était indispensable. Cela ne veut surtout pas dire de rester seul. C'est grâce à ces personnes dont vous allez peu à peu vous entourer que vous irez de mieux en mieux et cela pendant de longues années[9]. Jusqu'à ce que vous retombiez amoureux et que vous vous isoliez de nouveau ! Des amis, des connaissances pour faire du sport, des copains pour faire la fête quand le goût vous en sera revenu, des parents d'enfants qui ont le même âge que les vôtres... Si vous repartez de zéro, soyez patient et résolu. Invitez, invitez. Rien à perdre doit être votre devise. Vous n'avez pas envie de parler de vous et de votre vie actuellement en friche. Qu'à cela ne tienne : entraînez-vous à la petite conversation[10], posez des questions et écoutez. Essayez de repartir de la soirée en ayant toujours appris un petit quelque chose : une bonne adresse, une recette, un tuyau pour aller à Paris moins cher, un superlivre à lire...

N'hésitez pas non plus à solliciter le soutien de votre famille surtout si elle est chaleureuse, équilibrée et compréhensive.

Enfin, tâchez de rire et de faire rire ; il paraît que l'humour sauve. Je vous donne ce judicieux conseil, cela dit, l'humour se décrète rarement et, par ailleurs, nous ne possédons pas tous le même. Pour l'humour, faites donc du mieux que vous pouvez. Et avec ceux qui vous feront rire ou avec ceux qui apprécient votre humour, vous avez forcément des choses en commun.

Accepter les jours gris et profiter des jours roses

Bon, il va y avoir des jours gris : la Saint-Valentin, par exemple, c'est rarement notre jour favori quand on n'est pas en couple : anticipez, prévoyez une soirée avec des copains célibataires, ne rongez pas votre frein. Si vous choisissez l'option film ou DVD, évitez les comédies romantiques. Allez plutôt voir une histoire d'amour qui finit mal, ou dans laquelle les gens se trompent et se mentent, histoire de sortir revigoré de votre statut de célibataire.

Ce sera aussi un peu plus difficile en hiver avec la diminution de l'ensoleillement, plus de fatigue et d'humeur à tendance pessimiste[11]. Pas d'affolement, c'est normal et ça va passer.

Dans les jours roses, allez vers les autres, orientez votre attention sur l'extérieur, ce sera bien plus facile à initier que dans les jours gris et cela vous aidera à aller bien[12]. Ainsi vous contribuerez à mettre en place des automatismes destinés à diminuer le nombre de jours gris.

Bref, là, le mot d'ordre est : diriger son attention non pas à l'intérieur de soi mais à l'extérieur.

Donner ses chances à un nouvel amour

Comme nous avons superbien travaillé sur nous-même, nous avons moins *besoin* de quelqu'un. Nous nous connaissons davantage, et surtout, nous nous acceptons davantage. De ce fait, nous sommes bien plus prêt à connaître et à accepter quelqu'un d'autre[13]. Partager de l'affection et de la chaleur avec des amis, prendre soin d'eux et réciproquement, puis avec son nouvel amour.

Vous ne serez plus dupe. Vous savez que ce ne sera pas la rencontre et l'établissement d'un couple avec ce nouvel amour qui vous rendra heureux. Ce sera moins une fin en soi et davantage une traversée, une expérience avec moins d'attente et plus de présence à l'instant.

Pour qu'un nouvel amour soit possible, il faudra avoir fait réellement le ménage dans le passé de manière que nos expériences antérieures colorent le moins possible celle-là. Libéré de la peur de souffrir (nous n'en avons plus peur puisque nous savons y faire face), nous pourrons choisir d'aimer, nous pourrons vivre une passion harmonieuse[14] avec moins de stress puisque nous connaissons mieux le déroulement des choses, nous pourrons goûter chaque instant et nous en réjouir. Plus expérimentés, nous obéirons moins à cette pression intérieure qui nous faisait perdre le contrôle. Nous vivrons cet amour, moment après moment, tels qu'ils se présentent, sans s'affoler des moments négatifs, en dégustant les positifs, avec moins d'anticipations et donc avec plus d'émotions positives.

Et quel bonheur d'aimer et d'être d'aimer !

Conclusion

« On est souvent trompé en amour, souvent
blessé et souvent malheureux ; mais on aime, et
quand on est sur le bord de sa tombe, on se
retourne pour regarder en arrière ; et on se dit :
"J'ai souffert souvent, je me suis trompé quel-
quefois, mais j'ai aimé. C'est moi qui ai vécu, et
non pas un être factice créé par mon orgueil et
mon ennui." »

Alfred DE MUSSET, *On ne badine pas avec l'amour*

Oui, l'amour, par nature, est compliqué : on souffre et on
apprend. C'est chercher à ne pas souffrir qui est généralement le
problème. On a mal, on fait des erreurs, on aimerait se conduire
d'une certaine manière, garder la tête froide et on fait le
contraire. Personne ne naît « doué » en amour ; on ne sait pas
bien comment aimer ou être aimé. C'est un apprentissage, une
découverte qui nécessite du temps, mais qui permettra, si l'on
s'en donne la peine, de travailler sur soi, de modifier ses schémas, de retrouver le contrôle de ses comportements pour qu'ils
deviennent plus adaptés à nos envies. On s'aimera mieux, puis
on aimera mieux l'autre.

L'amour, ce sont des hauts et des bas, avec d'autant plus
de bas que circuleront de fausses idées sur l'amour. Plus on
continue à nous faire miroiter des modèles amoureux élevés,
plus il nous est difficile de supporter notre quotidien amoureux,
imparfait, mais humain.

Et si, finalement, être heureux en amour, c'était réussir l'équilibre de se projeter dans un avenir, pour construire une relation à deux, tout en vivant pleinement l'instant présent ? L'amour au jour le jour en même temps que l'amour toujours ? Pas facile, mais possible !

Aimer et souffrir pour se rapprocher des autres, se dépasser, s'ouvrir, trouver le sens de sa vie, ça vaut la peine, non ?

Notes

Introduction

1. André C. (2006), *De l'art du bonheur. 25 leçons pour être heureux*, L'Iconoclaste.

2. Picardi A., Battisti F., Tarsitani L., Baldassari M., Copertaro A., Mocchegiani E., Biondi M. (2007), « Attachment security and immunity in healthy women », *Psychosom. Med.*, 69(1), p. 40-46.

3. Esch T., Stefano G. B. (2005), « Love promotes health », *Neuro Endocrinol. Lett.*, 26(3), p. 264-267.

4. Lorenz F. O., Wickrama K. A., Conger R. D., Elder G. H. Jr (2006), « The short-term and decade-long effects of divorce on women's midlife health », *J. Health Soc. Behav.*, 47(2), p. 111-125.

PREMIÈRE PARTIE
AIMER, C'EST COMPLIQUÉ !

CHAPITRE PREMIER
Tomber amoureux

1. Shaver P. R., Morgan H. J., Wu S. (1996), « Is love a basic emotion ? », *Personal Relationships*, 3, p. 81-96.

2. André C. (sld) (2008), *Le Guide de psychologie de la vie quotidienne*, Odile Jacob.

3. Corcos M., Speranza M. (2003), *Psychopathologie de l'alexithymie*, Dunod.

4. Williams K. E., Chambless D. L., Ahrens A. (1997), « Are emotions frightening ? An extension of the fear of fear construct », *Behav. Res. Ther.*, 35(3), p. 239-248.

5. Cosnier J. (1994), *Psychologie des émotions et des sentiments*, Retz.

6. Shaver P. R., Morgan H. J., Wu S. (1996), *op. cit.*

7. Hahusseau S. (2006), *Tristesse, peur, colère. Agir sur ses émotions*, Odile Jacob.

8. Fridja N. H., Kuipers P., Schure E. (1989), « Relations among emotion, appraisal, and emotion action readiness », *Journal of Personality and Social Psychology*, 57, p. 212-220.

9. Gonzaga G. C., Keltner D., Londahl E. A., Smith M. D. (2001), « Love and the commitment problem in romantic relations and friendship », *J. Pers. Soc. Psychol.*, 81(2), p. 247-262.

10. Ekman P., Davidson R. J., Friesen W. V. (1990), « The Duchenne smile : emotional expression and brain physiology. II », *Journal of Personality and Social Psychology*, 58(2), p. 342-353.

11. LaFrance M., Hecht M. A., Paluck E. L. (2003), « The contingent smile : A meta-analysis of sex differences in smiling », *Psychol. Bull.*, 129(2), p. 305-334.

12. Guéguen N. (2007), *100 Petites Expériences de psychologie de la séduction pour mieux comprendre tous nos comportements amoureux*, Dunod.

13. Patterson M. L. (1999), « The evolution of a parallel process model of nonverbal communication », *in* P. Philippot, R. S. Feldman, E. J. Coats (éds), *Non Verbal Behavior in Social Context*, Cambridge University Press, p. 317-347.

14. Philippot P. (2007), *Émotion et Psychothérapie*, Mardaga.

15. Hertenstein M. J., Keltner D., App B., Bulleit B. A., Jaskolka A. R. (2006), « Touch communicates distinct emotions », *Emotion*, 6(3), p. 528-533.

16. Cohen A. (1968), *Belle du seigneur*, Gallimard.

17. Eibl-Eibesfeldt (1989), *Human Ethology*, Aldine de Gruyter.

18. Moore M. M. (1985), « Nonverbal courtship patterns in women : Context and consequences », *Journal of Ethology and Sociobiology*, 6, p. 237-247.

19. En tapant « Communauté de séduction » dans un moteur de recherche.

20. McCroskey J. C., Richmond V. P. (2004), « Nonverbal behavior in interpersonal relations », 5ᵉ éd., Pearson, p. 232-233.

21. *Ibid.*, p. 234.

22. Anolli L., Ciceri R., Riva G. (2001), « Seductive communication : Paradoxical exhibition, obliquity and nonverbal synchronization », *Journal of Nonverbal Behavior*, 14, p. 209-236.

23. Moore M. M. (1985), « Nonverbal courtship patterns in women : Context and consequences », *op. cit.*

24. Knox D., McGinty K., Zusman M. E. (2003), « Nonverbal and verbal communications in "Informed" and "Casual" relationships among college students », *College Student Journal*, 37, p. 68-71.

25. Henningsen D. D. (2004), « Flirting with meaning : An examination of miscommunication in flirting interactions », *Sex Roles*, 50(7-8), p. 481-489.

26. Aron A., Fisher H., Mashek D. J., Strong G., Li H., Brown L. L. (juillet 2005), « Reward, motivation, and emotion systems associated with early-stage intense romantic love », *J. Neurophysiol.*, 94(1), p. 327-337.

27. Gonzaga G. C., Keltner D., Londahl E. A., Smith M. D. (2001), « Love and the commitment problem in romantic relations and friendship », *J. Pers. Soc. Psychol.*, 81(2), p. 247-262.

28. Berscheid E., Reis H. T. (1998), « Attraction and close relationships », *in* D. Gilbert, S. Fiske, G. Lindzey (éds), *The Handbook of Social Psychology*, 4ᵉ éd., vol. 2, McGraw-Hill, p. 193-281.

29. Brand S., Luethi M., Planta A. von, Hatzinger M., Holsböer-Trachsler E. (2007), « Romantic love, hypomania, and sleep pattern in adolescents », *J. Adolesc. Health*, 41(1), p. 69-76.

30. Christianson S. A. (1992), « Emotional stress and eyewitness memory : A critical review », *Psychological Bulletin*, 112, p. 284-309.

31. Brown R., Kulik J. (1977), « Flashbulb memories », *Cognition*, 5, p. 73-99.

32. Jouvent R. (2006), *Les Émotions*, PIL.

33. Fisher H., Aron A., Brown L. L. (2005), « Romantic love : an fMRI study of a neural mechanism for mate choice », *J. Comp. Neurol.*, 5, 493(1), p. 58-62.

34. Purves D. D., Augustine G. J., Coquery J. M., Fitzpatrick D., *Neurosciences*, De Boeck, chap. 14, p. 342.

35. Vincent L. (2004), *Comment devient-on amoureux ?*, Odile Jacob ; (2006) « Poches Odile Jacob ».

36. Bensafi M., Brown W. M., Khan R., Levenson B., Sobel N. (2004), « Sniffing human sex-steroid derived compounds modulates mood, memory and autonomic nervous system function in specific behavioral contexts », *Behav. Brain Res.*, 4, 152(1), p. 11-22.

37. Cowley J. J., Brooksbank B. W. (1991), « Human exposure to putative pheromones and changes in aspects of social behavior », *Journal of Steroid Biochemistry and Molecular Biology*, 39/4B, p. 647-659.

38. Jacob S., Hayreh D. J., Mc Clintock M. K. (2001), « Context-dependent effects of steroid chemosignals on human physiology and mood », *Physiol. Behav.*, 1-15, 74(1-2), p. 15-27.

39. Esch T., Stefano G. B. (2005), « The neurobiology of love », *Neuro Endocrinol. Lett.*, 26(3), p. 175-192.

40. Marazziti D., Akiskal H. S., Rossi A., Cassano G. B. (2000), « Alteration of the platelet serotonin transporter in romantic love », *Psychol. Med.*, 30(1), p. 241-242.

41. Leckman J. F., Mayes L. C. (1999), « Preoccupations and behaviors associated with romantic and parental love. Perspectives on the origin of obsessive-compulsive disorder », *Child. Adolesc. Psychiatr. Clin. N AM*, 8(3), p. 635-665.

42. Gonzaga G. C., Keltner D., Londahl E. A., Smith M. D. (2001), « Love and the commitment problem in romantic relations and friendship », *J. Pers. Soc. Psychol.*, 81(2), p. 247-262.

43. Aron A., Fisher H., Mashek D. J., Strong G., Li H., Brown L. L. (2005), *op. cit.*

44. Langeslag S. J., Jansma B. M., Franken I. H., Van Strien J. W. (2007), « Event-related potential responses to love-related facial stimuli », *Biol. Psychol.*, 76(1-2), p. 109-115.

45. Zeki S. (2007), « The neurobiology of love », *FEBS Lett.*, 12, 581(14), p. 2575-2579.

46. Eisenberg N. I. *et al.* (2003), « Does rejection hurt ? An fMRI study of social exclusion », *Science*, 302(5643), p. 290-292.

47. Arnow B. A. *et al.* (2002), « Brain activation and sexual arousal in healthy, heterosexual males », *Brain*, 125(5), p. 1014-1023.

48. Aron A., Fisher H. *et al.* (2005), « Reward, motivation, and emotion systems associated with early-stage intense romantic love », *J. Neurophysiol.*, 94(1), p. 327-337.

49. Alberoni F. (1993), *Le Choc amoureux. Recherches sur l'état naissant de l'amour*, Pocket.

50. Eastwick P. W., Finkel E. J. (2008), « Sex differences in mate preferences revisited : Do people know what they initially desire in a romantic partner ? », *J. Pers. Soc. Psychol.*, 94(2), p. 245-264.

51. Rosenbaum M. E. (1986), « The repulsion hypothesis : On the non development of relationships », *Journal of Personality and Social Psychology*, 51, p. 1156-1166.

52. Vincent L. (2004), *Comment devient-on amoureux ?, op. cit.*

53. *Ibid.*

54. Jones J. T., Pelham B. W., Carvallo M., Mirenberg M. C. (2004), « How do I love thee ? Let me count the Js : Implicit egotism and interpersonal attraction », *J. Pers. Soc. Psychol.*, 87(5), p. 665-683.

55. Salces I., Rebato E., Susanne C. (2004), « Evidence of phenotypic and social assortative mating for anthropometric and physiological traits in couples from the Basque country (Spain) », *J. Biosoc. Sci. Mar.*, 36(2), p. 235-250.

56. Grant J. D., Heath A. C., Bucholz K. K., Madden P. A., Agrawal A., Statham D. J., Martin N. G. (2007), « Spousal concordance for alcohol dependence : Evidence for assortative mating or spousal interaction effects ? », *Alcohol Clin. Exp. Res.*, 31(5), p. 717-728.

57. Kuo P. H., Wood P., Morley K. I., Madden P., Martin N. G., Heath A. C. (2007), « Cohort trends in prevalence and spousal concordance for smoking », *Drug Alcohol Depend.*, 11, 88(2-3), p. 122-129.

58. Low N., Cui L., Merikangas K. R. (2007), « Spousal concordance for substance use and anxiety disorders », *J. Psychiatr. Res.*, 41(11), p. 942-951.

59. Rhule-Louie D. M., McMahon R. J. (2007), « Problem behavior and romantic relationships : Assortative mating, behavior contagion, and desistance », *Clin. Child. Fam. Psychol. Rev.*, 10(1), p. 53-100.

60. Herbst K. C., Gaertner L., Insko C. A. (2003), « My head says yes but my heart says no : Cognitive and affective attraction as a function of the similarity to the ideal self », *J. Pers. Soc. Psychol.*, 84(6), p. 1206-1219.

61. Frazier P. A., Byer A. L., Fischer A. R., Wright D. M., Debord K. (1996), « Adult attachment style and partner choice : Correlational and experimental findings », *Personal Relationships*, 3(2), p. 117-136.

62. Cohen A. (1968), *op. cit.*

63. Sprecher S., Duck S. (1994), « Sweet talk : The importance of perceived communication for romantic and friendship attraction experienced during a get-acquainted date », *Personality and Social Psychology Bulletin*, 20, p. 391-400.

64. Guéguen N. (2007), *100 Petites Expériences de psychologie...*, *op. cit.*

65. Li N. P., Kenrick D. T. (2006), « Sex similarities and differences in preferences for short-term mates : What, whether, and why », *J. Pers. Soc. Psychol.*, 90(3), p. 468-489.

66. Presles P., Solano C., Eustache I. (2007), « Les femmes préfèrent les grands », *Cerveau & Psycho*, 23, p. 16-18.

67. Nettle D. (2002), « Height and reproductive success in a cohort of British men », *Human Nature*, 13, p. 473-491.

68. Mason M. F., Tatkow E. P., Macrae C. N. (2005), « The look of love : Gaze shifts and person perception », *Psychol. Sci.*, 16(3), p. 236-239.

69. Eagly A. H., Ashmore R. D., Makhijani M. G., Longo, L. C. (1991), « What is beautiful is good, but... : A meta-analytic review of research on the physical attractiveness stereotype », *Psychological Bulletin*, 110, p. 109-128.

70. Snyder M., Tanke E. D., Berscheid E. (1977), « Social perception and interpersonal behavior : On the self-fulfilling nature of social stereotypes », *Journal of Personality and Social Psychology*, 35, p. 656-666.

71. Swami V., Furnham A., Georgiades C., Pang L. (2007), « Evaluating self and partner physical attractiveness », *Body Image*, 4(1), p. 97-101.

72. Murstein B. I., Reif J. A., Syracuse-Siewert G. (2002), « Comparison of the function of exchange in couples of similar and differing physical attractiveness », *Psychol. Rep.*, 91(1), p. 299-314.

73. Buss D. M. (1990), « International preferences in selecting mates : A study of 37 cultures », *Journal of Cross Cultural Psychology*, 21, p. 5-47.

74. Feingold A. (1990). « Gender differences in effects of physical attractiveness on romantic attraction : A comparison across five research paradigms », *Journal of Personality and Social Psychology*, 59, p. 981-993.

75. Buss D. M. (1986), « Preferences in human mate selection », *Journal of Personality and Social Psychology*, 50, p. 559-570.

76. Gangestad S. W. (1993), « Sexual selection and physical attractiveness : Implications for mating dynamics », *Human Nature*, 4, p. 89-96.

77. Madey S. F., Simo M., Dillworth D., Kemper D., Toczynski A., Perella A. (1996), « They do get more attractive at closing time, but only when you are not in a relationship », *Basic and Applied Social Psychology*, 18(4), p. 387-393.

78. Berscheid E., Reis H. T. (1998), « Attraction and close relationships », in D. Gilbert, S. Fiske, G. Lindzey (éds), *op. cit.*, p. 193-281.

79. Maisonneuve J., Lamy L. (1993), *Psychologie de l'amitié*, Presses Universitaires de France.

80. Aron A., Dutton D. G., Aron E. A., Iverson A. (1989), « Experiences of falling in love », *Journal of Social and Personal Relationships*, 6, p. 243-257.

81. Moreland R. L., Beach R. (1992), « Exposure effects in the classroom : The development of affinity among students », *Journal of Experimental Social Psychology*, 28, p. 255-276.

82. Coleman L. M., Jussim L., Abraham J. (1987), « Students reactions to teachers evaluations. The unique impact of negative feed-back », *Journal of Applied Social Psychology*, 17(12), p. 1051-1070.

83. Zillmann D. (1983), « Transfer of excitation in emotion behavior », *in* J. T. Cacioppo, R. E. Petty (éds), *Social Psychology*, Guilford, p. 215-240.

84. Dutton D. G., Aron A. P. (1974), « Some evidence for heightened sexual attraction under conditions of high anxiety », *Journal of Personality and Social Psychology*, 30(4), p. 510-517.

85. Rusinek S. (2004), *Les Émotions. Du normal au pathologique*, Dunod.

86. Meston C. M., Frohlich P. F. (2003), « Love at first fright : partner salience moderates roller-coaster-induced excitation transfer », *Arch. Sex Behav.*, 32(6), p. 537-544.

87. Philippot P. (2007), *Émotion et Psychothérapie, op. cit.*

88. Li N. P., Bailey J. M., Kenrick D. T., Linsenmeier J. A. (2002), « The necessities and luxuries of mate preferences : Testing the tradeoffs », *J. Pers. Soc. Psychol.*, 82(6), p. 947-955.

89. Hendrick C., Hendrick S. S. (1989), « Research on love : does it measure up ? », *Journal of Personality and Social Psychology*, 56, p. 784-794.

90. Grote N. K., Frieze I. H. (1998), « Remembrance of things past' : perceptions of marital love from its beginnings to the present », *Journal of Social and Personal Relationships*, 15(1), p. 91-109.

91. Fehr B., Russel J. A. (1991), « Concept of love viewed from a prototype perspective », *Journal of Personality and Social Psychology*, 60(3), p. 425-438.

92. Emanuele E., Brondino N., Pesenti S., Re S., Geroldi D. (2007), « Genetic loading on human loving styles », *Neuro Endocrinol. Lett.*, 28(6), p. 815-821.

93. Morrow G. D., Clark E. M., Brock K. F. (1995), « Individual and partner lovestyles : Implications for the quality of romantic relationships », *Journal of Social and Personal Relationships*, 12, p. 363-387.

94. Le T. N. (2005), « Narcissism and immature love as mediators of vertical individualism and ludic love style », *Journal of Social and Personal Relationships*, 22(4), p. 543-560.

95. Grote N. K., Frieze I. H. (1998), « Remembrance of things past'... », *op. cit.*, p. 41.

96. Salas D., Ketzenberger K. E. (2004), « Associations of sex and type of relationship on intimacy », *Psychol. Rep.*, 94(3-2), p. 1322-1324.

97. Eshel Y., Sharabany R., Friedman U. (1998), « Friends, lovers and spouses : intimacy in young adults », *Br. J. Soc. Psychol.*, 37(1), p. 47-57.

98. Sternberg R. J. (1988), « Triangulating love », *in* R. J. Sternberg, M. L. Barnes (éds), *The Psychology of Love*, Yale University Press, p. 119-138.

99. Lemieux R., Hale J. L. (2002), « Cross-sectional analysis of intimacy, passion, and commitment : Testing the assumptions of the triangular theory of love », *Psychol. Rep.*, 90(3-1), p. 1009-1014.

100. Willi J. (1997), « The significance of romantic love for marriage », *Fam. Process*, 36(2), p. 171-182.

101. Barelds D. P. H, Barelds-Dijkstra P. (2007), « Love at first sight or friends first ? Ties among partner personality trait similarity, relationship onset, relationship quality, and love », *Journal of Social and Personal Relationships*, 24(4), p. 479-496.

102. Shaver P. R., Wu S., Schwartz J. C. (1991), « Cross cultural similarities and differencies in emotion an dits representation : A prototype approach », *in* M. S. Clarck (éd.), *Review of Personality and Social Psychology*, 13, Sage Publications, p. 175-212.

103. Solomon R. L. (1980), « The opponent process thory of acquired motivation : the costs of pleasure and the benefits of pain », *The American Journal of Psychology*, 35, p. 691-712.

104. Vincent L. (2004), *Comment devient-on amoureux ?*, *op. cit.*

105. Kim J., Hatfield E. (2004), « Love types and subjective well-being. A cross-cultural study », *Social Behavior and Personality*, 32(2), p. 173-182.

106. *DSM IV.*

107. Comings D. E., Blum K. (2000), « Reward deficiency syndrome : genetic aspects of behavioral disorders », *Prog. Brain Res.*, 126, p. 325-341.

108. Lejoyeux M. (2007), *Du plaisir à la dépendance*, La Martinière.

109. Peabody S. (2005), *Addiction to Love. Overcoming Obsession and Dependancy in Relationships*, Celestial Arts.

110. Lejoyeux M. (2007) , *Du plaisir à la dépendance*, *op. cit.*

111. Bouvard M. (1999), *Questionnaires et échelles d'évaluation de la personnalité*, Masson, « Médecine et psychothérapie ».

112. Zuckerman M. (1994), *Behavioral Expressions and Biosocial Bases of Sensation Seeking*, Cambridge University Press.

CHAPITRE 2
Mon profil amoureux

1. Rholes W. S., Simpson J. A. (2004), « Attachment Theory. Basic concepts and contemporary questions », *in* W. S. Rholes, J. A. Simpson (éds), *Adult Attachment. Theory, Research, and Clinical Implications*, The Guilford Press, p. 3-14.

2. Hazan C., Gur-Yaish N., Campa M. (2004), « What does it mean to be attached ? », in W. S. Rholes, J. A. Simpson (éds), *op. cit.*, p. 55-85.

3. Matsuoka N., Uji M., Hiramura H., Chen Z., Shikai N., Kishida Y., Kitamura T. (2006), « Adolescents' attachment style and early experiences : A gender difference », *Arch. Womens Ment. Health*, 9(1), p. 23-29.

4. Fonagy P., Gergely G., Target M. (2007), « The parent-infant dyad and the construction of the subjective self », *J. Child. Psychol. Psychiatry*, 48(3-4), p. 288-328.

5. Hazan C., Gur-Yaish N., Campa M. (2004), « What does it mean to be attached », in W. S. Rholes, J. A. Simpson (éds), *op. cit.*, p. 55-85.

6. Shaver P. R., Mikulincer M. (2002), « Attachment-related psychodynamics », *Attachment and Human Development*, 4, p. 133-161.

7. Mikulincer M., Shaver P. R. (2006), « Attachment bases of emotion regulation and post-traumatic adjustment », in D. K. Snyder, J. A. Simpson, J. N. Hughes (éds), *Emotion Regulation in Families : Pathways to Dysfunction and Health*, American Psychological Association, p. 77-99.

8. Gillath O., Shaver P. R., Mikulincer M. (2004), « An attachment. Theoretical approach to compassion and altruism », in P. Gilbert (éd.), *Compassion : Conceptualizations, Research, and Use in Psychotherapy*, Brunner-Routledge.

9. Collins N. L. (1996), « Working models of attachment : implications for explanation, emotion and behaviour », *J. Pers. Soc. Psychol.*, 71(4), p. 810-832.

10. Miller J. D., Pilkonis P. A. (2006), « Neuroticism and affective instability : The same or different ? », *Am. J. Psychiatry*, 163(5), p. 839-845.

11. Mikulincer M., Shaver P. R. (2003), « The attachment behavioral system in adulthood : Activation, psychodynamics, and interpersonal processes », in M. P. Zanna (éd.), *Advances in Experimental Social Psychology*, vol. 35, Academic Press, p. 53-152.

12. Carmichael C. L., Reis H. T. (2005), « Attachment, sleep quality, and depressed affect », *Health Psychology*, 24(5), p. 526-531.

13. MacDonald K. (1999), « Love and confidence in protection as two independent systems underlying intimate relationships », *Journal of Family Psychology*, 13(4), p. 492-495.

14. Bekker M. H., Bachrach N., Croon M. A. (2007), « The relationships of antisocial behaviour with attachment styles, autonomy-connectedness, and alexithymia », *J. Clin. Psychol.*, 63(6), p. 507-527.

15. Chris Fraley M., Niedenthal P. M., Marks M., Brumbaugh C., Vicary A. (2006), « Adult attachment and the perception of emotional expressions : Probing the hyperactivating strategies underlying anxious attachment », *J. Pers.*, 74(4), p. 1163-1190.

16. MacDonald K. (1999), « Love and confidence... », *op. cit.*

17. Niedenthal P. M., Brauer M., Robin L., Innes-Ker A. H. (2002), « Adult attachment and the perception of facial expression of emotion », *J. Pers. Soc. Psychol.,* 82(3), p. 419-433.

18. Tidwell M. C., Reis H. T., Shaver P. R. (1996), « Attachment, attractiveness, and social interaction : A diary study », *J. Pers. Soc. Psychol.*, 71(4), p. 729-745.

19. Berant E., Mikulincer M., Florian V. (2001), « The association of mothers' attachment style and their psychological reactions to the diagnosis of infant's congenital heart disease », *Journal of Social and Clinical Psychology*, 20, p. 208-232.

20. Simpson J. A. (1990), « Influence of attachment styles on romantic relationships », *Journal of Personality and Social Psychology*, 59(5), p. 971-980.

21. Miller J. D., Pilkonis P. A. (2006), « Neuroticism and affective instability : The same or different ? », *Am. J. Psychiatry*, 163(5), p. 839-845.

22. Mikulincer M., Shaver P. R. (2006), « Attachment bases of emotion regulation and post-traumatic adjustment », *in* D. K. Snyder, J. A. Simpson, J. N. Hughes (éds), *op. cit.*, p. 77-99.

23. Picardi A., Battisti F., Tarsitani L., Baldassari M., Copertaro A., Mocchegiani E., Biondi M. (2007), « Attachment security and immunity in healthy women », *Psychosom. Med.*, 69(1), p. 40-46.

24. Conway M. A., Pleydell-Pearce C. V. (2000), « The construction of autobiographical memories in the self-memory system », *Psychological Review*, 107, p. 261-288.

25. Edelstein R. S. (2006), « Attachment and emotional memory : Investigating the source and extent of avoidant memory impairments », *Emotion*, 6(2), p. 340-345.

26. Collins N. L., Cooper L. M., Albino A., Allard L. (2002), « Psychosocial vulnerability from adolescence to adulthood : A prospective study of attachment style differences in relationship functioning and partner choice », *J. Pers.*, 70(6), p. 965-1008.

27. Mikulincer M., Erey I. (1991), « Attachment style and the structure of romantic love », *Br. J. Soc. Psychol.*, 30(4), p. 273-291.

28. Mikulincer M., Florian V. (1999), « The association between spouses'self reports of attachment styles and representations of family dynamics », *Fam. Process.*, 38(1), p. 69-83.

29. Mikulincer M. (1997), « Adult attachment style and information processing : individual differences in curiosity and cognitive closure », *J. Pers. Soc. Psychol.*, 72(5), p. 1217-1230.

30. Schmidt S., Nachtigall C., Wuethrich-Martone O., Strauss B. (2002), « Attachment and coping with chronic disease », *Journal of Psychosomatic Research*, 53(3), p. 763-773.

31. Mikulincer M., Erey I. (1991), « Attachment style and the structure… », *op. cit.*

32. Bowlby J. (1973), *Attachement et Perte*, Presses Universitaires de France, « Le fil rouge ».

33. Shorey H. S., Snyder C. R. (2006), « The role of adult attachment styles in psychopathology and psychotherapy outcomes », *Review of General Psychology*, 10, p. 1-20.

34. Mikulincer M., Erey I. (1991), « Attachment style and the structure… », *op. cit.*, p. 273-291.

35. Mikulincer M., Shaver P. R. (2001), « Attachment theory and intergroup bias : Evidence that priming the secure base schema attenuates negative reactions to out-groups », *Journal of Personality and Social Psychology*, 81, p. 97-115.

36. Baldwin M. W., Keelan J. P. R., Fehr B., Enns V., Koh Rangarajoo E. (1996), « Social-cognitive conceptualization of attachment working models : Availability and accessibility effects », *Journal of Personality and Social Psychology*, 71, p. 94-109.

37. Kirkpatrick L. A., Hazan C. (1994), « Attachment styles and close relationships : A four year prospective study », *Personality Relationships*, 1, p. 123-142.

38. Davila J., Cobb R. J. (2004), « Predictors of change in attachment security during adulthood », *in* W. S. Rholes, J. A. Simpson (éds), *op. cit.*, p. 133-156.

39. Zhang F., Labouvie-Vief G. (2004), « Stability and fluctuation in adult attachment style over a 6-year period », *Attach. Hum. Dev.*, 6(4), p. 419-437.

40. Frazier P. A., Byer A. L., Fischer A. R., Wright D. M., Debord K. A. (1996), « Adult attachment style and partner choice : Correlational and experimental findings », *Personal Relationships*, 3(2), p. 117-136.

41. Luo S., Klohnen E. C. (2005), « Assortative mating and marital quality in newlyweds : A couple-centered approach », *Journal of Personality and Social Psychology*, 88(2), p. 304-326.

42. Kirkpatrick L. A., Hazan C. (1994), « Attachment styles and close relationships : A four-year prospective study », *Personality Relationships*, 1, p. 123-142.

43. Morgan H. J., Shaver P. R. (1999), « Attachment processes and commitment to romantic relationships », *in Handbook of Interpersonal Commitment and Relationship Stability*, Kluwer Academic/Plenum Publishers, p. 109-124.

44. Scharfe E., Bartholomew K. (1994), « Reliability and stability of adult attachment patterns », *Personal Relationships*, 1, p. 23-43.

45. Boisvert M., Lussier Y., Sabourin S., Vallois P. (1996), « Styles d'attachement sécurisant, préoccupé, craintif et détaché au sein des relations de couple », *Sciences et Comportement*, 25(1), p. 55-69.

46. Kirkpatrick L. A., Davis K. E. (1994), « Attachment style, gender and relationship stability : A longitudinal analysis », *Journal of Personality and Social Psychology*, 66, p. 502-512.

47. Luo S., Klohnen E. C. (2005), « Assortative mating and marital quality… », *op. cit.*

48. Feeney J. A. *et al.* (2000), « Implications of attachment style for pattern of health and illness », *Child : Care, Health and Development*, 26, p. 277-288.

49. Kirkpatrick L. A. (1994), « The role of attachment in religious belief and behaviour », *in* K. Bartholomew, D. Perlman (éds), *Advances in Personal Relationships*, vol. 5, p. 239-265.

50. Feeney J. A., Ryan S. M. (1994), « Attachment style and affect regulation : Relationships with health behaviour and family experiences of illness in a student sample », *Health Psychology*, 13, p. 334-345.

51. Strahan B. J. (1995), « Predictors of depression : An attachment theoretical approach », *Journal of Family Studies*, 1(1), p. 33-47.

52. Hazan C., Shaver P. R. (1990), « Love and work : an attachment-theoretical perspective », *Journal of Personality and Social Psychology*, 59, p. 270-280.

53. Bornstein R. F., Geiselman K. J., Eisenhart E. A., Languirand M. A. (2002), « Construct validity of the relationship profile test : Links with attachment, identity, relatedness, and affect », *Assessment*, 9(4), p. 373-381.

54. Murray S., Holmes J. G., Collins N. L. (2006), « Optimizing assurance : The risk regulation system in relationships », *Psychological Bulletin*, 132(5), p. 641-666.

55. Mikulincer M., Shaver P. R. (2004), « What security-based self representations in adulthood. Contents and processes », *in* W. S. Rholes, J. A. Simpson (éds), *op. cit.*, p. 159-195.

56. Feeney B. C., Collins N. L. (2004), « Interpersonal safe haven and secure base caregiving processes in adulthood », *in* W. S. Rholes, J. A. Simpson (éds), *op. cit.*, p. 300-338.

CHAPITRE 3
Aimer et faire l'amour

1. Meston C. M., Buss D. M. (2007), « Why humans have sex », *Arch. Sex Behav.*, 36(4), p. 477-507.

2. Colson M. H., Lemaire A., Pinton P., Hamidi K., Klein P. (2006), « Sexual behaviors and mental perception, satisfaction and expectations of sex life in men and women in France », *J. Sex Med.*, 3(1), p. 121-131.

3. Sprecher S. (1999), « "I love you more today than yesterday". Romantic partners'perceptions of changes in love and related affect over time », *Journal of Personality and Social Psychology*, 76(1), p. 46-53.

4. Diamond L. M. (2003), « What does sexual orientation orient ? A bio-behavioral model distinguishing romantic love and sexual desire », *Psychological Review*, 110(1), p. 173-192.

5. Arnow B. A. *et al.* (2002), « Brain activation in sexual arousal in healthy, heterosexual males », *Brain*, 125(5), p. 1014-1023.

6. Regan P. C. (1998), « Ain't love grand ! A prototype analysis of the concept of romantic love », *Journal of Social and Personal Relationships*, 15(3), p. 411-420.

7. Regan P. C. (2000), « The role of sexual desire and sexual activity in dating relationships », *Social Behavior and Personality*, 28(1), p. 51-60.

8. Gonzaga G. C. *et al.* (2006), « Romantic love and sexual desire in close relationships », *Emotion*, 6(2), p. 163-179.

9. Birnbaum G. E., Reis H. T., Mikulincer M., Gillath O., Orpaz A. (2006), « When sex is more than just sex : Attachment orientations, sexual experience, and relationship quality », *Journal of Personality and Social Psychology*, 91(5), p. 929-943.

10. Brody S. (2003), « Alexithymia is inversely associated with women's frequency of vaginal intercourse », *Arch. Sex Behav.*, 32(1), p. 73-77.

11. Nobre P. J., Pinto-Gouveia J. (2007), « Cognitions, emotions, and sexual response : Analysis of the relationship among automatic thoughts, emocional responses, and sexual arousal », *Arch. Sex Behav*, 37(4), p. 652-661.

12. Burleson M. H., Trevathan W. R., Todd M. (2007), « In the mood for love or *vice versa* ? Exploring the relations among sexual activity, physical affection, affect, and stress in the daily lives of mid-aged women », *Arch. Sex Behav.*, 36(3), p. 357-368.

13. Corty E. W., Guardiani J. M. (2008), « Canadian and American sex therapists's perceptions of normal and abnormal ejaculatory latencies : How long should intercourse last ? », *J. Sex Med.*, 5(5), p. 1251-1256.

14. Nobre P. J., Pinto-Gouveia J. (2006), « Dysfunctional sexual beliefs as vulnerability factors to sexual dysfunction », *J. Sex Res.*, 43(1), p. 68-75.

15. Purdon C., Holdaway L. (2006), « Non erotic thoughts : content and relation to sexual functioning and sexual satisfaction », *J. Sex Res.*, 43(2), p. 154-162.

16. Studd J. (2007), « A compaison of xixth century and current attitudes to female sexuality », *Gynecol. Endocrinol.*, 23(12), p. 673-681.

17. Darling C. A., Davidson J. K. Sr, Passarello L. C. (1992), « The mystique of first intercourse among college youth : The role of partners, contraceptive practices, and psychological reactions », *J. Youth Adolesc.*, 21(1), p. 97-117.

18. Graham C. A., Sanders S. A., Milhausen R. R., McBride K. R. (2004), « Turning on and turning off : A focus group study of the factors that affect women's sexual arousal », *Arch. Sex Behav.*, 33(6), p. 527-538.

19. Regan P. C. (1998), « Ain't love grand ! A prototype analysis of the concept of romantic love », *op. cit.*

20. Nobre P. J., Pinto-Gouveia J. (2006), « Emotions during sexual activity : differences between sexually functional and dysfunctional men and women », *Arch. Sex Behav.*, 35(4), p. 491-499.

21. Litzinger S., Gordon K. C. (2005), « Exploring relationships among communication, sexual satisfaction, and marital satisfaction », *J. Sex Marital. Ther.*, 31(5), p. 409-424.

22. Ortigue S., Grafton S. T., Bianchi-Demicheli F. (2007), « Correlation between insula activation and self-reported quality of orgasm in woman », *Neuroimage*, 15, 37(2), p. 551-560.

23. McCabe M. P. (1997), « Intimacy and quality of life among sexually dysfunctional men and woman », *J. Sex Marital. Ther.*, 23(4), p. 276-290.

24. Colson M. H., Lemaire A., Pinton P., Hamidi K., Klein P. (2006), « Sexual behaviors and mental perception, satisfaction and expectations of sex life in men and women in France », *J. Sex Med.*, 3(1), p. 121-131.

25. Warnock J. J. (2002), « Female Hypoactive Sexual Desire Disorder : Epidemiology, diagnosis and treatment », *CNS Drugs*, 16(11), p. 745-753.

26. Segraves R., Woodard T. (2006), « Female hypoactive sexual desire disorder : History and current status », *J. Sex Med.*, 3(3), p. 408-418.

27. Morley J. E., Kaiser F. E. (2003), « Female sexuality », *Med. Clin. North Am.*, 87(5), p. 1077-1090.

CHAPITRE 4
Devenir couple

1. Fehr B. (1988), « Prototype analysis of the concepts of love and commitment », *Journal of Personality and Social Psychology*, 55(4), p. 557-579.

2. Pasini W. (2006), *Éloge de l'intimité*, Petite Bibliothèque Payot.

3. Wilkins R., Gareis E. (2006), « Emotion expression and the locution "I love you" : A cross-cultural study », *International Journal of Intercultural Relations*, 30(1), p. 51-75.

4. Lehmann P. (2008), « Aimer, un concept paralysant », conférence aux 1res Journées scientifique de l'Association septentrionale de thérapie émotionnelle comportementale et cognitive (Astecc), Villeneuve d'Ascq.

5. Lemieux R., Hale J. L. (2002), « Cross-sectional analysis of intimacy, passion, and commitment : testing the assumptions of the triangular theory of love », *Journal of Adolescence*, 90(3-1), p. 1009-1014.

6. Punyanunt-Carter N. M. (2004), « Reported affectionate communication and satisfaction in marital and dating relationships », *Psychol. Rep.*, 95(3-2), p. 1154-1160.

7. Lee C., Gramotnev H. (2007), « Life transitions and mental health in a national cohort of young Australian women », *Dev. Psychol.*, 43(4), p. 877-888.

8. Ballas D., Dorling D. (2007), « Measuring the impact of major life events upon happiness », *Int. J. Epidemiol.*, 36(6), p. 1244-1252.

9. Willi J. (1997), « The significance of romantic love for marriage », *Fam. Process.*, 36(2), p. 171-182.

10. Maier C. (2007), *No Kid. Quarante raisons de ne pas avoir d'enfants*, Michalon.

11. Morrissey M. V. (2007), « Suffer no more in silence : Challenging the myths of women's mental health in childbearing », *Int. J. Psychiatr. Nurs. Res.*, 12(2), p. 1429-1438.

12. Lehmann P. (2008), « Les bombes à retardement dans le couple », atelier aux 1res Journées scientifique de l'Association septentrionale de thérapie émotionnelle comportementale et cognitive (Astecc), Villeneuve d'Ascq.

13. Javasvasti K., Kanchanatawan B. (2005), « Happiness and related factors in pregnant women », *J. Med. Assoc. Thai*, 88, suppl. 4, S220-225.

14. Ballas D., Dorling D. (2007), « Measuring the impact of major life events upon happiness », *op. cit.*

15. Geberowicz B., Barroux C. (2005), *Le Baby-Clash. Le couple à l'épreuve de l'enfant*, Albin Michel.

16. Hudson D. B., Elek S. M., Fleck C. M. (2001), « First-time mothers' and fathers' transition to parenthood : Infant care self-efficacy, parenting satisfaction, and infant sex », *Issues Compr. Pediatr. Nurs.*, 24(1), p. 31-43.

17. Lawrence E., Nylen K., Cobb R. J. (2007), « Prenatal expectations and marital satisfaction over the transition to parenthood », *J. Fam. Psychol.*, 21(2), p. 155-164.

18. Schulz M. S., Cowan C. P., Cowan P. A. (2006), « Promoting healthy beginnings : A randomized controlled trial of a preventive intervention to preserve marital quality during the transition to parenthood », *J. Consult. Clin. Psychol.*, 74(1), p. 20-31.

19. Perren S., Von Wyl A., Bürgin D., Simoni H., Klitzing K. von (2005), « Intergenerational transmission of marital quality across the transition to parenthood », *Fam. Process.*, 44(4), p. 441-459.

20. Lawrence E., Rothman A. D., Cobb R. J., Rothman M. T., Bradbury T. N. (2008), « Marital satisfaction across the transition to parenthood », *J. Fam. Psychol.*, 22(1), p. 41-50.

21. Premberg A., Hellström A. L., Berg M. (2008), « Experiences of the first year as father », *Scand. J. Caring Sci.*, 22(1), p. 56-63.

22. Fägerskiöld A. (2008), « A change in life as experienced by first-time fathers », *Scand. J. Caring Sci.*, 22(1), p. 64-71.

23. Shapiro A. F., Gottman J. M., Carrère S. (2000), « The baby and the marriage : identifying factors that buffer against decline in marital satisfaction after the first baby arrives », *J. Fam. Psychol.*, 14(1), p. 59-70.

24. Terry D. J., Mchugh T. A., Noller P. (1991), « Role dissatisfaction and the decline in marital quality across the transition to parenthood », *Aust. J. Psychol.*, 43(3), p. 129-132.

25. Sophia E. C., Tavares H., Zilberman M. L. (2007), « Pathological love : is it a new psychiatric disorder ? », *Rev. Bras. Psiquiatr.*, 29(1), p. 55-62.

26. Takahashi H., Matsuura M., Yahata N., Koeda M., Suhara T., Okubo Y. (2006), « Men and women show distinct brain activations during imagery of sexual and emocional infidelity », *Neuroimage*, 32(3), p. 1299-1307.

27. Bauerle S. Y., Amirkhan J. H., Hupka R. B. (2002), « An attribution theory analysis of romantic jealousy. Motivation and emotion », *Behavioral Science*, 26(4), p. 297-319.

28. Soyka M., Naber G., Völcker A. (1991), « Prevalence of delusional jealousy in different psychiatric disorders. An analysis of 93 cases », *Br. J. Psychiatry*, 158, p. 549-553.

29. Bogerts B. (2005), « Delusional Jealousy and obsessive love. Causes and forms », *MMW Fortschr Med ?*, 10, 147(6), p. 26, 28-29.

30. Huston T. L., Caughlin J. P., Houts R. M., Smith S. E., George L. J. (2001), « The connubial crucible : Newlywed years as predictors of marital delight, distress, and divorce », *J. Pers. Soc. Psychol.*, 80(2), p. 237-252.

31. Lemieux R., Hale J. L. (2002), « Cross-sectional analysis of intimacy, passion, and commitment : Testing the assumptions of the triangular theory of love », *Journal of Adolescence*, 90(3-1), p. 1009-1014.

32. Gaunt R. (2006), « Couple similarity and marital satisfaction : Are similar spouses happier ? », *J. Pers.* 74(5), p. 1401-1420.

33. Larson J. H., Anderson S. M., Holman T. B., Niemann B. K. (1998), « A longitudinal study of the effects of premarital communication, relationship stability, and self-esteem on sexual satisfaction in the first year of marriage », *J. Sex Marital. Ther.*, 24(3), p. 193-206.

34. Neff L. A., Karney B. R. (2005), « To know you is to love you : the implications of global adoration and specific accuracy for marital relationships », *Journal of Pers. and Soc. Psychol.*, 88(3), p. 480-497.

CHAPITRE 5
Durer ensemble

1. Baucom D. H., Notarius C. I., Burnett C. K., Haefner P. (1990), « Gender differences and sex role identity in marriage », *in* F. D. Fincham, T. M. Bradbury, *The Psychology of Marriage : Basic Issues and Applications*, Guilford, p. 150-171.

2. Markman H. J., Kraft S. A. (1989), « Men and women in marriage ; dealing with gender differences in marital therapy », *The Behavior Therapist*, 12, p. 51-56.

3. Gottman J. M., Silver N. (2000), *Les couples heureux ont leurs secrets. Les sept lois de la réussite*, Jean-Claude Lattès.

4. Boisvert J.-M., Beaudry M., Ladouceur R., Freeston M. (1999), « La perception de la vie de couple chez le thérapeutes conjugaux et dans la population québécoise », *Revue québécoise de psychologie*, 20(1), p. 27-42.

5. Reeder H. M. (1996), « The subjective experience of love through adult life », *Int. J. Aging Hum. Dev.*, 43(4), p. 325-340.

6. Miller P. J., Niehuis S., Huston T. L. (2006), « Positive illusions in marital relationships : A 13-year longitudinal study », *Pers. Soc. Psychol. Bull.*, 32(12), p. 1579-1594.

7. Murray S. L., Holmes J. G., Griffin D. W. (1996), « The self-fulfilling nature of positive illusions in romantic relationships : love is not blind, but prescient », *J. Pers. Soc. Psychol.*, 71(6), p. 1155-1180.

8. Gottman J. M., Silver N. (2000), *Les couples heureux ont leurs secrets, op. cit.*, p. 193.

9. Harris C. R. (2002), « Sexual and romantic jealousy in heterosexual and homosexual adults », *Psychol. Sci.*, 13(1), p. 7-12.

10. Gottman J. M., Silver N. (2000), *Les couples heureux ont leurs secrets, op. cit.*

11. Hahusseau S. (2006), *Tristesse, peur, colère, op. cit.*

12. Whisman M. A., Gordon K. C., Chatav Y. (2007), « Predicting sexual infidelity in a population-based sample of married individuals », *J. Fam. Psychol.*, 21(2), p. 320-324.

13. Green M. C., Sabini J. (2006), « Gender, socioeconomic status, age, and jealousy : Emotional responses to infidelity in a national sample », *Emotion*, 6(2), p. 330-334.

14. Goldenberg J. L., Landau M. J., Pyszczynski T., Cox C. R., Grennberg J., Solomon S., Dunnam H. (2003), « Gender-typical responses to sexual and emotional infidelity as a function of mortality salience induced self-esteem striving », *Pers. Soc. Psychol. Bull.*, 29(12), p. 1585-1595.

15. Willi Jurg (2002), *La Relation de couple*, Delachaux et Niestlé.

16. Rime B. (2005), *Le Partage social des émotions*, Presses Universitaires de France.

17. Kriegelewicz O. (2006), « Problem-solving strategies and marital satisfaction », *Psychiatr. Pol.*, 40(2), p. 245-259.

18. Eldridge K. A., Sevier M., Jones J., Atkins D. C., Christensen A. (2007), « Demand-withdraw communication in severely distressed, moderately distressed, and nondistressed couples : Rigidity and polarity during relationship and personal problem discussions », *J. Fam. Psychol.*, 21(2), p. 218-226.

19. Heavey C. L., Layne C., Christensen A. (1993), « Gender and conflict structure in marital interaction : A replication and extension », *J. Consult. Clin. Psychol.*, 61(1), p. 16-27.

20. Ball F. L., Cowan P., Cowan C. P. (1995), « Who's got the power ? Gender differences in partners' perceptions of influence during marital problem-solving solutions », *Fam. Process.*, 34(3), p. 303-321.

21. Carstensen L. L., Gottman J. M., Levenson R. W. (1995), « Emotional behavior in long-term marriage », *Psychol. Aging*, 10(1), p. 140-149.

22. Cramer D. (2003), « Facilitativeness, conflict, demand for approval, self-esteem, and satisfaction with romantic relationships », *J. Psychol.*, 137(1), p. 85-98.

23. Gottman J. M., Silver N. (2000), *Les couples heureux ont leurs secrets, op. cit.*

24. Lydon J. E. (1990) , « Commitment in the face of adversity : A value affirmation approach », *Journal of Personality and Social Psychology*, 58, p. 1040-1047.

25. Gottman J. M., Silver N. (2000), *Les couples heureux ont leurs secrets, op. cit.*

26. Croyle K. L., Waltz J. (2002), « Emotional awareness and couples' relationship satisfaction », *Journal. of Marital and Family Therapy*, 28(4), p. 435-444.

27. Sprecher S. (1999), « "I love you more today than yesterday"… », *op. cit.*, p. 46-53.

28. Gaunt R. (2006), « Couple similarity and marital satisfaction : Are similar spouses happier ? », *J. Pers.*, 74(5), p. 1401-1420.

29. Faure C. (2002), *Le Couple brisé. De la rupture à la reconstruction de soi*, Albin Michel.

CHAPITRE 6
Rompre ou être quitté

1. Ballas D., Dorling D. (2007), « Measuring the impact of major life events upon happiness », *op. cit.*

2. Hetherington E. M., Kelly J. (2002), *For Better or for Worse. Divorce Reconsidered*, Norton and Company.

3. Sbarra D. A., Emery R. E. (2005), « The emotional sequelae of nonmarital relationship dissolution : Analysis of change and intraindividual variability over time », *Personal Relationships*, 12.

4. Vincent L. (2004), *Comment devient-on amoureux ?, op. cit.*

5. Sbarra D. A. (2006), « Predicting the onset of emotional recovery following nonmarital relationship dissolution : Survival analyses of sadness and anger », *Pers. Soc. Psychol. Bull.*, 32(3), p. 298-312.

6. Gillath O., Bunge S. A., Shaver P. R., Wendelken C., Mikulincer M. (2005), « Attachment-style differences in the ability to suppress negative thoughts : Exploring the neural correlates », *Neuroimage*, 28(4), p. 835-847.

7. Davis D., Shaver P. R., Vernon M. L. (2003), « Physical, emotional, and behavioral reactions to breaking up : The roles of gender, age, emotional involvement, and attachment style », *Pers. Soc. Psychol. Bull.*, 29(7), p. 871-884.

8. Coontz S. (2007), « The origins of modern divorce », *Fam. Process.*, 46(1), p. 7-16.

9. Richards M., Hardy R., Wadsworth M. (1997), « The effects of divorce and separation on mental health in a national UK birth cohort », *Psychol. Med.*, 27(5), p. 1121-1128.

10. Sbarra D. A., Emery R. E. (2005), « The emotional sequelae of nonmarital relationship dissolution... », *op. cit.*, p. 213-232.

11. Chen J. H., Bierhals A. J., Prigerson H. G., Kasl S. V., Mazure C. M., Jacobs S. (1999), « Gender differences in the effects of bereavement-related psychological distress in health outcomes », *Psychological Medicine*, 29(2), p. 367-380.

12. Timmreck T. C. (1990), « Overcoming the loss of a love : preventing love addiction and promoting positive emotional health », *Psychol. Rep.*, 66(2), p. 515-528.

13. Sbarra D. A., Emery R. E. (2005), « The emotional sequelae of nonmarital relationship dissolution... », *op. cit.*

14. Sbarra D. A., Ferrer E. (2006), « The structure and process of emocional experience following nonmarital relationship dissolution. Dynamic factor analysis of love, anger and sadness », *Emotion*, 6(2), p. 224-238.

15. Sbarra D. A. (2004), « The vexing problem of selection vs causation for understanding the mecanisms of social connectedness and health », symposium présenté aux 12th International Conference on Personal Relationship, Madison, Wisconsin.

16. Rotermann M. (2007), « Marital breakdown and subsequent depression », *Health Rep.*, 18(2), p. 33-44.

17. Osler M., McGue M., Lund R., Christensen K. (2008), « Marital status and twins'health and behaviour : An analysis of middle-aged Danish twins », *Psychosom. Med.*, 70(4), p. 482-487.

18. Fabricius W. V., Luecken L. J. (2007), « Postdivorce living arrangements, parent conflict, and long-term physical health correlates for children of divorce », *J. Fam. Psychol.*, 21(2), p. 195-205.

19. Sbarra D. A., Emery R. E. (2005), « Coparenting conflict, nonacceptance, and depression among divorced adults : Results from a 12-year follow-up study of child custody mediation using multiple imputation », *Am. J. Orthopsychiatry*, 75(1), p. 63-75.

CHAPITRE 7
Retomber amoureux

1. Poudat F.-X. (2005), *La Dépendance amoureuse*, Odile Jacob.

2. Young J. E., Klosko J. (1995), *Je réinvente ma vie*, Éditions de l'Homme.

3. Booth A., Edwards J. N. (1992), « Starting over. Why remarriages are more unstable ? », *J. Fam. Issues*, 13(2), p. 179-194.

4. Angel S., Clerget S. (2006), *La Deuxième Chance en amour*, Odile Jacob ; (2008) « Poches Odile Jacob ».

DEUXIÈME PARTIE
COMMENT ÊTRE HEUREUX EN AMOUR ?

CHAPITRE 8
Comment attirer

1. Nazare-Aga I. (2004), *Approchez les autres, est-ce si difficile ?*, Éditions de l'Homme, p. 332.

2. Loreau D. (2005), *L'Art de la simplicité*, Robert Laffont.

3. André C. (2006), *Imparfaits, libres et heureux*, Odile Jacob ; (2009) « Poches Odile Jacob ».

4. Mathes E. W., Kempher S. B. (1976), « Clothing as a nonverbal communicator or sexual attitudes and behavior », *Perceptual and Motor Skills*, 42(43), p. 495-498.

5. Walsh D. G., Hewitt J. (1985), « Giving men the come-on : effect of the eye contact and smiling in a bar environment », *Perceptual and Motor Skills*, 61, p. 873-874.

6. Feingold A. (1988), « Matching for attractiveness in romantic partners and same sex friends : A mete-analysis and theorical critic », *Psychologcal Bulletin*, 104(2), p. 226-235.

7. Bressler E. R., Martin R. A., Balshine S. (2006), « Production and appreciation of humor as sexually selected traits », *Evolution and Human Behavior*, 27, p. 121-130.

8. Bressler E. R., Balshine S. (2004), « The influence of humor on desirability », *Evolution and Human Behavior*, 27, p. 29-39.

9. Gerstman B., Pizzo C., Seldes R. (1999), *Ce que veulent les hommes*, trad. S. Clerval, Anne Carrière.

10. Currie A. R. (2006), *Mode One : Let The Women Know What You're really thinking*, www.booklocker.com

11. Guéguen N. (2007), *100 Petites Expériences de psychologie…*, *op. cit.*

12. Guéguen N., Guiheneuf L., Hemon J., Kerlo M., Vendramini E. (2007), « The impact of sexual offers in a context appropriate or non appropriate for sexual solicitations », cité dans Guéguen N., *100 Petites Expériences de psychologie…*, *op. cit.*

13. Greenberg L. S., Pavio S. C. (1997), *Working with Emotions in Psycho-therapy*, The Guilford Press.

14. Cungi C. (2006), *L'Alliance thérapeutique*, Retz.

15. Philippot P. (2007), *Émotion et Psychothérapie, op. cit.*

16. Stepper S., Strack F. (1993), « Determinants of affective and nonaffective feelings », *Journal of Personality and Social Psychology*, 64(22), p. 211-220.

17. Gross J. J., Levenson R. W. (1997), « Hiding feelings : The acute effects of inhibiting negative and positive emotion », *J. Abnorm. Psychol.*, 106(1), p. 95-103.

18. Philippot P. (2007), *Émotion et Psychothérapie, op. cit.*

19. Carli L. L., LaFleur S. J., Loeber C. C. (1995), « Nonverbal behavior, gender, and influence », *Journal of Personality and Social Psychology*, 68(6), p. 1030-1041.

20. Guéguen N. (2007), *100 Petites Expériences de psychologie…, op. cit.*

21. Joule R. V., Beauvois J. L. (1987), *Petit Traité de manipulation à l'usage des honnêtes gens*, Presses Universitaires de Grenoble.

22. Kanin E. J., Davidson K. D., Scheck S. R. (1970), « A research note on male-female differentials in the experience of heterosexual love », *The Journal of Sex Research*, 6, p. 12-29.

23. Srivastava S., McGonigal K. M., Richards J. M., Butler E. A., Gross J. J. (2006), « Optimism in close relationships : How seeing things in a positive light makes them so », *J. Pers. Soc. Psychol.*, 91(1), p. 143-153.

CHAPITRE 9
Comment vivre la passion ?

1. Vuille P. (2007), « Acceptance et commitment theraphy », atelier au congrès de l'Afforthec, Chambéry.

2. Ben-Shahar T. (2008), *L'Apprentissage du bonheur. Principes, préceptes et rituels pour être heureux*, Belfond.

3. Monestes J.-L., Villate M. (juin 2008), « Les fondements de l'ACT », *Le magazine ACT, les échos de la Thérapie d'Acceptation et d'Engagement*, hors série.

4. Alberoni F. (1993), *Le Choc amoureux, op. cit.*

5. Gilbert E. (2008), *Mange, prie et aime. Changer de vie, on en a tous rêvé… Elle a osé*, trad. par C. Barbaste, Calmann-Lévy.

6. *Ibid.*

CHAPITRE 10
Comment faire évoluer son profil amoureux ?

1. Simpson J. A. (1990), « Influence of attachment styles on romantic relationships », *Journal of Personality and Social Psychology*, 59, p. 971-980.

2. Cottraux J. (2004), *Les Thérapies comportementales et cognitives*, Masson, « Médecine et psychothérapie ».

3. Lyons-Ruth K., Jacobvitz D. (1999), « Attachment disorganisation. Unresolved loss, relational violence, and lapses in behavorial and attentional strategies », in J. Cassidy, P. R. Shaver, *Handbook of Attachment. Theory, Research, and Clinical Applications*, The Guilford Press, p. 523.

4. Kilmann P. R., Urbaniak G. C., Parnell M. M. (2006), « Effects of attachment-focused versus relationship skills-focused group interventions for college students with insecure attachment patterns », *Attach. Hum. Dev.*, 8(1), p. 47-62.

5. Bar-On R., Tranel D., Denburg N. L., Bechara A. (2003), « Exploring the neurological substrate of emotional and social intelligence », *Brain*, 126(8), p. 1790-1800.

6. Kempenaers C., Rosseel Y., Braun S., Schwannauer M., Jurysta F., Luminet O., Linkowski P. (2008), « Confirmatory factor analysis of the French version of the emotional intelligence inventory », *Encephale*, 34(2), p. 139-145.

7. Cassidy J. (1994), « Emotion regulation : influences of attachment relationships », *Monogr. Soc. Res. Child Dev.*, 59(2-3), p. 228-249.

8. Thème développé dans Hahusseau S. (2006), *Tristesse, peur, colère, op. cit.*

9. Liotti G. (2006), « A model of dissociation based on attachment theory and research », *J. Trauma Dissociation*, 7(4), p. 55-73.

10. Riggs S. A., Sahl G., Greenwald E., Atkinson H., Paulson A., Ross C. A. (2007), « Family environment and adult attachment as predictors of psychopathology and personality dysfunction among inpatients abuse survivors », *Violence Vict.*, 22(5), p. 577-600.

11. Picardi A., Toni A., Caroppo E. (2005), « Stability of alexithymia and its relationships with the "big five" factors, temperament, character, and attachment style », *Psychother. Psychosom.*, 74(6), p. 371-378.

12. Corcos M., Speranza M. (2003), *Psychopathologie de l'alexithymie, op. cit.*

13. Pennebaker J. W., Lay T. C. (2002), « Language use and personality during crises : Analysis of major Rudolph Guliani's press conferences », *Journal of Research in Personality*, 36, p. 271-282.

14. Campbell R. S., Pennebaker J. W. (2003), « The secret life of pronouns. Flexibility in writing style and physical health », *Psychological Science*, 14, p. 60-65.

15. Platts H., Mason O., Tyson M. (2005), « Early maladaptive schemas and adult attachment in a UK clinical population », *Psychol. Psychother.*, 78(4), p. 549-564.

16. Hahusseau S. (2003), *Comment ne pas se gâcher la vie ?*, Odile Jacob ; (2008) « Poches Pratique ».

17. *Ibid.*

18. Fonagy P. (1998), « An attachment theory approach to treatment of the difficult patient », *Bull. Menninger. Clin.*, 62(2), p. 147-169.

19. Hahusseau S. (2006), *Tristesse, peur, colère, op. cit.*

20. Brillon P. (2004), *Se relever d'un traumatisme. Réapprendre à vivre et à faire confiance*, Québecor.

21. Shapiro F., Silk Forest M. (2005), *Des yeux pour guérir*, Seuil.

22. Schoutrop *et al.* (1997), « Overcoming traumatic events by means of writing assignments », in A. Vingerhoets, F. Van Bussel F, J. Boelhower (éds), *The (Non) Expression of Emotions in Health and Disease*, Tilburg University Press, p. 279-289.

23. Pennebaker J. W. (1997), « Writing about emotional experiences as a therapeutic process », *Psychological Science*, 8, p. 162-166.

24. Bowlby J. (1988), *A Secure Base*, Basic Books.

25. Feeney J. A., Noller P. (1991), « Attachment style and verbal descriptions of romantic partners », *Journal of Social and Personal Relationships*, 8, p. 187-215.

26. Feeney B. C. (2007), « The dependency paradox in close relationships : accepting dependence promotes independence », *Journal of Personality and Social Psychology*, 92(2), p. 268-285.

27. Cutrona C. E., Suhr J. A. (1992), « Controllability of stressfull events and satisfaction with spouse support behaviours », *Communication Research*, 19, p. 154-176.

28. Rimé B. (2005), *Le Partage social des émotions*, Presses Universitaires de France.

29. Waldinger R. J., Seidman E. L., Gerber A. J., Liem J. H., Allen J. P., Hauser S. T. (2003), « Attachment and core relationship themes : Wishes for autonomy and closeness in the narratives of securely and insecurely attached adults », *Psychother. Res.*, 13(1), p. 77-98.

30. Kirkpatrick L. A., Davis K. E. (1994), « Attachment style, gender and relationship stability : A longitudinal analysis », *op. cit.*

31. Rholes W. S., Simpson J. A., Tran S., Martin A. M. 3rd, Friedman M. (2007), « Attachment and information seeking in romantic relationships », *Pers. Soc. Psychol. Bull.*, 33(3), p. 422-438.

32. Graham S. M., Clarck M. S. (2006), « Self-esteem and organization of valenced information about others : The "Jekyll and Hyde"-ing of relationship partners », *J. Pers. Soc. Psychol.*, 90(4), p. 652-665.

33. Rholes W. S., Simpson J. A., Tran S., Martin A. M. 3rd, Friedman M. (2007), « Attachment and information seeking in romantic relationships », *op. cit.*

34. Pistole M. C. (1989), « Attachment in adult romantic relationships : style of conflict resolution and relationships satisfaction », *Journal of Social and Personal Relationships*, 6, p. 505-510.

35. Mikulincer M., Nachshon O. (1991), « Attachment styles and patterns of self-disclosure », *Journal of Social and Personal Relationships,* 61, p. 321-331.

36. Kristal-Boneh E., Raifel M., Froom P., Rivak J. (1998), « Heart rate variability in health and disease », *Scandinavian Journal of Work and Environmental Health*, 21, p. 85-95.

37. Irwin M., Hauger R., Brown M. (1992), « Central corticotropin-releasing hormone activates the sympathetic nervous system and reduces immune fonction : Increased responsivity of the aged rat », *Endocrinology*, 131, p. 1047-1053.

38. Horsten M., Ericson M., Perski A., Wamala S. P., Schenck-Gustafsson K., Orth-Gomér K. (1999), « Psychosocial factors and heart rate variability in healthy women », *Psychosomatic Medicine*, 61, p. 49-57.

39. Fabes R. A., Eisenberg N. (1997), « Regulatory control in adults' stress-related responses to daily life events », *Journal of Personality and Social Psychology*, 73, p. 1107-1117.

40. Diamond L. M., Hicks A. M. (2004), « Psychobiological perspectives on attachment : implications for health over the lifespan », *in* W. S. Rholes, J. A. Simpson (éds), *op. cit.*, p. 240-263.

41. Horsten M., Ericson M., Perski A., Wamala S. P., Schenck-Gustafsson K., Orth-Gomér K. (1999), « Psychosocial factors and heart rate variability in healthy women », *op. cit.*

42. Sakakibara M., Takeuchi S., Hayano J. (1994), « Effects of relaxation training on cardiac parasympathetic tone », *Psychophysiology*, 31, p. 223-228.

43. Friedman B. H., Thayer J. F., Borkovec T. D. (1993), « Heart rate variability in generalized anxiety disorder », *Psychophysiology* (abstract), 30, S28.

44. Martin H., Beech D., Saint-Germain M. (2005), *L'Intelligence intuitive du cœur. La solution Hearthmath*, Ariane.

45. Rolland J.-P. (2000), « Le bien-être subjectif : revue et questions », *Pratiques psychologiques*, 1, p. 5-21.

CHAPITRE 11
Comment réussir sa vie sexuelle ?

1. Lehmann P. (2005), « Respecter l'éthique, cela s'apprend et cela s'entraîne ! Outils d'un sexologue tranquille », *Revue francophone comportementale et cognitive*, X(3), p. 17-24.

2. Graziani P. (2002), « L'exposition aux stimuli alcooliques : Aspects théoriques », *Alcoologie et addictologie*, 24(3), p. 217-224.

3. Kornreich C., Noël X., Fontaine E., Minner P., Pelc I. (1996), « Les théories cognitivo-comportementales de l'addiction », *Dépendances*, 8(2), p. 5-10.

4. Apfeldorfer G., Zermati J.-Ph. (2006), *Dictature des regimes. Attention !*, Odile Jacob ; (2008) « Poches Pratique ».

5. Lehmann P. (2008), « Les bombes à retardement dans le couple », *op. cit.*

6. Hessel L. (1992), *Window on Love : The Ultimate Guide to Sexual Fulfilment*, Crawford House Press.

7. B. Whipple cité par Paget L. L. (2003), *L'Orgasme sans tabou*, Presses du Châtelet.

8. Holstege G. (2005), « Women's orgasms are a turn-off for the brain », *New Scientist Magazin*, 25, p. 2505-2514.

9. Paget L. L. (2000), *The Big O*, Broadway Books.

10. Warnock J. J. (2002), « Female hypoactive sexual desire disorder : Epidemiology, diagnosis and treatment », *CNS Drugs*, 16(11), p. 745-753.

11. Chapelle F., Monié B. (2007), *Bon stress, mauvais stress, mode d'emploi*, Odile Jacob ; (2008) « Poches Pratique ».

12. Poudat F.-X., Jarrousse N. (1992), *Traitement comportemental et cognitif des difficultés sexuelles*, Masson, « Médecine et psychothérapie ».

13. Master S. W. H., Johnson V. E., Kolodny R. C. (1988), *Masters and Johnson on Sex and Human Loving*, Little Brown and Company.

14. André C. (2004), *Psychologie de la peur*, Odile Jacob ; (2005) « Poche Odile Jacob ».

15. Gray J. (1997), *Les hommes viennent de Mars, les femmes viennent de Vénus*, Stancke Alexandre.

16. Lehmann P. (2008), « Les bombes à retardement dans le couple », *op. cit.*

17. Heiman J. R., Rowaland D. L. (1983), « Affective and physiological sexual response patterns : The effects of instructions on sexually functional and dysfunctional men », *J. Psychosom. Res.*, 27(2), p. 105-116.

18. Shapiro F., Silk Forest M. (2005), *Des yeux pour guérir*, *op. cit.*

19. George G. (2007), *La Confiance en soi de votre enfant*, Odile Jacob.

CHAPITRE 12
Comment passer de la passion à l'amour qui dure ?

1. Furman W., Simon V. A. (2006), « Actor and partner effects of adolescents'romantic working models and styles on interactions with romantic partners », *Child. Dev.*, 77(3), p. 588-604.

2. McNulty J. K., Karney B. R. (2004), « Positive expectations in the early years of marriage : Should couples expect the best or brace for the worst ? », *J. Pers. Soc. Psychol.*, 86(5), p. 729-743.

3. Green J. D., Sedikides C., Saltzberg J. A., Wood J. V., Forzano L. A. (2003), « Happy mood decreases self-focused attention », *Br. J. Soc. Psychol.*, 42(1), p. 147-157.

4. Canary D. J., Stafford L. (1994), *Communication and Relational Maintenance*, Academic Press.

5. Dainton M. (2000), « Maintenance behaviors, exceptations for maintenance, and satisfaction : Linking comparison levels to relational maintenance », *Journal of Social and Relationships*, 17(6), p. 827-842.

6. Boisvert J.-M., Beaudry M. (2008), atelier aux Journées régionales de l'AFTCC, Aix-en-Provence.

7. Pyszczynski T., Holt K., Greenberg J. (1987), « Depression, self-focused attention, and expectancies for positive and negative future life events for self and others », *J. Pers. Soc. Psychol.*, 52(5), p. 994-1001.

8. *Ibid.*

9. Emmons R., McCullough M., Tsang J. (2002), « The grateful disposition : A conceptual and empirical topography », *Journal of Personality and Social Psychology*, 82(1), p. 112-127.

10. Ben-Shahar T. (2008), *L'Apprentissage du bonheur, op. cit.*

11. Schopenhauer (1909-1913), *Le Monde comme volonté et comme représentation*, Livre IV, paragraphe 57 (1966), traduction A. Burdeau, Presses Universitaires de France.

12. Sartre J.-P. (1976), *L'Être et le Néant*, Gallimard.

13. Levine S. B. (1995), « On love », *J. Sex Marital. Ther.*, 21(3), p. 183-191.

14. Neff L. A., Karney B. R. (2002), « Judgments of a relationship partner : specific accuracy but global enhancement », *J. Pers. Soc. Psychol.*, 70(6), p. 1079-1112.

15. Campbell L., Butzer B., Wong J. (2008), « The importance of the organization of partner knowledge in understanding perceptions of relationship quality and conflict resolution behaviour in married couples », *Pers. Soc. Psychol. Bull.*, 34(6), p. 723-740.

16. Murray S. L., Holmes J. G., Griffin D. W. (1996), « The self-fulfilling nature of positive illusions in romantic relationships : Love is not blind, but prescient », *J. Pers. Soc. Psychol.*, 71(6), p. 1155-1180.

17. Boves A. D., Fletcher G. J. (2007), « Metaperceptions of biais in intimate relationships », *J. Pers. Soc. Psychol.*, 92(2), p. 286-306.

18. Murray S. L., Bellavia G. M., Rose P., Griffin D. W. (2003), « Once hurt, twice hurtful : How perceived regard regulates daily marital interactions », *J. Pers. Soc. Psychol.*, 84(1), p. 126-147.

19. Murray S. L., Holmes J. G., Griffin D. W. (2000), « Self esteem and the quest for felt security : How perceived regard regulates attachment processes », *J. Pers. Soc. Psychol.*, 78(3), p. 478-498.

20. Murray S. L., Griffin D. W., Rose P., Bellavia G. (2006), « For better or worse ? Self esteem and contingencies of acceptance in marriage », *Pers. Soc. Psychol. Bull.*, 32(7), p. 866-880.

21. Murray S. L., Holmes J. G., McDonald G., Ellsworth P. C. (1998), « Through the looking glass darkly ? When self-doubts turn into relationship insecurities », *J. Pers. Soc. Psychol.*, 75(6), p. 1459-1480.

22. Murray S. L., Rose P., Bellavia G., Holmes J. G., Kusche A. G. (2002), « When rejection stings : How self-esteem constrains relationship-enhancement processes ? », *J. Pers. Soc. Psychol.*, 83(3), p. 556-573.

23. André C. (1999), *L'Estime de soi*, Odile Jacob.

24. Boisvert J.-M., Beaudry M. (2008), « La thérapie de couple », atelier précongrès aux Journées régionales de thérapie cognitive et comportementale, Aix-en-Provence.

25. Boyd L. F., Roach A. J. (1977), « Interpersonnal Communication skills. Differentiating more satisfying from less satisfying marital relationships », *Journal of Counseling Psychology*, 24, p. 540-542.

26. Tremblay S., Drouin M.-J., Guay S., De Koninck A.-M., Rodier S. (1997), « La métacommunication en thérapie conjugale », *Psychothérapies*, 17(2), p. 89-95.

27. Lehmann P. (2008), « Les bombes à retardement dans le couple », *op. cit.*

28. Hahusseau S. (2006), *Tristesse, peur, colère, op. cit.*

29. Hahusseau S. (2008), « Gérer ses émotions : peur, tristesse, colère », *in* C. André (sld), *Le Guide de psychologie de la vie quotidienne*, Odile Jacob, p. 495-506.

30. Lawrence E., Nylen K., Cobb R. J. (2007), « Prenatal expectations and marital satisfaction over the transition to parenthood », *Journal of Family Psychology*, 21(2), p. 155-164.

31. Gottman J. M., Silver N. (2000), *Les couples heureux ont leurs secrets…, op. cit.*

32. Flora J., Segrin C. (2000), « Affect and behavioural involvement in spousal complaints and compliments », *J. Fam. Psychol.*, 14(4), p. 641-657.

33. Levenson R. W., Carstensen L. L., Gottman J. M. (1993), « Long-term marriage : Age, gender, and satisfaction », *Psychol. Aging*, 8(2), p. 301-313.

34. Buss D. M. (2005), *Une passion dangereuse. La jalousie*, Odile Jacob.

35. Guay S., Boisvert J.-M. (1996), « L'attente de la jalousie amoureuse chez les jeunes adultes », *Science et comportement*, 25, p. 23-37.

36. Sovda M. (1995), « Othello syndrome-jealousy and jalous delusions as symptoms of psychiatric disorders », *Fortschr. Neurol. Psychiatr.*, 63(12), p. 487-494.

37. Showers C. J., Zeigler-Hill V. (2004), « Organization of partner knowledge : Relationship outcomes and longitudinal change », *Pers. Soc. Psychol. Bull.*, 30(9), p. 1198-1210.

38. Najeeb S. (1988), « Mental development », *Am. J. Psychoanal.*, 48(3), p. 235-246.

39. Gagné F. M., Lydon J. E. (2004), « Biais and accuracy in close relationships : An integrative review », *Pers. and Soc. Psychol. Review*, 8(4), p. 322-338.

40. Neff L. A., Karney B. R. (2005), « To know you is to love you : the implications of global adoration and specific accuracy for marital relationships », *J. Pers. Soc. Psychol.*, 88(3), p. 480-497.

41. Gottman J. M. (1998), « Psychology and the study of marital processes », *Annual Review of Psychology*, vol. 49.

42. Burman B., John R. S., Margolin G. (1992), « Observed patterns of conflict in violent, non violent and nondistressed couples », *Behavioral Assessment*, 14, p. 15-37.

43. Hetherington E. M., Clingempeel W. G. (1992), « Coping with marital transitions : A family systems perspective », *Monographs of the Society for Research in Child Development*, 227(57), p. 2-3.

44. Davies P. T., Cummings E. M. (1994), « Marital conflict and child adjustment : An emotional security hypothesis », *Psychological Bulletin*, 116, p. 387-411.

45. Jacobson N. S., Addis M. E. (1993), « Research on couples and couple-therapy : What do we know ? Where are we going ? », *Journal of Consulting and Clinical Psychology*, 61, p. 85-93.

46. Hahlweg K., Baucom H., Markman H. (1988), « Recent advances in therapy and prevention », *in* I. R. H. Falloon (éd.), *Handbook of Behavioral Family Therapy*, The Guilford Press, p. 413-448.

47. Christensen A., Jacobson N., Koerner K. (1994), « Behavioral couple therapy », *in* S. C. Hayes, N. S. Jacobson, V. M. Follette, M. J. Dougher (éds), *Acceptance and Change : Content and Context in Psychotherapy*, Context Press.

48. Vuille P. (janvier 2007), « La thérapie intégrative comportementale de couple », *Association for Conceptual Behavioral Science*, 11.

49. Jacobson N. S., Christensen A., Prince S. E., Cordova J., Eldridge K. (2000), « Integrative behavioral couple therapy : An acceptance-based, promising new treatment for couple discord », *J. Consult. Clin. Psychol.*, 68(2), p. 351-355.

50. Fichten C. S., Wright J. (1983), « Problem-solving skills in happy and distressed couples : effects of videotape and verbal feedback », *J. Clin. Psychol.*, 39(3), p. 340-352.

CHAPITRE 13
Comment se préparer pour un nouvel amour ?

1. Sbarra D. A., Emery R. E. (2005), « The emotional sequelae of nonmarital relationship dissolution… », *op. cit.*, p. 213-232.

2. Sbarra D. A., Emery R. E. (2005), « The emotional sequelae of nonmarital relationship dissolution… », *op. cit.*

3. Hahusseau S. (2006), *Tristesse, peur, colère, op. cit.*

4. Millet Bartoli F. (2002), *La Crise du milieu de vie. Une deuxième chance*, Odile Jacob ; (2006) « Poches Odile Jacob ».

5. Lancelin A., Lemonnier M. (2008), *Les Philosophes et l'amour. Aimer de Socrate à Simone de Beauvoir*, Plon.

6. Baumeister R. F., Leary M. R. (1995), « The need to belong : Desire for interpersonal attachments as a fundamental human motivation », *Psychological Bulletin*, 117, p. 497-529.

7. McCall W. V., Reboussin B. A., Rapp S. R. (2001), « Social support increases in the year after inpatient treatment of depression », *J. Psychiatr. Res.*, 35(2), p. 105-110.

8. Uvnäs-Moberg K. (1997), « Physiological and endocrine effects of social contacts », *Ann. N. Y. Acad. Sci.*, 15(807), p. 146-163.

9. Poinsot R., Antoine P. (2008), *La Résolution de problème en psycho-thérapie*, Dunod.

10. Fine D. (2007), *Le Grand Art de la petite conversation*, Leduc S. Éditions.

11. Keller M. C., Nesse R. M. (2005), « I slow mood an adaptation ? Evidence for subtypes with symptoms that match precipitants », *J. Affect. Disord.*, 86(1), p. 27-35.

12. Pyszczynski T., Holt K., Greenberg J. (1987), « Depression, self-focused attention, and expectancies for positive and negative future life events for self and others », *op. cit.*

13. Simon J. (1982), « Love : Addiction or road to self-realization, a second look », *Am. J. Psychoanal.*, 42(3), p. 253-263.

14. Vallerand R. J., Blanchard C., Mageau G. A., Koestner R., Ratelle C., Leonard M., Gagne M., Marsolais J. (2003), « Les passions de l'âme : on obsessive and harmonious passion », *J. Pers. Soc. Psychol.*, 85(4), p. 756-767.

Remerciements

À tous mes patients et tous mes amis en difficulté avec l'amour.

À Lou et Pierre, mes deux petits amours.

À Vanessa Hahusseau, Caroline Courbières, Laurie Bouculat, Marie Boulianne, Arno Delorme, Claire Simon, Fred et Marina Mélinand pour leur présence réconfortante pendant cette période.

À Rollon Poinsot, Claude Penet et Christophe André pour leur amitié et leur aide.

À Colette Aguerre, Patrick Lehmann et Jean-Luc Beaumont pour leur collaboration notamment bibliographique.

À Gaëlle Fontaine, pour son soutien, ses encouragements, la pertinence de ses réflexions tout au long de l'élaboration de cet ouvrage.

À Odile Jacob pour la liberté qu'elle me laisse et la confiance renouvelée qu'elle m'accorde.

Table

Table • 271

Cet ouvrage a été transcodé et mis en pages
chez Nord Compo (Villeneuve-d'Ascq)

Imprimé en novembre 2015
par l'Imprimerie Maury S.A.S. à Millau (12)

N° d'impression : K15/53216P
N° d'édition : 7381-2434-5
Dépôt légal : mai 2010

Imprimé en France